高等院校学前教育专业系列精品教材
"互联网+"新形态立体化教学资源特色教材

幼儿教师口语训练

主编◎吴 云
主审◎程广文

中国轻工业出版社

图书在版编目（CIP）数据

幼儿教师口语训练 / 吴云主编. --北京：中国轻工业出版社，2025.1. --ISBN 978-7-5184-4787-9

Ⅰ.H193.2

中国国家版本馆CIP数据核字第20249J0V40号

责任编辑：李寅寅　　责任终审：李建华　　设计制作：锋尚设计
策划编辑：崔丽娜　　责任校对：朱　慧　朱燕春　　责任监印：张　可

出版发行：中国轻工业出版社（北京鲁谷东街5号，邮编：100040）

印　　刷：三河市国英印务有限公司

经　　销：各地新华书店

版　　次：2025年1月第1版第1次印刷

开　　本：787×1092　1/16　印张：14.75

字　　数：350千字

书　　号：ISBN 978-7-5184-4787-9　定价：49.80元

邮购电话：010-85119873

发行电话：010-85119832　010-85119912

网　　址：http://www.chlip.com.cn

Email：club@chlip.com.cn

版权所有　侵权必究

如发现图书残缺请与我社邮购联系调换

210139J1X101ZBW

前　言

随着幼儿教育事业的蓬勃发展，幼儿教师的职业素养和技能水平也受到社会的广泛关注。作为幼儿教育的重要组成部分，幼儿教师的口语表达和普通话水平不仅直接影响教学质量，也影响着幼儿的语言发展和综合素质的提升。因此，对幼儿教师进行职前普通话和口语技能的训练显得尤为重要。

"教师口语"是高等师范院校开设的培养教师职业口语能力的一门必修课。1993年国家教委制定并颁布《师范院校〈教师口语〉课程标准（试行）》，各种教师口语教材由此相继面世。但这些教材普遍适用于培养中小学教师，对培养幼儿教师而言，存在专业针对性不强、训练指导性不足等问题。

普通话，作为"教师口语"课程的重要内容之一，一直以《普通话水平测试实施纲要》（以下简称《纲要》）为其重要的学习资源。《纲要》是推广普及国家通用语言文字、提高普及质量的重要文件，于2004年1月实施，迄今已连续使用20年。为了适应国家普通话水平测试的新形势，国家语委普通话与文字应用培训测试中心开展《纲要》修订工作，2021年全部定稿，经审定后公开发行，名为《普通话水平测试实施纲要（2021年版）》（以下简称新版《纲要》），自2024年1月1日起正式实施，旧版《纲要》同时停止使用。

因此，结合新版《纲要》，针对幼儿教师的专业特色和教育对象的特殊性，我们编写了这本《幼儿教师口语训练》，旨在为学前教育专业"教师口语"课程提供一本针对性强、实践性强、体系清晰的教材，帮助学前教育专业学生通过系统、全面的训练，掌握幼儿教育教学工作必备的普通话和口语表达技能，以更好地适应幼儿教育工作的需要。本教材也可用于广大幼儿教师、高等院校学生及语言工作者、爱好者的口语表达能力的自我训练。

本教材分上、中、下三编，共九章内容。上编关注幼儿教师普通话训练，中编侧重幼儿教师一般口语训练，下编侧重幼儿教师职业口语训练。全书编排呈现以下特点。

1. 内容全面新颖。本教材体例编排遵循了从基础到综合再到专业的梯次，每一章节包括学习目标、学习导入、知识拓展、示例、同步训练、思考与练习等板块，形成融知识和训练于一体的教材体系。在此基础上，本教材深入贯彻党的二十大精神，挖掘红色经典文学作品、古典文学名作作为口语学习的文本，引导学生在学习课程内容的同时，增强文化自信，深化爱国主义情怀；按新版《纲要》编排训练内容，以新版《纲要》的朗读篇目和说话题目为例进行技巧讲解和点拨，展现出教材内容的先进性、时代性、创新性等特点。

2. 专业针对性强。本教材在理论架构、案例筛选以及训练材料编排等方面均凸显了学前教育的独特之处。幼儿教师普通话训练部分，选用学前教育常用语言材料为训练素材；幼儿教师一般口语训练部分，编写了幼儿文学作品口语表达训练，结合幼儿文学作品讲解如何诵读幼儿诗歌和散文，如何讲述故事和绘本；幼儿教师职业口语训练部分，提供了丰富的幼儿园教育实践案例，并契合师范生教师资格统一考试要求，对幼儿教师资格考试面试的流程、内容、题型等做了具体介绍，对结构化面试、试讲展示和答辩的应试口语技巧进行了详细讲述，并选编了近几年的面试真题，帮助学生进行实战训练。

3. 指导实践性强。针对技能课的特点，在构建基本理论框架的同时，积极探索"岗课赛证"综合育人模式，注重理实一体、讲练结合，强化口语训练的指导性和考证上岗的实用性。本教材将普通话水平测试和教师资格考试面试内容融入教学和实践，引用口语实例导入理论学习，每个知识点提出行之有效的训练方法和步骤，安排丰富的同步训练材料；每章节后的思考与练习既回顾理论，又结合幼儿园岗位情境，进一步综合训练。同时，技能训练不可能一蹴而就，为了弥补课堂教学时间的不足，本教材提供了供学生练习使用的配套资源以及50多个示范音频，帮助学生更有效地自主练习，保证了课内外口语训练的有序、有效。

本教材受泰州学院学前教育专业省一流专业建设经费资助，并由泰州学院教育科学学院程广文教授担任主审。教材中的同步音频得到了泰州学院教育科学学院学前教育系2022级学生陆佩钰的支持。同时，本教材在编写过程中，参考了国内外同行的研究成果，吸纳了众多一线幼儿园教师的教育案例，虽然在参考文献中予以注明，但肯定还有遗漏，在此一并表示诚挚的谢意！

由于编者学识和能力有限，本书难免存在不足和疏漏之处，敬请各位读者批评指正。

编者
2024 年 6 月

目 录

001 绪论

上编
幼儿教师普通话训练

006 第一章
普通话语音训练
- 007　第一节　普通话与方言
- 011　第二节　语音基础知识与发声技能训练
- 022　第三节　声母训练
- 033　第四节　韵母训练
- 044　第五节　声调训练
- 049　第六节　音变训练

058 第二章
普通话水平测试
- 059　第一节　普通话水平测试概说
- 066　第二节　普通话水平测试应试指导

078 第三章
朗读技能专项训练
- 079　第一节　朗读概说
- 082　第二节　朗读技能技巧训练

中编
幼儿教师一般口语训练

104 第四章 口语表达相关技能训练
- 105 第一节 态势语训练
- 114 第二节 口语表达基本能力训练
- 122 第三节 口语表达基本形式训练
- 126 第四节 演讲训练

139 第五章 幼儿文学作品口语表达训练
- 140 第一节 诵读训练
- 153 第二节 讲述训练

下编
幼儿教师职业口语训练

171 第六章 幼儿教师教育口语训练
- 172 第一节 认识幼儿教师教育口语
- 178 第二节 幼儿教师教育口语分类训练

186 第七章 幼儿教师教学口语训练
- 187 第一节 认识幼儿教师教学口语
- 189 第二节 幼儿教师教学环节用语训练

199 第八章 幼儿教师其他工作口语训练
- 200 第一节 幼儿生活活动中的教师口语训练
- 206 第二节 幼儿教师交际口语训练

212 第九章 幼儿园教师资格考试面试环节口语训练
- 213 第一节 幼儿园教师资格考试面试概说
- 215 第二节 结构化面试训练
- 221 第三节 试讲展示训练
- 226 第四节 答辩训练

229 参考文献

绪论

学习目标

① 理解幼儿教师口语课程的重要性。

② 了解幼儿教师口语课程的内容、目标和教学原则。

③ 认识到多练习、勤思考对提高幼儿教师口语能力的重要性。

④ 热爱祖国语言文字，了解并贯彻执行国家语言文字工作的方针政策。

💡 学习导入

张老师今天要给小朋友们讲个故事，故事的题目叫《一颗超级顽固的牙》：塔比莎的一颗牙齿松了，她想尽一切办法要让它掉出来——跳舞；在蹦床上蹦高；用线绑住，让小乌龟慢慢地把牙扯下来；甚至把使劲嚼过的泡泡糖黏在牙齿上——可是她的牙齿就是不动。塔比莎有这样一颗超级顽固的牙，牙齿小精灵还会来看她吗？相信每一个小朋友都会被这个故事吸引。那张老师该怎样开始讲这个故事呢？

语言是人类最重要的交际工具之一。在当今社会，一个人的语言水平、言语行为和言语交际能力，可以体现他的道德修养、人格修养和个人能力。而教师是人类灵魂的工程师，教师的职责是"传道、授业、解惑"，这主要靠语言交流来完成，所以也有人将教师的职业称作"舌耕"。对于幼儿教师来说，语言技能不仅决定了教育教学活动的成效，还会直接影响幼儿的语言发展。

一、幼儿教师口语课程的重要性

1991年，国家教委下发《国家教委关于全国教育系统进一步加强语言文字规范化工作的通知》，规定各级各类师范院校都要开设普通话课程；1992年，国家教委把这门课定名为"教师口语"；1993年，国家教委制定并颁布《师范院校〈教师口语〉课程标准（试行）》，明确指出，教师口语是"研究教师口语运用规律的一门应用语言学科，是在理论指导下培养学生在教育、教学等工作中口语运用能力的实践性很强的课程"。

（一）认真贯彻国家语言文字方针政策的需要

《中华人民共和国宪法》第十九条规定："……国家推广全国通用的普通话。"《中华人民共和国国家通用语言文字法》第三条规定："国家推广普通话，推行规范汉字。"第十条规定："学校及其他教育机构以普通话和规范汉字为基本的教育教学用语用字。……"

党的二十大报告也明确提出"加大国家通用语言文字推广力度"，指出了语言在国家发展中的关键作用，并从多个维度提出了推进语言工作的新要求和新举措。幼儿教师是普通话的使用者，也是普通话的推广者，开设幼儿教师口语课程，对积极贯彻国家语言文字方针政策，提高未来教师的口语表达水平，充分发挥语言在推动国家发展、增进民族团结、提升文化自信等方面的作用具有十分重要的意义。

（二）加强幼儿教师职业技能的需要

语言技能是教师的基本职业技能，教师的语言修养直接影响教育教学质量。许多优秀的教师，他们的教学之所以能给学生留下终生难忘的美好印象，除其丰富的知识外，纯熟、优美的口语是一个重要的原因。

例如，一位幼儿教师在社会活动"眼睛和心情"中扮演眼睛进行自述："我在生气的时候会瞪着眼睛；我在高兴的时候会眯着眼睛；我在伤心的时候会垂下眼睛流泪；我在惊奇的时候会睁大眼睛；我在注意听讲时眼睛会一动不动；我在害怕的时候会闭上眼睛。"教师具体细致的描述、富有动态感的语言很容易唤起幼儿对事物的真切感知。

对幼儿教师来说，幼儿园的教育教学活动主要体现为师幼间的语言交流活动，而师幼间语言交流的成效主要取决于教师的语言技能。幼儿教师口语课程的教学，着重培养学生在教育和教学活动中的口语运用能力，从而提升学生的职业技能。

(三)幼儿语言发展的需要

幼儿教师的教育对象是幼儿,而幼儿正处于语言发展的关键时期。这一时期,幼儿学习语言的主要方式是模仿成人说话,父母是其第一任老师,幼儿教师也是影响幼儿语言发展的关键人物。幼儿对教师的一词一句、一腔一调甚至某种口头禅都非常敏感,会不由自主地模仿。教师语言使用得当,就能帮助幼儿形成良好的语言习惯,学会正确运用语汇、语调、语法表达自己的想法和内心感受,反之,则可能给幼儿的语言发展带来负面影响。所以,幼儿教师口语课程旨在帮助学生提高口语水平,使之成为幼儿学习规范、文明、优美语言的典范。

二、幼儿教师口语课程的性质

教师口语课程是师范院校各专业的一门必修课。幼儿教师口语课程是研究幼儿教师口语运用规律的一门应用语言学科,是在理论指导下培养学前教育专业学生在教育、教学等工作中口语运用能力的实践性很强的课程。它具有以下性质。

(1)应用性。幼儿教师口语课程综合运用语言学等方面的知识,研究解决幼儿教师在教育、教学及其他工作中的口语应用问题。

(2)师范性。幼儿教师口语课程与将要从事的幼儿教师工作密切相关,旨在提高学生的职业能力和素养。

(3)实践性。幼儿教师口语课程理论与实践相结合,实践性很强。以现代汉语语音学、应用语言学等基本理论为先导,吸收教育学、心理学、播音发声学、朗读学、交际学、逻辑学、美学等学科成果;同时不以传授理论为目的,而以训练为手段,结合幼儿园教育教学需要创设情境,进行针对性训练。因此,幼儿教师口语课程的学习过程就是进行语言训练的过程。

(4)儿童性。幼儿教师口语课程从幼儿的身心发展特点出发,在尊重幼儿、了解幼儿的基础上,力求语言形象生动、富有童真童趣,形成极富职业特点的口语风格和特色。

三、幼儿教师口语课程的内容和目标

幼儿教师口语课程的内容和目标包括以下三个方面。

(1)幼儿教师普通话训练。这是基础和前提,贯穿课程始终。针对学生在使用普通话时声母、韵母、声调及音变等方面经常出现的一些错误和瑕疵进行纠正训练,以使学生自如地运用标准规范的普通话,并具备一定的方言辨正能力。

(2)幼儿教师一般口语训练。这是幼儿教师普通话训练的继续和深化,主要通过模式化训练,让学生掌握科学的发声方法和发声技能,能够在具体的语言环境中运用具有一定表现力和感染力的口语,自然准确地传情达意。

(3)幼儿教师职业口语训练。这是在幼儿教师一般口语训练的基础之上,与教育教学实际相结合,让学生掌握各类教育口语、各教学环节用语、其他工作口语的技巧,使语言准确鲜明、生动流畅,富有针对性、启发性和艺术性,并能对幼儿的口语表达进行有效的指导。

四、幼儿教师口语课程的教学原则

(一)理论与实践相结合

课程教学以理论为指导,以训练为中心。理论讲授的目的在于指导学生科学地开展各类口语训练，减少训练的盲目性和随意性。比如：学习普通话声母n和l，要先讲清楚发音部位和发音方法的异同，明确发音的原理，这样学生就能自主正音；学习儿童诗歌诵读，训练之前要先确定不同文体、不同风格作品的基调，重点讲清节奏、用声的要求，这样学生就能科学处理作品，进行生动表达。在传授基本理论知识的同时，应多给学生提供训练的机会，让学生在具体的语境中有效锻炼自己的口语交际能力和应变能力，从而保证训练的科学性和有效性。

（二）阶段性与一贯性相结合

幼儿教师口语课程的三部分内容也是三个阶段性目标，其中，幼儿教师普通话训练是基础，幼儿教师一般口语训练是提高，幼儿教师职业口语训练是目的。但三者事实上又紧密相连，不能截然分开。因此，在教学中，不同的阶段应有不同的侧重目标，同时又要主辅线并举，采取循环滚动式教学，把三者结合起来，以增强课程教学的灵活性、口语训练的综合性、训练目标的连续性。

（三）课堂示范与自我训练相结合

课堂示范包括教师、同学的示范，也包括录音、录像中的示范，这些示范能供全体学生讨论、研究、借鉴。但课程学习的最终目的是要促进每一个学生的口语表达能力得到提升，因此，仅欣赏他人的"表演"，评价对方的得失是不够的，每一个学生都要参与到实践中，自我训练，以提高自己的口语表达水平。教师要组织并教育学生开展自我训练，确保训练的时间和质量，只有这样，口语表达才能取得进步。

（四）集中指导与分组训练相结合

集中指导与分组训练相结合，就是根据实际情况将学生划分为几个活动小组，并选定普通话基础较好的学生担任组长。课堂上，教师先就训练内容做精要的讲述，对重点、难点做必要的分析，对训练方法做出指导，然后化整为散，组织学生分组练习。这样做有利于突出学生的主体地位，调动学生训练的积极性，并充分发挥教师的现场指导作用，有步骤、有计划地指导学生进行日常的口语训练，补充课堂实践的不足。

（五）课内教学与课外活动相结合

教师口语课程存在课时少、内容多的矛盾，要提高学生的口语表达能力，仅凭有限的课内教学远远不够，必须努力向课外延伸，拓宽训练的渠道，拓展学习的空间。可以将课程教学与各领域活动的学习相结合，与各领域活动的模拟试讲训练相结合；可以将课内导练与课外自练结合起来，与学生的社团活动及社会实践活动结合起来，形成以"教师口语"课内教学为指导课、示范课，与其他教学活动和社会实践活动相互配合、相互沟通的"大口语课堂"，以保证训练目标的实现。

五、幼儿教师口语课程的学习方法

"理无专在，而学无止境也。"口语表达能力的提高非一日之功，无捷径可走，必须认真学习理论知识，掌握规律，并进行反复训练方能见效。

（一）掌握理论，勤加练习

理论的学习可以避免训练的盲目性和随意性。比如，要想读好儿化音节，就得掌握普通话韵母的儿化规律，才能理解"娃儿"和"玩儿"这两个词的儿化发音。仅学理论不练习也不行，技能训练不能一蹴而就，只有熟能生巧。练习口语，就是不断积累、重复正确的表达，除请教老师和同学外，建议经常用"录音+镜子"的方法为自己正音，反复纠偏提高。把平时说的每一句话、每一次发言、每一次交谈都作为练习口语的机会。"人们眼中的天才之所以卓越非凡，并非天资超人一等，而是付出了持续不断的努力。一万小时的锤炼是任何人从平凡变成世界级大师的必要条件。"作家格拉德威尔（M. Gladwell）提出的"一万小时定律"对于口语练习也是适用的。

（二）模仿开始，循序渐进

模仿的过程也是学习的过程。我们每个人从小就会模仿，模仿成人做事，模仿成人说话。练口才也可以利用模仿法，向这方面有专长的人学习。比如每天听广播、看电视、看电影，可以随时向播音员、演员学习，注意他们的声音、语调，他们的神态、动作；可以在生活中找一位口语表达能力强的人进行模仿，也可以根据自己学习中遇到的问题，针对性地寻找模仿对象。当然，这个学习过程还要注意循序渐进，从易到难，梯度训练，从语音的准确到语音的悦耳动听，从练习朗读到演讲和表演，从片段练习到完整演练。这样，天长日久，从模仿到创造，从平淡到生动，口语表达能力就能一步步提高。

（三）丰富内涵，多思善悟

好的口语表达不只是普通话标准，还必须言之有物、言之有理。"慧于心而秀于言"，出色的语言表达能力以丰厚的文化积淀为基础，是一个人优秀内在素质的外在体现。每个教师都要与时俱进，不断学习，不仅精通本学科专业知识，还要通晓相近学科的知识；不仅学习书本上的知识，还要增加人生历练，积累生活方面的知识，丰富表达的内涵。

良好的口语能力还与教师思维的质量息息相关。一方面，"学而不思则罔，思而不学则殆"，练习不应该只是简单的重复，要在练习中不断思考，触类旁通，举一反三；另一方面，要加强逻辑思维能力训练，提高语言的条理性和逻辑性，加强形象思维能力训练，提高语言的生动性、形象性，加强直觉思维能力训练，提高自身的应变能力，以保证不同语境即兴说话的自然流畅，做到用词准确、表达精练。

📝 思考与练习

1. 在你学过的各门课程中，你最感兴趣的课程是什么？试分析教授这门课程的教师的语言特色。
2. 作为一名未来的幼儿教师，你的口语有哪些薄弱环节？你准备从哪些方面去努力？
3. 下面是一位幼儿教师写下的教育目标，你认同吗？你认为做到这些需要具备哪些条件？

每当看到小朋友们灿烂的笑容，我心中都充满了对教育的热爱和期待。作为一名幼儿教师，我的目标不仅仅是教授知识，更是为孩子们的未来奠定坚实的基础。

在日常教学中，我注重培养孩子们的合作、分享和关心他人的品质。通过团队活动、协作游戏，让他们学会与他人交往，培养社交技能。

创造丰富的语言环境，鼓励孩子们大胆表达自己的想法。音乐、戏剧、绘画等活动，都是他们展现创造力和表达能力的舞台。

提供多样的艺术体验和材料，让孩子们在音乐、舞蹈、绘画中感受美的力量，激发他们的创造力和想象力。

教育孩子们养成良好的生活习惯和饮食习惯，注重户外活动和体育锻炼，帮助他们建立健康的身心。

提供适龄的阅读材料和数学游戏，让孩子们在游戏中学习，为将来的学习打下扎实的基础。

每个孩子都是一颗独特的种子，需要我们用心去浇灌、呵护。

上编
幼儿教师普通话训练

第一章 普通话语音训练

学习目标

① 掌握普通话的概念，了解普通话和方言的关系。

② 了解语音的基础知识，掌握科学的发声方法。

③ 熟练地发准普通话声母、韵母、声调、音节，掌握语流音变的规律。

④ 具备一定的方言辨正能力和指导幼儿进行方言辨正的能力。

⑤ 传承弘扬中华优秀语言文化，养成讲规范、标准、文明语言的良好习惯，自觉推广国家通用语言，坚定文化自信。

第一节　普通话与方言

学习导入

眼睛
陶行知
上边毛，下边毛，
中间一粒黑葡萄，
到了夜里毛对毛。

如果分别用普通话和方言朗读儿歌《眼睛》，感受会大不相同，普通话朗读趣味十足，方言朗读则会唤起我们童年的记忆。

一、普通话

（一）普通话的由来

汉语是世界上历史最悠久、使用人数最多的语言，也是联合国六种工作语言之一。

汉语是汉族的语言，也是我国各民族之间的交际语言。但我国幅员辽阔，汉族分布很广，汉语的地方差异很大，迫切需要确定一个共同语来沟通交流。

在汉语历史上，北方话一直有着汉民族共同语的地位。最早期的北方话称为"雅言"，也称"夏言"。夏朝最初在陕西、甘肃一带，后来发展到黄河南北。春秋战国时期，各地的老百姓言语不通，孔子讲学和著书用的就是这种共同语——雅言。元朝时的"天下通语"，明朝盛行的"官话"都是指北方话。清朝定都北京后，与东北方言相近的北京话地位不断加强，最终成为我国官话的代表。1913年，当时的教育部在北京召开"读音统一会"，审定了6500字的"国音"，统一读音。1916年，"国语研究会"在北京成立，后正式确立"国语"的标准音为北京音。

中华人民共和国成立后，中国科学院在1955年召开了现代汉语规范问题学术会议，确定将汉民族共同语称为"普通话"，沿用至今。

（二）普通话的概念

普通话，即普遍、共通的话，是以北京语音为标准音，以北方话为基础方言，以典范的现代白话文著作为语法规范的现代汉民族共同语。

普通话的概念包含了语音、语汇和语法三方面的内容。"以北京语音为标准音"，指的是以北京话的语音系统为标准，但并不是把北京话语音读法全部照搬。普通话并不等于北京话，更不是北京地方话。"以北方话为基础方言"，指的是所用词语以广大北方话地区普遍通行的为准，同时也从其他方言吸收较通行的词语。"以典范的现代白话文著作为语法规范"，是指以现代优秀作家、理论家的作品和国家发布的各种书面文件等为规范标准，且参照的是这些作品中的一般用例。

（三）普通话的特点

与世界上其他民族的语音系统相比，普通话具有以下鲜明的特点。

（1）音节结构简单，元音占优势，发音清脆、响亮。

（2）音节界限分明，节律感强。普通话的音节一般都是由声母、韵母、声调三部分组成，声母在前，韵母紧随其后，再带一个贯穿整个音节的声调，便有了鲜明的音节界限。

（3）声调抑扬顿挫，富有表达性。普通话的声调变化高低分明，高、扬、转、降区分明显，能够较强地表达一个人的情感。

（四）普通话的推广和普及

1956年2月，《国务院关于推广普通话的指示》发布，明确了普通话的标准，要求在文化教育系统中和人民生活各方面推广普通话。1957年6月，教育部和中国文字改革委员会联合召开了全国普通话推广工作汇报会，提出"大力提倡、重点推行、逐步普及"的十二字推普（推普为推广普通话的简称）工作方针。1982年，《中华人民共和国宪法》规定"国家推广全国通用的普通话"。1986年国家把推广普通话列为新时期语言文字工作的首要任务，1992年确定推普方针为"大力推行、积极普及、逐步提高"，在强化政府行为、扩大普及范围、提高全民普通话应用水平方面提出了更高的要求。后来，经国务院批准，自1998年开始，确定每年9月第3周为全国推广普通话宣传周。2001年《中华人民共和国国家通用语言文字法》施行，确立了普通话"国家通用语言文字"的法定地位。

近年来，随着我国国际地位的不断提升，普通话推广工作不但在国内成绩斐然，而且做到了"墙内开花墙外香"。中华优秀语言文化承载的中国智慧越来越受到世界的高度关注，古老而又年轻的中国语言文字又一次焕发出迷人的魅力和光彩，中国人民沉淀了几千年的文化自信在新时代更加坚定。

二、方言与分区

方言就是语言的地方变体，指一种语言中跟标准语有区别的、只通行于一个地区的话，也称地方话、土语。

由于社会历史状况和自然地理环境等诸多因素的制约，汉语在漫长的演变过程中，形成了内部分歧明显的方言，语言学家根据方言的不同表现，对汉语方言进行分区。比较通行的观点是"七区说"，即北方方言区、吴方言区、湘方言区、赣方言区、闽方言区、粤方言区、客家方言区。1987年出版的《中国语言地图集》，由中国社会科学院和澳大利亚人文科学院合作编纂，把汉语方言细分为十个区：官话区、晋语区、吴语区、徽语区、赣语区、湘语区、闽语区、粤语区、平话区、客家话区。

教育部2021年版《中国语言文字概况》沿用了"十区说"，将汉语方言分为十大方言，即官话方言、晋方言、吴方言、闽方言、客家方言、粤方言、湘方言、赣方言、徽方言、平话土话。各方言区内又分布着若干次方言和许多种"土语"。其中使用人数最多的官话方言可分为东北官话、北京官话、冀鲁官话、胶辽官话、中原官话、兰银官话、江淮官话、西南官话八种次方言（图1-1）。方言与普通话、方言与方言的差别主要表现在语音上，其次表现在语汇上，语法方面的差别较小。

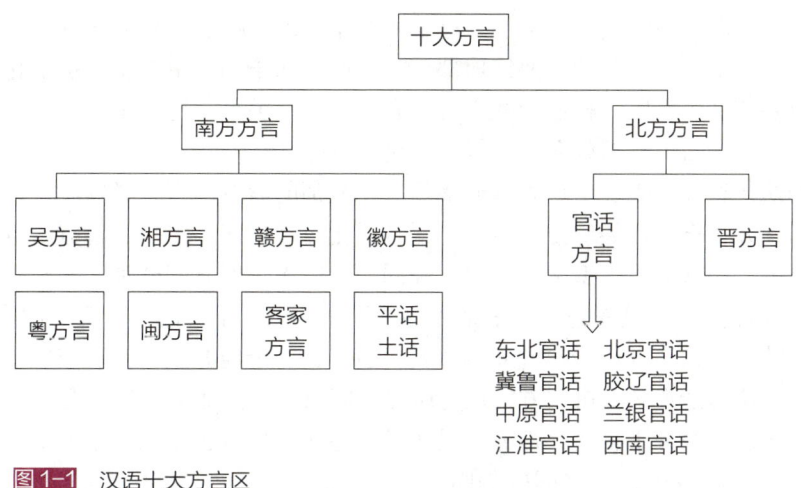

图1-1 汉语十大方言区

> **知识拓展**

江苏的方言分布

方言中没有"江苏话",因为江苏地跨长江、淮河,地域文化和方言文化有明显差别。根据著名语言学家鲍明炜教授主编的《江苏省志·方言志》(南京大学出版社1998年12月第1版)所述,江苏省的方言可以分为"三区七片",即江淮方言区(即江淮官话区),分扬淮片、南京片、通泰片;吴方言区,分苏州片、常州片;北方方言区(即中原官话区),分徐州片、赣榆片。

江苏的这三个方言区,大致按流经江苏的长江、淮河这两条大河把省境所分的三大块划分:长江以南主要是吴方言,长江以北至淮河两岸主要是江淮方言,淮河以北约100公里以外是北方方言。由于江苏方言间边界交错复杂,再加上历史移民等因素,江苏方言十分复杂,甚至一个县、一个乡里都有明显的语音差异,全省方言点有数十处之多。

江淮官话区主要分布于南京(市区)、扬州、泰州(部分区县)、淮安、盐城、镇江(部分区县)、连云港(部分区县)、南通(部分区县)、宿迁(部分区县)。安徽省也是江淮官话区的主要分布地,与江苏江淮官话区能互通。

吴方言区主要分布于苏州、无锡、常州全境,及南京(部分区)、镇江(部分区县)、南通(部分区县)、泰州(部分区县)。上海市、浙江省也是吴方言区的主要分布地,与江苏吴方言区能互通。

中原官话区主要分布于徐州、宿迁(部分区县)、连云港(部分区县)。河南省、山东省、安徽省也是中原官话区的主要分布地,与江苏中原官话区能互通。

三、普通话与方言

对于幼儿教师来说,良好的口语表达能力是从事教育教学工作必备的素质和条件,其一定程度上决定着教育教学的质量和效率,同时也影响着幼儿的口语能力和思维能力的发展。标准规范的普通话是口语表达的基本功。因此,幼儿教师必须学好说好普通话,为高质量的口语表达能力奠定扎实的基础。那该如何处理普通话与方言的关系呢?

在2021年8月27日至28日召开的中央民族工作会议上,习近平总书记强调:要推广普及国家通用语言文字，科学保护各民族语言文字，尊重和保障少数民族语言文字学习和使用。

方言和民族语言是民族文化的重要组成部分，它们的保护和传承对于维护文化多样性、促进民族团结具有重要意义。所以，普通话和方言二者不是对立关系，更像是硬币的两个面，一面主要承担交流的功能，一面主要承载文化的传承，缺一不可。

作为未来的幼儿教师，既要认识到普通话是幼儿教师的职业语言，必须学好、用好并推广普通话；也要认识到方言作为民族地方文化的"语言活化石"功能，多一份对方言的情怀与爱意。方言是历史留给中华民族的珍贵遗产，可以增强同一地区人民的认同感和归属感；无论现代文明如何洗礼，每个人都有一种很深的乡土情结和寻"根"意识，正所谓"乡音无改鬓毛衰"。方言还是一种文化的载体，是离人们最近的非物质文化遗产，一个地方独特的风俗、习惯往往在方言里有着种种体现，从这个意义上讲，方言还是研究不同历史年代地域文化演变的标本。

总的来说，普通话服务于全民，而方言是为某个地区的群众服务的，推普的目的并不是要消灭方言，而是为了消除各种方言之间的隔阂。在普通话与方言共存的过程中，二者可能相互靠拢、渐渐同化，但不会互相冲击。

思考与练习

1. 什么是普通话？试阐述普通话和方言之间的关系。
2. 你所在的地方属于哪个方言区？举例说明当地方言与普通话的主要差别。
3. 请用普通话朗读下面作品。

我有祖国，我有母语（节选）
任卫新

我有祖国，我有母语。
我的母语是小学课本里的看图说话，
我的母语是儿时镀满月光的摇篮，
我的母语是祖国版图最南端曾母暗沙的名字，
我的母语是珠穆朗玛地球最高离太阳最近的地方。
我的母语是遨游太空发出的问候，
我的母语是奥运升旗奏响的国歌，
我的母语是每天新闻联播的准确时间，
我的母语是每次放飞白鸽的我的共和国的生日。
我的母语是一种血缘，
我的母语是一种凝聚，
我的母语是一种标志，
我的母语是一种精神，
我爱母语，我爱祖国！

清平乐·村居
［宋］辛弃疾

茅檐低小，溪上青青草。醉里吴音相媚好，白发谁家翁媪？
大儿锄豆溪东，中儿正织鸡笼。最喜小儿亡赖，溪头卧剥莲蓬。

驱遣我们的想象（节选）
叶圣陶

朗读作品26号

在原始社会里，文字还没有创造出来，却先有了歌谣一类的东西。这也就是文艺。

文字创造出来以后，人就用它把所见所闻所想所感的一切记录下来。一首歌谣，不但口头唱，还要刻呀，漆呀，把它保留在什么东西上。这样，文艺和文字就并了家。

后来纸和笔普遍地使用了，而且发明了印刷术。凡是需要记录下来的东西，要多少份就可以有多少份。于是所谓文艺，从外表说，就是一篇稿子，一部书，就是许多文字的集合体。

文字是一道桥梁，通过了这一道桥梁，读者才和作者会面。不但会面，并且了解作者的心情，和作者的心情相契合。

就作者的方面说，文艺的创作决不是随便取许多文字来集合在一起。作者着手创作，必然对于人生先有所见，先有所感。他把这些所见所感写出来，不作抽象的分析，而作具体的描写，不作刻板的记载，而作想象的安排。他准备写的不是普通的论说文、记叙文；他准备写的是文艺。他动手写，不但选择那些最适当的文字，让它们集合起来，还要审查那些写下来的文字，看有没有应当修改或是增减的。总之，作者想做到的是：写下来的文字正好传达出他的所见所感。

就读者的//方面说，读者看到的是写在纸面或者印在纸面的文字，但是看到文字并不是他们的目的。他们要通过文字去接触作者的所见所感。

（选自新版《纲要》普通话水平测试用朗读作品26号）

4. 围绕下列题目，任选其一说一段话，时间不少于3分钟。
（1）我的一天（2）学习普通话（或其他语言）的体会

第二节　语音基础知识与发声技能训练

💡 学习导入

张静担任幼儿教师已经有5年了。她声音洪亮而富有激情，小朋友们都喜欢她。有一天，她发现自己的声音变得嘶哑，用尽全力也只能发出很低的声音。经过检查，医生发现她的声带长出了一个米粒大小的息肉，这与她长时间、高强度地使用嗓子有关，因为过度用声导致声带受到了过度的摩擦和冲击，引发声带息肉。手术切除息肉后，张静的声带恢复了正常，同时她也意识到了保护嗓子的重要性，开始学习科学的发声方法。

一、语音基础知识

语音是语言的声音，是由人的发音器官发出的能表达一定意义的声音。

（一）语音的性质

语音和自然界的其他声音一样，是一种物理现象，具有物理属性；它是由人的发音器官发出的，具有生理属性；语音要同一定的语意相联系，这种联系是由社会成员共同约定俗成的，所以又具有社会属性。

1. 物理属性

语音是一种声音，语音的高低、强弱、长短，以及音色的不同，都是物理现象，具有物理属性。因此，语音同样具备声音的四要素。

（1）音高。即声音的高低，由发音体振动的频率决定。频率快声音高，频率慢声音低。语音的振动体是声带，声带的粗细、厚薄、长短、松紧决定了音高。男生声带一般粗、长、厚、松（低一个八度），女生声带一般细、薄、短、紧。同一个人，要改变音高，就可以把声带拉紧或放松一点儿。

（2）音强。即声音的强弱，由发音体振动的幅度大小决定。发语音时，气流的强弱会对振动幅度产生影响，形成轻重音。

（3）音长。即声音的长短，取决于发音体振动时间的持续久暂。声带振动的时间长，语音就长，反之则短。

（4）音色。即声音的个性和特色，又称音质，取决于声波振动的形式。影响音色的因素有三个：一是发音体，二是发音方法，三是共鸣腔。由于人们的声带、口腔构造的差别，所以不同的人音色也不同。

对语音来说，四个要素中，区别意义的最重要因素是音色，普通话也是如此。而音高在普通话里则是影响声调的重要因素，音强和音长对语调和轻声起重要作用。

2. 生理属性

人能发出各种不同的声音，需要人体各种发音器官的配合。人的发音器官好比一架乐器，包括发声器官、呼吸器官和共鸣器官。

（1）发声器官——喉头和声带，声带是发音体。发声器官藏在喉头气管里，是一对薄膜，左右并列，富有弹性，也就是声带。两条声带之间称作声门。平时不说话，两条声带是分开的，呼吸的时候气流自由出入。发声的时候，两条声带闭拢，气流从肺部呼出，冲出声带的阻力，声带震颤，声音就产生了（图1-2）。

声带发出声音，一部分是自身机能的原因，另一部分是依靠声带周边的肌肉群协助进行发声。在发声训练的时候，要合理运用这些肌肉群的功能，养成良好的用嗓习惯，避免单纯喊嗓子这种不正确的发音习惯。

在喉咙的上部和舌根之间，还有一个很重要的软骨，称为会厌。会厌的第一个功能是保护声门，当吞咽或饮水的时候，会厌会本能地盖住气管，让食物通过的时候避免误入气管。有的人平时喝水不小心，一边说话一边喝水，被水呛了，就是会厌动作不协调引起的。因为它实在不知道这个人是在喝水还是在说话。所以吃饭、喝水时要养成不说话的习惯，保护好嗓子。会厌的第二个功能是在讲话的时候竖起，形成通道，让声音流畅地输出。

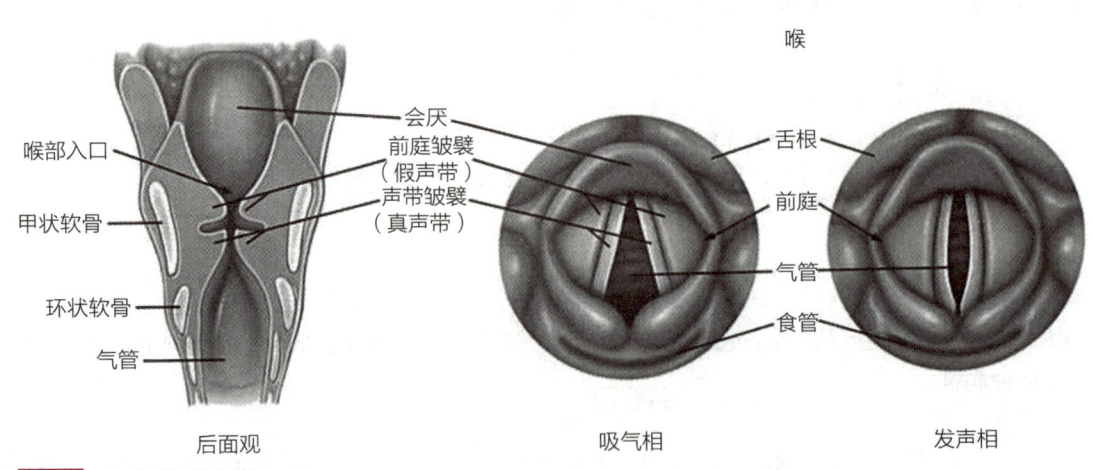

图1-2　人体喉腔构造图

（2）呼吸器官——肺和气管，气流是发音的动力。声带震颤发出声音的动力来自气息，气息来自肺。储存在肺里的空气，在呼吸运动中形成气流，通过气管到达喉腔，从两条声带中间的缝隙中流过，声带就发生了震颤。和气息相关的器官除了肺以外，还有气管、肋骨、横膈膜等。这些器官被称为发声的动力器官（图1-3）。

（3）共鸣器官——口腔、咽腔和鼻腔，发音的共鸣腔。仅靠气息推动震颤起来的声带，它所发出的声音既微弱也不动听，这个声音被称为"喉原音"。每一种乐器都有一个共鸣箱，可以放大和美化琴弦发出来的声音。人体也是一样，也有放大和美化"喉原音"的共鸣箱，而且不止一个。但被放大和美化后的声音，仍然不是我们能够听懂的语言。要让它被我们理解，还要经过咬字器官的精细处理。咬字器官包括口腔内的嘴唇、舌头、牙齿、硬腭、软腭、齿龈等（图1-4）。

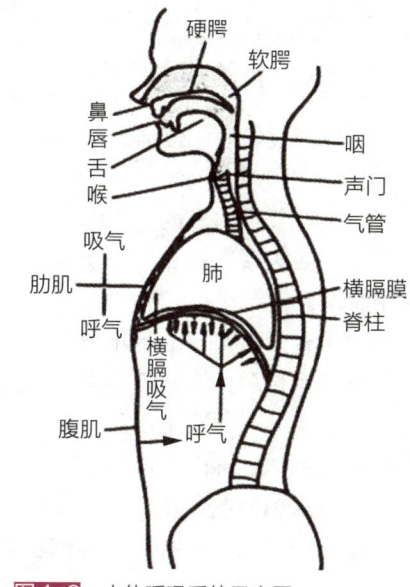

图1-3 人体呼吸系统示意图

发音的时候，舌头、嘴唇、牙齿、硬腭、软腭等不断地活动，形成语音，整个装置就像乐器一样，彼此相互联系、不可分割，只有配合协调才能发出美妙的音乐。

3. 社会属性

语言是一种交际工具，具有社会功能。语音是语言的物质外壳，能表达一定意义。这个意义由社会赋予，是使用这种语言的社会群体把意义和语音结合在一起的。同一个语音有不同的意义，如"ji"这个语音在汉语中可表示"鸡、机、姬"等，离开了社会约定俗成，就没有语音的存在。

语音的社会属性还表现为语音的民族性和地域性。各国语言和不同方言都有自己的语音系统，这个系统是在特定的民族和地区社会中形成的。比如："tù"这个语音在汉语中表示"兔"，但在英语中，相近的语音表示"也"或"二"；普通话中有z、c、s和zh、ch、sh两组声母，"姿势≠芝士"，但吴方言中只有一组z、c、s声母。

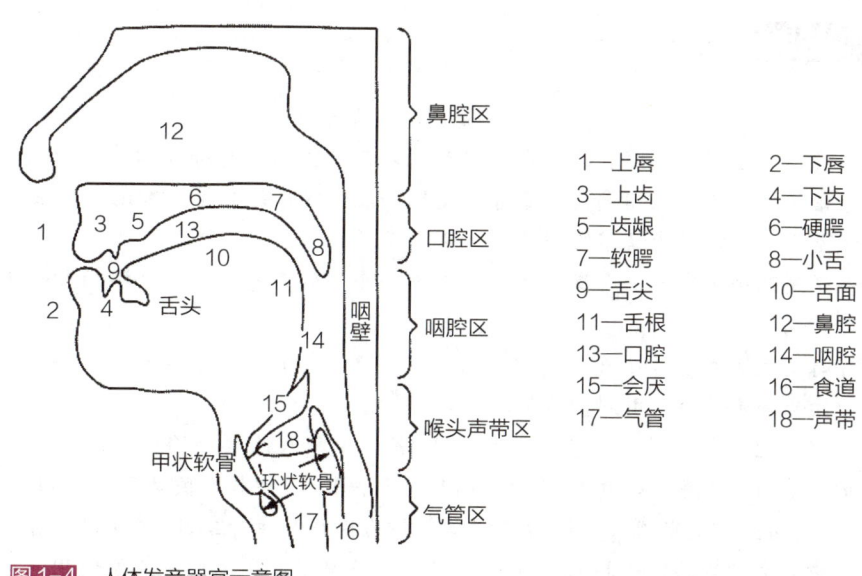

图1-4 人体发音器官示意图

因此，语音的社会属性，是语音区别于其他声音的本质属性。

（二）语音的基本单位

语音经过发声、传播、听者编码等过程，从听觉上来说，语音就是一个一个的单位。

1. 音节和音素

（1）音节是语音的基本结构单位，是汉语语音的自然单位，也是人能够自然感到的最小语音片段。一般来说，一个汉字就是一个音节，只有少数例外。比如："头儿（tóur）"两个汉字读成一个音节。

（2）音素是语音的最小单位。将音节从音色的角度加以分析，就会得到一个个最基本的不能再划分的语音单位，就是音素。普通话共有32个音素。

汉语中，大多数情况是一个字母表示一个音素。一个音节，至少有一个音素，最多由四个音素构成。如"xióng"可以分成"x""i""o""ng"四个不同的音素。

2. 元音和辅音

根据音素的发音特点，可把音素分为两类，即元音和辅音。

（1）元音是气流振动声带，在口腔、咽头不受阻碍形成的音，又称母音。元音发音声带振动，比较响亮。普通话有10个元音音素：a、o、e、i、u、ü、ê、er、-i（前）、-i（后）。

（2）辅音是气流振动声带，在口腔或咽头受阻碍而形成的音，又称子音。辅音发音声带不一定振动，一般不响亮。普通话有22个辅音音素：b、p、m、f、d、t、n、l、g、k、h、j、q、x、zh、ch、sh、r、z、c、s、ng。

3. 声母、韵母、声调

声母、韵母、声调是我国传统语音学分析汉语音节的结构单位。

（1）声母指音节开头的辅音。22个辅音中，除"ng"不作声母外，其余都可作声母。辅音n既作声母，也作韵尾。

（2）韵母是汉语音节中声母后面的部分。普通话共有39个韵母，大多由元音构成，有的韵母由元音和辅音共同构成。所以韵母不等于元音，韵母的范围比元音大。

（3）声调是音节中能区别意义的音高的高低升降的变化。普通话有四种声调：阴平、阳平、上声、去声，即第一声、第二声、第三声、第四声。

知识拓展

普通话的记音符号

研究语音，必须有一套记音符号用来记音。记录音素的书写符号称作音标。但汉语不是表音文字，为了给汉字注音，人们采用过直音、反切和注音字母记音等多种记音方法。

直音法是用一个常用的汉字给同音的生僻汉字注音。

反切法是用两个汉字为一个汉字注音，取前一个字的声母和后一个字的韵母拼合为一个音，如"鲁，郎古切"。

注音字母用笔画式符号（多为简单的古体汉字）表示读音，制定于1913年，公布于1918年，1930年改称注音符号，一直用到1957年。

现在通用的记音符号是汉语拼音。1958年2月，中华人民共和国第一届全国人民代表大会第五次会议批准公布《汉语拼音方案》（以下简称《方案》）。《中华人民共和国国家通用语言文字法》规定："国家通用语言文字以《汉语拼音方案》作为拼写和注音工具。《汉语拼音方案》是中国人名、地名和中文文献罗马字母拼写法的统一规范，并用于汉字不便或不能使用的领域。"《方案》

采用国际通用的拉丁字母，又根据现代汉语语音系统的特点进行了加工和调整。《方案》字母表中的名称栏里标注的、声母表和韵母表中例字前标注的都是注音字母。

《方案》包括字母表、声母表、韵母表及六条说明、声调符号、隔音符号五部分内容。

二、发声技能训练

教师主要依靠有声语言向学生传道、授业、解惑。保证自己的声音持久地响亮、清晰，让每个幼儿都能听到，这是幼儿教师开展教育教学活动的前提。反之，如果声音太小、嘶哑、干涩，会直接阻碍师生间的顺利交流，对职业生涯产生不良的影响。因此，发声训练是教师口语表达训练中的一个重要环节，教师必须掌握科学的发声方法，有目的地进行发声技能训练，让声音变得清晰、浑厚、圆润、持久不衰，从而顺利完成教育教学活动，并提高语言的表现力。发声技能训练可以从用气发声、共鸣控制、吐字归音三个方面着手，同时注意嗓音保护。

（一）用气发声训练

呼吸是发声的动力，所以先从呼吸开始练起。

有人说：每个人都在呼吸，都会呼吸，根本无须练习。但教学活动中的呼吸与平时生活中的呼吸不尽相同，它不仅影响声音的音量大小、音质优劣，还对思想感情的表达起到重要的作用。

清代陈汝衡在《说谭》中提到："夫气者，音之帅也，气粗则音浮，气弱则音薄，气浊则音滞，气散则音竭。"口语表达中声音是否响亮、清晰，是否圆润、持久，都取决于气息的控制和呼吸。因此，发声技能训练的第一步就是学会有效地控制呼吸，学会用气发声。

1. 呼吸方式

我们日常生活中的呼吸方式有三种：胸式呼吸、腹式呼吸和胸腹联合呼吸。胸式呼吸和腹式呼吸如图1-5所示。

胸式呼吸又称浅呼吸，是人们站着、坐着自主呼吸时的状态，进气量小，持久力差，难以控制。

腹式呼吸又称单纯横隔式呼吸，腹部放松、外突是采用这种呼吸方式的标志。人们卧姿时就是这种呼吸方式，进气量大，但缺乏胸肌的参与，形成的声音闷、暗，难以调节。

胸腹联合呼吸又称深呼吸，吸气量大，胸部和腹部都大起大落。吸气时，借助胸腔肌肉群的力量使肋骨扩展，横膈肌下降，增大胸腔的容气量，从而建立胸、膈、腹之间的关系，呼出的气流强而有力，气息更加稳健，便于控制（图1-6）。

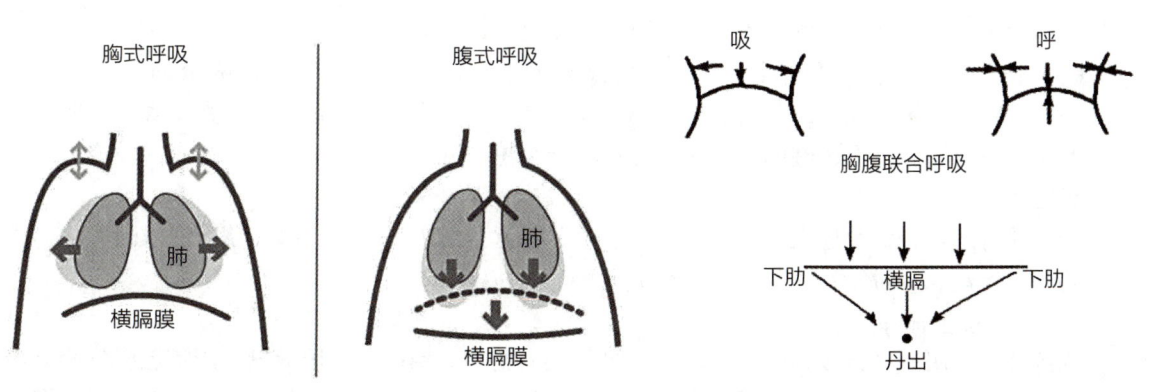

图1-5　人体呼吸方式示意图　　　　图1-6　胸腹联合呼吸示意图

科学的呼吸方式是有控制的胸腹联合呼吸,这是语言工作者多年实践提出的一种有效的呼吸方式。它的特点是:

(1)吸气时,两肋尽可能往外扩展,进气量大,部位深,把气流尽量控制在小腹。

(2)呼气时,两肋有控制地逐渐放松,同时小腹有控制地慢慢回收,不要很快把气吐完,而是尽量使吐出的气流均匀徐缓。

2. 呼吸状态

正确的呼吸姿态是这样的:头顶虚空肩膀松,直背收臀要展胸,眉宇舒展心欢畅,凝神远视脑集中。即上身保持正直,肩部放松稍后展,小腹微收,眼睛平视前方。站姿时,双脚可呈"丁"字步站立,也可双脚微分直立,脚宽不要超过肩宽;坐姿时,要坐在凳子的前半部分,双脚平放地面。

训练方法:闭眼,把脊柱想象成一棵参天大树,不断地生长、扎根,注意力到左肩,再到右肩,连成一条线,然后到肋骨,想象有个大门,推开、关上、推开、关上。这样不知不觉中,就完成了几组深呼吸。

3. 吸气训练

训练要领:兴奋从容两肋开,不觉吸气气自来,胸围腰背八分满,两肩要沉不要抬。即保持正确的呼吸状态,用鼻深吸气,尽可能多吸气,随着气息的吸入,感觉两肋向左右扩张,腰带渐紧,气息下沉。

训练方法:

(1)慢吸。闻花香:想象面前有一盆花,深吸一口气,将气吸到肺底,气要吸得深入、自然、柔和。

(2)快吸。半打呵欠:不张大嘴,进气最后一刻的感觉和胸腹联合呼吸的感觉相似;或者双手叉腰,迅速吸气,双手部位有瞬间爆炸感。模拟抬重物:随着吸气量的增加,腰带周围逐渐紧张,躯干逐渐发胖,但双肩仍处于放松状态,两臂能自由动作。

4. 呼气训练

学会有控制地呼气,呼出的气要均匀平稳。即保持吸气时的状态,小腹始终要收住,保证胸、腹部在控制下,用嘴将肺部储气慢慢放出。

训练要领:

(1)稳劲地呼:要将体内的气流拉住、均匀、平衡。

(2)有控制:控制住腹肌向丹田收缩的力量。

(3)有变化:随着表达的内容和感情的变化,调节呼气的强弱、快慢。

训练方法:

(1)深吸一口气后发"si"的声音,争取超过30秒。

(2)吹纸或吹头发、吹桌上的灰尘,均匀缓慢地吹,持续30~40秒。

(3)长气训练:边呼气边说,"一口气数不了十个葫芦,一个葫芦,两个葫芦,三个葫芦,……"一口气数到30个葫芦为合格;或者一口气练习"出东门,过大桥,大桥底下一树枣,拿着竿子去打枣,青的多,红的少,一个枣……十个枣、九个枣……一个枣,这是一段绕口令,一气说完才算好"。

(4)快呼练习:愉快地大笑——哈、哈、哈;喊远处的人——嗨、嗨、嗨(弹发过程中,力度要均匀,音高、音量、音色要始终一致)。

5. 呼吸综合训练

训练要领:吸气两条线,吐气一小片。吸气快而柔和,用鼻子不用嘴巴,用嘴巴吸气会有声音而给人气喘吁吁的感觉;呼气要均匀平缓,尽可能地延长使用每一口气,要保持犹如两手搬动重物时的腹部的紧张感觉，把气向外呼。

训练中应防止出现双肩上耸、脖子硬直、双目圆瞪、胸部过分前挺、全身紧张等现象，除小腹外，身体其他部位都相对放松。

训练方法：

（1）喊人：以发音响亮的音节组成人名，比如：王纲。先设想距离较近；再设想距离较远；最后不知对方在何处，忽近忽远、忽大忽小、忽高忽低地呼喊。

（2）古诗朗读：第一遍，一口气读一句话；第二遍，一口气读两句话；第三遍，一口气读四句话，要读得平稳、流畅；最后，朗读古诗给20米远的人听。

 **知识拓展**

换气的要领和方法

一篇文章或一段话不可能用一口气表达完，因此，我们要学会在口语表达中不露痕迹地接续气息。接续气息的方式包括换气和补气。换气是指在发音过程中，当气息不能满足发音需要时，在句子之间或句子之中补充气息的过程；补气则是在一句话中，意思未完而气息不够时，巧妙、及时地补进一些气息后继续表达。

换气的基本要领：句首换气要无声到位，句子当中应少量补充，句子之间应从容换气，句子结尾要余气托送。

除此以外，还有以下三种换气方法。

（1）偷气：偷气是发音过程中一种无声补充气息的方式。在长句子中，往往没有较大的停顿来换气，这时可以利用短暂的顿挫无声地补充气息。偷气补充的气息通常较少，常用于句中少量的补气和紧凑的句首换气。

例如：她的这位小妹妹，以后将成为一位女士，而她将会毕生保留着/童年时的纯洁珍爱之心。她还会逗引孩童们，用许多奇异的故事，或许/就是许久以前的这个梦游奇境，使得他们的眼睛/变得更加明亮热切。（选自［英］刘易斯·卡洛尔《爱丽丝梦游仙境》）

"保留着""或许""眼睛"之后都可以利用短暂的顿挫补充少量气息。偷气不会影响句子的完整与连贯。

（2）抢气：抢气是发音过程中一种带有吸气声的补气方式。在长句子、节奏急促或感情强烈的时候，常用抢气方式来补充气息。抢气不仅可以补充气息，气流的摩擦声也可以作为表达感情的一种手段。

例如：你从雪山走来，春潮是你的风采；你向东海奔去，惊涛是你的气概。

在朗诵的时候，可以在"春潮"和"惊涛"之前，用抢气的方式表达激动的情感。

（3）就气：就气虽然像换气，但是实际上并没有补充进来气息。它虽有停顿，但由于表达连贯性的需要，不急于补气，而是利用肺中的余气将话说完，这样可以表达连贯。

例如：到底要不要走上前去和他解释清楚，她思索着。

在这句话中，"解释清楚"之后需稍作停顿，但是不换气，用余气继续说完"她思索着"。这样使用气息，不但整句意思连贯，语句节奏也与思考状态相吻合。

（二）共鸣控制训练

掌握用气托声的方法，可以让发声科学省力，但要发出响亮悠远、铿锵有力的声音，还必须学会共鸣控制。共鸣腔把发自声带的原声在共鸣腔里进行调节扩大，使声音变得清晰而响亮，并传得遥远，形成人们常说的"穿透力"。共鸣腔不仅有"扩音机"的作用，而且因为它的不同形状，使它具有不同的共振特征，产生出不同音的色彩。因此，调节控制好共鸣腔，可以扩大音量，丰富或改变声音的色彩，同时起到保护声带的作用。

语音运用的共鸣腔主要有五个：

喉腔——人体的第一个共鸣腔。如果把喉部挤扁，声音就会"横"着出来；如果把喉部束紧，声音就会"拔高"显得很"单薄"。因此，发音时要注意喉腔的形状。

咽腔——对扩大音量、美化音色起着重要的作用。

口腔——中音共鸣，声音坚实自然，是最主要、最灵活的共鸣腔。

鼻腔——高音共鸣，声音高亢明亮。

胸腔——低音共鸣，声音低沉浑厚。

在教师口语表达中，主要采用以口腔共鸣为主，胸腔共鸣为基础，略带一点鼻腔共鸣的三腔共鸣的方式。

1. 口腔共鸣训练

控制口腔共鸣的要领在于扩大腔体，方法是提颧肌、打牙关、挺软腭、松下巴，简称"提打挺松"。

提颧肌就是保持自然微笑的状态，让颧肌微微上提，露出上牙。这样口腔前声腔的空间通道就拓展了，音色更明亮，还能极大地改善在吐字过程中声母、韵母的发音状态。

打牙关就是把后槽牙张开的过程，让牙齿充分张开，这样舌头在口腔里有更充足的运动空间，发出的字音就会更准确、清晰。

挺软腭是把口腔的中后部适度挺起来，结合打牙关，就可以在发音的时候，增加口腔空间，同时增大口腔共鸣的效果。可用半打呵欠的动作来体会。

松下巴最简单，只需要在发音的时候做到提、打、挺三步，然后不给下巴外力就可以达到效果。这是因为放松下巴，可以连带放松喉部，让声带松弛，发音舒展。

训练方法：手指置于耳朵旁边，面带微笑，感受牙关打开。

（1）模拟汽笛长鸣声"di——"，体会声束冲击硬腭前部的感觉。

（2）提起颧肌反复咀嚼，发"ga、ka、ha、jia、qia、xia"音。

2. 鼻腔共鸣训练

实现鼻腔共鸣的要领：软腭下垂，打开鼻腔通路，声波随气流通过鼻腔透出，实现鼻腔共鸣。使用鼻腔共鸣要适度，过度会降低清晰度。

训练方法：

（1）哼鸣练习。双唇紧闭，鼻音哼唱摇篮曲。

（2）口腔打开，上下颌尽量张开，哼唱摇篮曲，口腔与鼻腔共同发声共鸣。此时，下颌感觉不到重量，声音就能轻松自如。

3. 胸腔共鸣训练

获得胸腔共鸣的要领：发声时，咽喉部呈半打哈欠状态，软腭自然下垂，把声波的反射点从硬腭移向下齿背，使声波在喉头和气管附近引起更多的振动，并继续传送到胸腔引起共鸣。胸腔共鸣的练习一定要松弛，不要因过分追求胸腔共鸣而压迫喉头，把浓重的喉音误认为是胸腔共鸣。

训练方法：

（1）用比较低的声音发"a"的四声——体会声带冲击下齿，手放在前胸，感受胸部支点运动。

（2）由低到高，再从高到低连续弹发"ha"，体会胸部响点的上移和下降。

（3）低音朗诵诗词。

4. 综合练习

在进行口语表达时，不是单一使用一种共鸣方式，而是各共鸣腔体协调配合共同运作，一般以口腔共鸣为主，口腔、胸腔、鼻腔"三腔"并用。训练时要灵活运用三腔共鸣，学会控制调节，使声音富有变化。

共鸣控制同步训练

训练方法：

（1）做绕音练习，发"a"和"i"，螺旋形向上向下发音，气息要稳，感受低音时胸腔共鸣，高音时有鼻腔共鸣的加入。

（2）读诗歌《乡愁》，训练共鸣控制。

（三）吐字归音训练

吐字归音，是中国传统戏曲声乐艺术的一种发音方法。它将一个音节的发音过程分为出字、立字和归音三个阶段，通过对每个阶段的精心控制，使吐字清晰有力、珠圆玉润。如今，吐字归音从戏曲艺术逐步渗透到歌唱、话剧等领域，并运用到口语训练中。

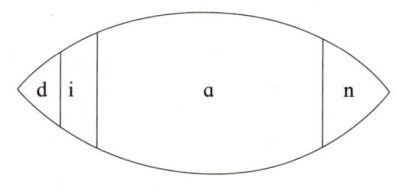
图1-7 "枣核形"发音过程

训练要领：想象"枣核形"，两头尖中间鼓。如"电（diàn）"，可以分为"d-i-a-n"（图1-7）。

出字指声母和韵头的发音过程，要叼住弹出，准确有力。"叼"要不紧不松，"弹"要集中而有弹性，出字过程要有一定的弹射力。以"电（diàn）"为例，先出"d-i"，先成阻，蓄力，迅速除阻，打开口腔。

立字指韵腹（主要元音）的发音过程，要拉开立起，圆润饱满。"电（diàn）"出字后应发"a"，口腔要适当开大些，以增强口腔共鸣。

归音指音节发音的收尾过程，趋向要鲜明，干净利索，既不拖泥带水，又要唇舌位置"到家"，声音由强到弱，弱收到位。"电（diàn）"以"n"收尾，舌尖收到上齿龈，点到即止。

总结起来，吐字归音就是出字要准确有力，集中有弹性；立字要明亮充实，圆润饱满；归音要收束到位，干净利索。

要注意的是，不是所有音节都如"电（diàn）"一样呈标准"枣核形"，对其处理时可开头稍紧，收尾"拢住"，把音节当作一个自然行进的整体对待，无须刻意追求"枣核形"。同时，吐字归音作为技巧训练，最终是为情感服务的，具体使用时，"枣核形"不能一成不变。要视不同情况有所变化，或拉长或缩短，吐字力度可强可弱。

知识拓展

口部操

口部操，是运用吐字器官不出声的活动，使各器官获得灵活控制能力的一种方法。它用人工设计的各种动作来加强吐字器官的肌肉力量和精细控制能力。一般包括上下颌开闭、唇的展撮、舌的伸缩转动等几项，其中以唇舌练习为多。口部操是提高发音能力的一种训练方法，也可作为发音前的准备活动。

1. 唇的练习

（1）喷：也称双唇后打响，双唇紧闭，将唇的力量集中于后中纵线三分之一的部位，唇齿相依，不裹唇，阻住气流，然后突然连续喷气出声，发出"p、p、p"的音。

（2）咧：双唇闭紧，尽力向前噘起，然后将嘴角用力向两边伸展（咧嘴），反复进行。

（3）撇：双唇闭紧，向前噘起，然后向左歪、向右歪。

（4）绕：双唇闭紧，向前噘起，然后向左或向右做360°的转圈运动。

2. 舌的练习

（1）刮舌：舌尖抵下齿背，舌体贴住齿背，随着张嘴，用上门齿齿沿刮舌叶、舌面，使舌面能逐渐上挺隆起，然后，将舌面后移向上贴住硬腭前部，感觉舌面向头顶上部百会穴的位置立起来。这一练习对于打开后声腔和纠正"尖音"、增加舌面隆起的力量很有效。口腔开度不好的人，舌面音j、q、x发音有问题的人可以多练习。

（2）顶舌：闭唇，用舌尖顶住左内颊、用力顶，似逗小孩儿嘴里有糖状，然后，用舌尖顶住右内颊做同样的练习。左右交替、反复练习。

（3）伸舌：将舌伸出唇外，舌体集中、舌尖向前尽力伸展。这一练习主要练习使舌体集中、舌尖能集中用力。

（4）绕舌：闭唇，把舌尖伸到齿前唇后，向顺时针方向环绕360°，然后向逆时针方向环绕360°，交替进行。

（5）立舌：将舌尖向后贴住左侧槽牙齿背；然后将舌沿齿背推至门齿中缝。使舌尖向右侧方向翻。然后做相反方向的练习。这一练习对于改进边音l的发音有益。

（6）舌打响。

用气发声，用好共鸣腔，"枣核形"吐字归音，以上三点可以帮助我们调动多种器官来说话，使得发音清晰、响亮而持久。但同时，教师在说话时，还要注意音量适中，运用自己的耳感进行监听调节，克服"四不宜"：①不宜过高。用声以中音区为主，这样教师说得轻松，学生听了也不觉得累。②不宜过低。声音应清楚地直达坐在最后一排学生的耳中。有时适当放低音量，学生会感到亲切，但要低得合理合度，做到低而不虚、沉而不浊，有一定的内在力量。③不宜过亮。过亮的声音显得尖利、单薄，情味不浓。音色暗一些，有助于沟通和交流。④不宜过平。就一堂课的教学进程而言，导入、讲授、提问、小结等教学环节，其口语的音量应有变化，有时甚至可以有明显的落差。

（四）嗓音保护

嗓音保护，是指在使用中的保护。好的嗓音是科学用声用出来的，而不是在"一声不吭"中保护出来的。所以正确的发声方法，才是对嗓音的最好保护。

（1）用气发声，避免用声过度。练声时，声音由小到大、从近到远、从弱到强、由高到低，避免一开始就大喊大叫损伤声带。说话音量要适中，保持好正确的姿势和发声方法，充分利用共鸣腔，不过量使用声带。女生要充分打开口腔，可常发"u"音克服声音单薄、不圆润。男生声音低沉浑浊，可经常发"i"，使发音位置前移。

（2）养成良好的生活习惯。保证充足的睡眠是保护声带的重要措施，所以要养成规律的作息，同时避免烟酒刺激，少吃过于辛辣或过冷过热的食物，因为油腻、甜黏、冷热刺激的食物也是嗓子的杀手。

（3）保持积极的情绪状态。情绪直接影响着气息，气息又决定着嗓音的好坏。例如，当一个人愤怒时，语音会变得尖锐、刺耳；而当一个人快乐时，语音会变得柔和、细腻。所以精神上要有张有弛，保持乐观和积极的心态，及时排解负面情绪。

（4）锻炼身体，及时治疗嗓音疾病。运动对嗓音是有利的，游泳和长跑是较有效的方法。运动吸气时不要张嘴吸气，要把舌头抬起来，抵住上齿龈，让气流从舌头的两边，经过舌的湿润后再进入气管，进入肺部，这样可以避免干燥、寒冷的气流直接刺激气管和肺。生病尤其感冒的时候，要尽量少用嗓，因为此时声带黏膜增厚，容易产生病变。若发生咽炎、喉炎、声带充血、声带小结等病症要及时治疗，做好嗓音保护。

📝 思考与练习

1. 什么叫语音？语音同自然界的声音有什么不同？
2. 说出口腔中各发音部位的名称。
3. 元音和辅音的区别是什么？
4. 三腔共鸣指什么？其控制要领是什么？
5. 吐字归音的三段六字分别是什么？按下列要求进行训练。

    （1）读成语。

    专心致志　　斗志昂扬　　高瞻远瞩　　超群绝伦　　鸟语花香　　日新月异

    （2）绕口令练习。

    唇的练习：八百标兵奔北坡，炮兵并排北边跑；炮兵怕把标兵碰，标兵怕碰炮兵炮。

    舌的练习：打南边来了两队篮球运动员，一队穿蓝球衣的男运动员，一队穿绿球衣的女运动员。男女运动员都来练投篮，不怕累，不怕难，努力练投篮。

6. 运用下面的训练材料，体会用气发声、共鸣控制、吐字归音三种发音技巧。

念奴娇·赤壁怀古
[宋] 苏轼

大江东去，浪淘尽，千古风流人物。故垒西边，人道是，三国周郎赤壁。乱石穿空，惊涛拍岸，卷起千堆雪。江山如画，一时多少豪杰。

遥想公瑾当年，小乔初嫁了，雄姿英发。羽扇纶巾，谈笑间，樯橹灰飞烟灭。故国神游，多情应笑我，早生华发。人生如梦，一樽还酹江月。

猜猜我有多爱你
文/[爱尔兰] 山姆·麦克布雷尼

译/梅子涵

小栗色兔子该上床睡觉了。可是他紧紧地抓住大栗色兔子的长耳朵不放。他要大兔子好好听他说。"猜猜我有多爱你。"他说。大兔子说："哦，这我可猜不出来。"

"这么多。"小兔子说，他把手臂张开，开得不能再开。大兔子的手臂要长得多，"我爱你有这么多。"他说。嗯，这真是很多，小兔子想。

"我的手举得有多高，我就有多爱你。"小兔子说。"我的手举得有多高，我就有多爱你。"大兔子说。这可真高，小兔子想，我要是有那么长的手臂就好了。

小兔子又有了一个好主意，他倒立起来，把脚撑在树干上。"我爱你一直到我的脚趾头。"他说。大兔子把小兔子抱起来，甩过自己的头顶，"我爱你一直到你的脚趾头。"

"我跳得多高，就有多爱你！"小兔子笑着跳上跳下。"我跳得多高，就有多爱你。"大兔子也笑着跳起来，他跳得这么高，耳朵都碰到树枝了。这真是跳得太棒了，小兔子想，我要是能跳得这么高就好了。

"我爱你，像这条小路伸到小河那么远。"小兔子喊起来。"我爱你，远到跨过小河，再翻过山丘。"大兔子说。这可真远，小兔子想。

他太困了，想不出更多的东西来了。他望着灌木丛那边的夜空，没有什么比黑沉沉的天空更远了。"我爱你一直到月亮那里。"说完，小兔子闭上了眼睛。"哦，这真是很远，"大兔子说，"非常非常的远。"

大兔子把小兔子放到用叶子铺成的床上。他低下头来，亲了亲小兔子，对他说晚安。然后他躺在小兔子的旁边，微笑着轻声地说："我爱你一直到月亮那里，再从月亮上回到这里来。"

看戏（节选）
叶君健

朗读作品20号

　　舞台上的幕布拉开了，音乐奏起来了。演员们踩着音乐的拍子，以庄重而有节奏的步法走到灯光前面来了。灯光射在他们五颜六色的服装和头饰上，一片金碧辉煌的彩霞。

　　当女主角穆桂英以轻盈而矫健的步子出场的时候，这个平静的海面陡然动荡起来了，它上面卷起了一阵暴风雨：观众像触了电似的迅即对这位女英雄报以雷鸣般的掌声。她开始唱了。她圆润的歌喉在夜空中颤动，听起来辽远而又切近，柔和而又铿锵。戏词像珠子似的从她的一笑一颦中，从她优雅的"水袖"中，从她婀娜的身段中，一粒一粒地滚下来，滴在地上，溅到空中，落进每一个人的心里，引起一片深远的回音。这回音听不见，却淹没了刚才涌起的那一阵热烈的掌声。

　　观众像着了魔一样，忽然变得鸦雀无声。他们看得入了神。他们的感情和舞台上女主角的感情融在了一起。女主角的歌舞渐渐进入高潮。观众的情感也渐渐进入高潮。潮在涨。没有谁能控制住它。这个一度平静下来的人海忽然又动荡起来了。戏就在这时候要到达顶点。我们的女主角在这时候就像一朵盛开的鲜花，观众想把这朵鲜花捧在手里，不让//它消逝。他们不约而同地从座位上立起来，像潮水一样，涌到我们这位艺术家面前。舞台已经失去了界限，整个的剧场成了一个庞大的舞台。

　　我们这位艺术家是谁呢？他就是梅兰芳同志。

（选自新版《纲要》普通话水平测试用朗读作品20号）

7. 围绕下列题目，任选其一说一段话，时间不少于3分钟。
　　（1）假日生活（2）如何保持良好的心态

第三节　声母训练

💡 学习导入

　　新生见面第一天，大家要相互介绍自己。一个女生上台，很大方地说："大家好，我叫曹如男。"底下哗然，"个性强！""厉害！"女生很忐忑："怎么了？我叫曹如男，nán花的nán。"众人这才了悟，是曹如兰（lán）。曹如兰来自江淮方言区，有点苦恼自己的名字该怎么说。

一、声母的定义及特点

（一）声母的定义

　　声母是音节开头的辅音。22个辅音中，除了ng只作韵尾外，其余21个辅音都作声母。

　　在普通话里，有的音节不以辅音开头，它的声母等于零，称作"零声母"，如"藕（ǒu）"。y、w开头的音节也是零声母音节，因为y、w只是起隔音作用，让音节不易混淆，实际不发音。在小学把y、w当成声母来教，是一种降低难度的变通的教学方法。

（二）声母的特点

声母的发音特点就是发音时气流受阻。因为辅音的发音如此，除少数几个音素外，一般声带不颤动，读起来不响亮。辅音声母的这种本来的音叫"本音"。为了教学和称呼的方便，常常在这个音的后面加上一个元音来呼读。

> **知识拓展**
>
> **汉语拼音字母的本音、呼读音和名称音**
>
> 汉语拼音使用26个拉丁字母作为基本字母，每个字母有三个读音，即本音、呼读音、名称音。
>
> 汉语拼音字母在不同场合使用有不同的读音，作为音素拼读音节时，读的是它本来的音，称作本音；用作声母、韵母教学时，由于一部分本音不响亮，会在后面加上一个元音发呼读音；而在称呼字母身份时，或前或后添加一个音发名称音。
>
> 现行《方案》中《字母表》字母下面标注的就是名称音，小学时学过的汉语拼音字母歌，唱的也是字母的名称音。26个汉语拼音字母的名称音依次为：a、bê、cê、dê、e、êf、gê、hɑ、i、jie、kê、êl、êm、nê、o、pê、qiu、ɑr、ês、tê、u、vê、wɑ、xi、yɑ、zê。
>
> 《方案》中《声母表》标注的是呼读音，21个声母的呼读音依次为：bo、po、mo、fo、de、te、ne、le、ge、ke、he、ji、qi、xi、zhi、chi、shi、ri、zi、ci、si。

二、声母的分类

辅音发音时，阻碍的部位和消除阻碍的方式不同，就产生了不同的声音。形成阻碍的部位就是发音部位，消除阻碍的方法就是发音方法。

（一）发音部位

发音部位指气流受到阻碍的位置。按发音部位可以把21个声母分成以下7类。

（1）双唇音（上唇、下唇）：b、p、m。
（2）唇齿音（上齿、下唇内缘）：f。
（3）舌尖前音（舌尖、上齿背）：z、c、s。
（4）舌尖中音（舌尖、上齿龈）：d、t、n、l。
（5）舌尖后音（舌尖、前硬腭）：zh、ch、sh、r。
（6）舌面音（舌面前部、硬腭前部）：j、q、x。
（7）舌根音（舌根、软腭）：g、k、h。

（二）发音方法

声母的发音方法可以从以下三方面来分析。

1. 按阻碍气流和解除阻碍的方式，声母可分为五类：塞音、擦音、塞擦音、鼻音、边音

（1）塞音：发音时，发音部位先紧闭，形成对气流的阻塞，最后气流冲破阻碍，爆发成声。代表音：b、p、d、t、g、k。
（2）擦音：发音时，两个发音部位靠近，形成缝隙，然后气流从缝隙中挤出，摩擦成声。代表音：f、h、x、sh、r、s。

（3）塞擦音：发音时，先塞后擦，成阻到持阻前段和塞音相同，两个发音部位完全闭合，然后气流把阻碍部分冲开一条缝，气流挤出，摩擦成音。代表音：j、q、zh、ch、z、c。

（4）鼻音：成阻时发音部位两点紧闭，封锁口腔出气的通路；持阻时，软腭下垂，打开鼻腔通路，颤动声带，气流进入鼻腔，从鼻孔透出，口腔和鼻腔形成双重"共鸣"；除阻时，发音停止。这种声音可以延长。代表音：m、n。注意ng也是鼻音，但不是声母。

（5）边音：成阻时，发音部位的两点，舌尖和上齿龈接触，舌头两边留有空隙；持阻时，声带振动，气流从舌头两边透出成音；除阻时，发音完毕。代表音只有一个：l。

2. 按发音时声带是否颤动，声母可以分为清音和浊音两类

（1）清音：发音时，声带不颤动，透出的气流不带音。代表音：b、p、f、d、t、g、k、h、j、q、x、zh、ch、sh、z、c、s。

（2）浊音：发音时，声带颤动，透出的气流带音。代表音：m、n、l、r。

3. 按气流强弱，声母可以分成送气音和不送气音。这个分类只涉及塞音和塞擦音

（1）送气音气流较强，要送出一口气。代表音：p、t、k、q、ch、c。

（2）不送气音气流较弱，自然流出。代表音：b、d、g、j、zh、z。

综合上述分类方法，可以列出普通话声母发音部位和发音方法总表（表1-1）。

表1-1 普通话声母发音分类表

发音部位	发音方法							
	塞音（清音）		塞擦音（清音）		擦音		鼻音	边音
	不送气	送气	不送气	送气	清音	浊音	浊音	浊音
双唇音	b	p					m	
唇齿音					f			
舌尖前音			z	c	s			
舌尖中音	d	t					n	l
舌尖后音			zh	ch	sh	r		
舌面音			j	q	x			
舌根音	g	k			h		(ng)	

注：ng是普通话中唯一不是声母的辅音。

三、声母的发音

（一）双唇音——b、p、m

b（双唇不送气清塞音）：双唇闭合，阻塞气流；软腭上升，堵塞鼻腔通道；然后双唇突然打开，迸发而成声。冲出的气流比较弱，声带不颤动。

碧波 bìbō　　褒贬 bāobiǎn　　标本 biāoběn　　冰雹 bīngbáo

p（双唇送气清塞音）：发音时，双唇的活动与b大致相同，差别只在双唇打开时有一股较强的气流冲出来。

澎湃 péngpài　　乒乓 pīngpāng　　瓢泼 piáopō　　琵琶 pípa

m（双唇浊鼻音）：双唇闭合，阻塞气流；软腭下垂，打开鼻腔通道，气流从鼻腔透出；声带颤动。

面貌miànmào　　明媚míngmèi　　麦苗màimiáo　　盲目mángmù

（二）唇齿音——f

f（唇齿清擦音）：下唇和上齿轻轻接触；软腭上升，堵塞鼻腔通道，使气流从下唇和上齿之间摩擦而出；声带不颤动。

发愤fāfèn　　丰富fēngfù　　芬芳fēnfāng　　非凡fēifán

（三）舌尖中音——d、t、n、l

d（舌尖中不送气清塞音）：舌尖抵住上齿龈，阻塞气流；软腭上升，堵塞鼻腔通道；然后舌尖突然离开上齿龈，使气流迸发出来，气流较弱；声带不颤动。

调动diàodòng　　电灯diàndēng　　断定duàndìng　　等待děngdài

t（舌尖中送气清塞音）：舌尖活动和d大致相同，差别只在舌尖离开上齿龈时有一股较强的气流冲出来。

团体tuántǐ　　吞吐tūntǔ　　厅堂tīngtáng　　跳台tiàotái

n（舌尖中浊鼻音）：舌尖抵住上齿龈，阻塞气流；软腭下垂，开放鼻腔通道，使气流从鼻腔透出；声带颤动。

恼怒nǎonù　　能耐néngnai　　泥泞nínìng　　袅娜niǎonuó

l（舌尖中浊边音）：舌尖抵住上齿龈的后部，舌两边留出空隙；软腭上升，堵塞鼻腔通道，使气流从舌头两边出来；声带颤动。

理论lǐlùn　　磊落lěiluò　　嘹亮liáoliàng　　玲珑línglóng

（四）舌根音——g、k、h

g（舌根不送气清塞音）：舌根隆起抵住软腭，阻塞气流；软腭上升，堵塞鼻腔通道；然后舌根突然离开软腭，使气流迸发出来，气流较弱；声带不颤动。

桂冠guìguān　　故宫Gùgōng　　灌溉guàngài　　瓜葛guāgé

k（舌根送气清塞音）：舌根活动与g大致相同，差别只在舌根离开软腭时有一股较强的气流冲出来。

坎坷kǎnkě　　宽阔kuānkuò　　空旷kōngkuàng　　开垦kāikěn

h（舌根清擦音）：舌根隆起和软腭靠近，形成间隙；软腭上升，堵塞鼻腔通道，使气流从舌根和软腭之间摩擦而出，声带不颤动。

黄河Huánghé　　洪湖Hónghú　　绘画huìhuà　　浑厚húnhòu

（五）舌面音——j、q、x

j（舌面不送气清塞擦音）：舌尖抵住下门齿背，舌面前部抵住硬腭前部，阻塞气流；软腭上升，堵塞鼻腔通道；舌面前部稍离硬腭前部，让气流从中间挤出，声带不颤动。

矫健jiǎojiàn　　激进jījìn　　究竟jiūjìng　　俊杰jùnjié

q（舌面送气清塞擦音）：舌面活动与j大致相同，差别只在舌面前部稍离硬腭时有一股较强的气流冲出。

亲切qīnqiè　　氢气qīngqì　　恰巧qiàqiǎo　　群情qúnqíng

x（舌面清擦音）：舌尖抵住下门齿背，舌面前部接近硬腭前部；软腭上升，堵塞鼻腔通道，使气流从舌面前部和硬腭之间摩擦而出；声带不颤动。

下旬xiàxún　　相信xiāngxìn　　学习xuéxí　　休息xiūxi

（六）舌尖后音——zh、ch、sh、r

zh（舌尖后不送气清塞擦音）：舌尖翘起接触前硬腭，阻塞气流；软腭上升，堵塞鼻腔通道；然后舌尖稍稍离开前硬腭，让气流挤出来，声带不颤动。

正直zhèngzhí　　庄重zhuāngzhòng　　转折zhuǎnzhé　　追逐zhuīzhú

ch（舌尖后送气清塞擦音）：舌尖活动与zh大致相同，差别只在舌尖稍离前硬腭时有一股较强气流冲出。

车床chēchuáng　　驰骋chíchěng　　春潮chūncháo　　踌躇chóuchú

sh（舌尖后清擦音）：舌尖翘起靠近前硬腭；软腭上升，堵塞鼻腔通道，气流从舌尖和前硬腭之间的窄缝中摩擦而出；声带不颤动。

赏识shǎngshí　　闪烁shǎnshuò　　生疏shēngshū　　神圣shénshèng

r（舌尖后浊擦音）：发音状况同sh大致相同，差别在于发sh时声带不颤动，发r时声带颤动。

仍然réngrán　　柔软róuruǎn　　荣辱róngrǔ　　忍让rěnràng

（七）舌尖前音——z、c、s

z（舌尖前不送气清塞擦音）：舌尖抵住上齿背，阻塞气流；软腭上升，堵塞鼻腔通道；然后舌尖稍稍离开上齿背，使气流挤出来，形成先塞后擦的塞擦音；声带不颤动。

自尊zìzūn　　走卒zǒuzú　　造作zàozuò　　罪责zuìzé

c（舌尖前送气清塞擦音）：发音状况同z大致相同，差别只在舌尖离开上齿背时有一股较强的气流冲出来。

层次céngcì　　催促cuīcù　　猜测cāicè　　从此cóngcǐ

s（舌尖前清擦音）：舌尖接近上齿背；软腭上升，堵塞鼻腔通道，使气流从舌尖和上齿背之间的窄缝中摩擦而出；声带不颤动。

思索sīsuǒ　　松散sōngsǎn　　洒扫sǎsǎo　　诉讼sùsòng

四、声母的辨正

普通话是以北京语音为标准音的，普通话的声韵系统和各方言的声韵系统不尽相同。学习普通话，首先要把自己的方音改正过来，使它合于普通话标准音。辨正方音的时候，我们应该特别注意方音与普通话在声母、韵母和声调上的对应关系。

（一）分辨舌尖后音zh、ch、sh和舌尖前音z、c、s

普通话的声母有舌尖后音zh、ch、sh和舌尖前音z、c、s两套，江淮方言、吴方言、闽方言、粤方言、客家方言、西南话多数没有舌尖后音，常常把zh、ch、sh的字读成z、c、s的字。所以注意这两套音的区别，是学好普通话的一个关键。

比较不同：舌尖后音的发音部位是舌尖和硬腭前部，舌尖呈翘起形状，又称翘舌音；舌尖前音的发音部位是舌尖和上齿背，舌尖平伸，又称平舌音（图1-8）。辨音时，硬腭前部这个位置一定要找准，不能太前，也不能太后。

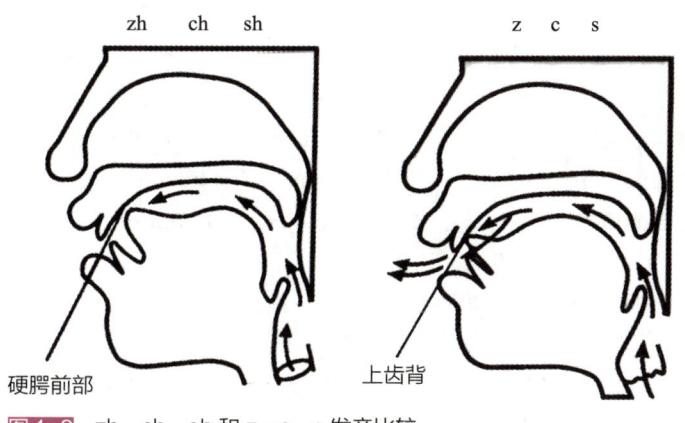

图1-8　zh、ch、sh和z、c、s发音比较

💡 同步训练

1. 词语对比。

　　师长shīzhǎng—司长sīzhǎng　　　　诗人shīrén—私人sīrén

　　粗布cūbù—初步chūbù　　　　　　五岁wǔsuì—午睡wǔshuì

　　操纵cāozòng—超重chāozhòng　　自从zìcóng—治虫zhìchóng

2. 绕口令练习。

　　四是四，十是十，十四是十四，四十是四十，谁能说准四十、十四、四十四，谁来试一试。

3. 语段练习。

（1）假山的堆叠，可以说是一项艺术而不仅是技术。或者是重峦叠嶂，或者是几座小山配合着竹子花木，全在乎设计者和匠师们生平多阅历，胸中有丘壑，才能使游览者攀登的时候忘却苏州城市，只觉得身在山间。

（节选自新版《纲要》普通话水平测试用朗读作品31号叶圣陶《苏州园林》）

朗读作品31号

（2）我们活着，就是要让别人过得快乐。我们活着，就要给因为家里太热，到这里来避暑的老人遮阴。我们活着，就要给孩子们一个阴凉地方，好让他们来玩。人们到树下来野餐，在格子台布上吃东西，我们活着，就要用叶片给他们扇风。我们活着，就是为了做这些好事情。

（节选自［美］利奥·巴斯卡利亚《一片叶子落下来》，任溶溶译）

（二）分辨鼻音n和边音l

普通话里鼻音n和边音l分得很清楚，但是西南地区、福建、湖南和江淮一带不能分辨这一对音。这些方言中，有的全读成n，有的全读成l，有的n、l随便读，也有的只在一定韵母的前面才能分（例如在i、ü的前面），情况比较复杂。

比较不同：读准n和l，关键在于控制软腭的升降。因为n和l的发音部位都是舌尖抵住上齿龈，不同在于有无鼻音，是从鼻腔出气，还是从舌头两边出气。练习发音时，必须着重练习控制软腭的升降和舌头的位置。鼻音n舌尖发力要集中，边音l舌头要放松，尽量放平舌面。发鼻音n时口腔的开度较小；发边音l时，口腔的开度较大。

可做口部操（立舌练习）来发好l音，还可捏住鼻子来辨别发音是否准确，发l音时鼻子堵住也不受影响，说明发的l音是正确的。

同步训练

1. 词语对比。

   水牛shuǐniú—水流shuǐliú　　　浓重nóngzhòng—隆重lóngzhòng

   鲇鱼niányú—鲢鱼liányú　　　鸟雀niǎoquè—了却liǎoquè

   男女nánnǚ—褴褛lánlǚ　　　南宁Nánníng—兰陵Lánlíng

2. 听辨训练。

   难住—拦住　　旅客—女客　　内线—泪腺　　留恋—留念

3. 绕口令练习。

   （1）老龙恼怒闹老农，老农恼怒闹老龙，龙怒龙闹农更怒，龙闹农怒龙怕农。

   （2）牛牛要吃河边柳，妞妞赶牛牛不走，妞妞护柳扭牛头，牛牛扭头瞅妞妞，妞妞扭牛牛更拗，牛牛要顶小妞妞，妞妞捡起小石头，吓得牛牛扭头溜。

4. 诗歌练习。

问刘十九

［唐］白居易

绿蚁新醅酒，红泥小火炉。

晚来天欲雪，能饮一杯无？

（三）分辨团音和尖音

1. 比较团音和尖音

团音，指声母j、q、x与i、ü或i、ü开头的韵母相拼合的音，如"jiǔ（九）""xué（学）""qiū（邱）"。尖音，指声母z、c、s与i、ü或以i、ü开头的韵母拼读的音，如"ziǔ""sué""ciū"等。普通话有团音、无尖音，即声母z、c、s不能与i、ü或以i、ü开头的韵母相拼合。

j、q、x开头的音，容易发成尖音，或者带上尖音色彩（图1-9）。某些方言（如吴方言、粤方言等南方方言）或某些人语音中存在这种现象，女生较为明显。有研究发现，90%以上的女生有尖音，男生存在尖音的也不低于30%。

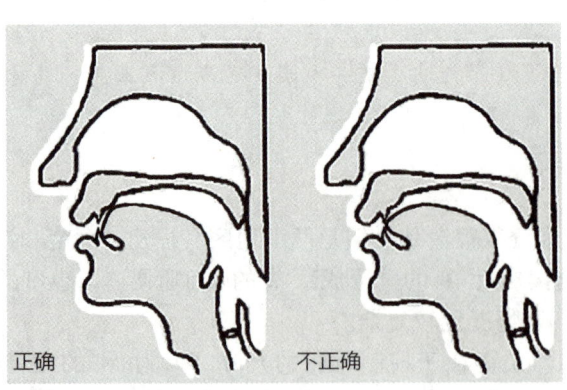

图1-9　j、q、x的发音示意图

2. 尖音症状及应对方法

（1）舌面隆起无力，舌面用力变成了舌尖用力。

方法：多练习"刮舌"，舌面隆起用力顶硬腭，提高舌面隆起的力量。

（2）舌面隆起时，舌尖不够放松。舌面音，不需要舌尖的参与，因此舌尖不需要用力，而舌尖一旦用力就容易使舌尖接触上门齿或处于上下门齿中间，对气流构成阻碍，产生尖音。

方法：注意放松舌尖，如果舌尖习惯性用力、一时无法放松，可以让舌尖抵住下门齿背，这样舌尖就不会阻碍气流。

（3）牙齿对齐，啮合太小。发音时如果口腔太扁，会影响舌面隆起的空间，也容易使发音偏前，产生尖音。

方法：加大口腔的开度。

具体操作：练习j、q、x时，先放松下巴（像发呆一样使下巴自然下垂），这时舌头会自然平放于口腔中，舌尖轻触下齿背，上下牙齿也会有一定间隙。然后发元音"i"，保持状态（舌位、下巴、牙齿均保持不动），再让气流从舌面与上腭之间通过，发出不带元音"i"的"希……"声，这个声音是气流通过时与舌面和上腭的摩擦声（这点特别重要），舌尖、牙齿均不可阻碍气流。

同步训练

1. 词语练习。

    积极　简洁　即将　寂静　家具　祈求　急剧　坚决
    齐全　牵强　窃取　轻巧　欠缺　遐想　喜讯　喧嚣

2. 绕口令练习。

    七巷一个漆匠，西巷一个锡匠。七巷漆匠偷了西巷锡匠的锡，西巷锡匠拿了七巷漆匠的漆。请问锡匠和漆匠，谁拿谁的锡？谁偷谁的漆？

3. 诗歌练习。

鞋

林武宪

我回家，把鞋脱下
姐姐回家，把鞋脱下
哥哥、爸爸回家
也都把鞋脱下

大大小小的鞋
是一家人
依偎在一起
说着一天的见闻

大大小小的鞋
就像大大小小的船
回到安静的港湾
享受家的温暖

（四）分辨唇齿音f和舌根音h

普通话里唇齿音f和舌根音h分得很清楚，有些方言却有相混的情况。例如闽方言多数把f读成b、p或h，湘方言有些地区把f读成h；粤方言则是读f的字较多，有一些普通话读h的字（大多数是和u结合的字，如"虎"hǔ、"花"huā）在广州话读成f的字。

比较不同：f和h都是清擦音，区别只在阻碍的部位上。f是上齿和下唇形成阻碍，h是舌根和软腭构成阻碍。

f、h不分的地区要弄清哪些字的声母是f，哪些字的声母是h，并花费一定时间去练习。

💡 同步训练

1. 读词语。

   公费gōngfèi——工会gōnghuì　　仿佛fǎngfú——恍惚huǎnghū

   废话fèihuà——会话huìhuà　　　虎符hǔfú——富户fùhù

2. 绕口令练习。

   （1）风吹灰飞，灰飞花上花堆灰，风吹花灰灰飞去，灰在风里飞又飞。

   （2）丰丰和芳芳，上街买混纺。红混纺，粉混纺，黄混纺，灰混纺，红花混纺做裙子，粉花混纺做衣裳。红、粉、灰、黄花样多，五颜六色好混纺。

（五）分辨r、y、l

普通话里的舌尖后浊擦音r在许多方言里不存在，最常见的情形是把r读成零声母y，也有的地区如江淮方言（扬淮片）把r读成l，吴方言部分地区把r读成n，注意改正。r和l发音的不同如图1-10所示。

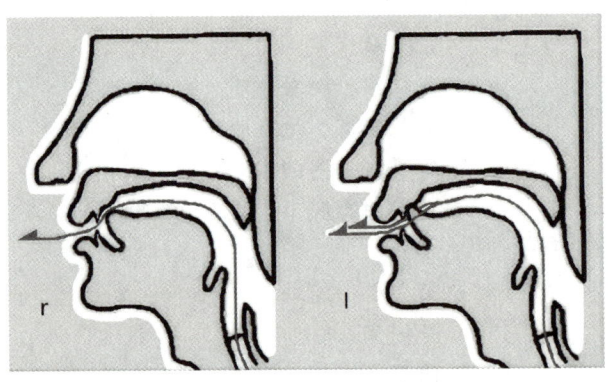

图1-10　声母r和l发音对比

💡 同步训练

读词语。

日常rìcháng——异常yìcháng　　肉馅儿ròuxiànr——露馅儿lòuxiànr

呢绒níróng——尼龙nílóng　　　软和ruǎnhuo——暖和nuǎnhuo

乳汁rǔzhī——卤汁lǔzhī　　　　衰弱shuāiruò——衰落shuāiluò

除了以上几组声母发音容易混淆以外,还要注意普通话中没有声母v。部分方言中有发声母v的语音现象,如"味、微、文、尾、维"的方言声母是v。学习普通话时,注意将方言中的v声母音节改读为u或u开头的零声母音节。

(六)易混淆声母字的记忆方法

1. 形声字类推

利用形声字偏旁类推。例如"獐"字,左边的"犬"表示与兽类有关,是形旁;右边的"章"表示读音,是声旁。由"章"这个声旁构成的汉字有"漳、彰、璋、樟、蟑"等,我们可以用"章"来记忆这一组字都是翘舌音。再如"良(liáng)"字,可以带出"狼、浪、郎、廊"等都是边音声母。因此,强记一些代表字或偏旁,可以方便地类推,确定一大批平翘舌音、鼻边音的字。还可以把偏旁代表字编成歌谣,方便记忆。

2. 记少不记多

普通话中平翘舌音对比大体是3∶7的比例,平舌音少,翘舌音多。记住平舌音的字,也就记住了翘舌音字。例如"ca",只有"擦、嚓"等几个字,而"cha"则有"叉、查、插、诧"等30多个字;又如"zen",只有"怎、潛"两个字,而"zhen"却有"真、珍、镇"等30多个常用字;再如"sen"只代表一个汉字"森",而"shen"却有"身、神、审、甚"等30多个常用字。

3. 掌握配合规律

可以利用普通话声韵的配合规律辨别记忆:f不跟ai相拼,方言中念"fai"的,普通话中都念"huai",如"怀、坏"等;f与o相拼只有相应的"佛"字,如果方言中念"fo",普通话都念"huo",如"活、火、货"等;ua、uai、uang这三个韵母只跟舌尖后音zh、ch、sh相拼,不跟舌尖前音z、c、s相拼;ong这个韵母,可以跟s相拼,而不能同sh相拼,所以"抓、拽、庄"等字的声母肯定是舌尖后音,"松、耸、送"等字的声母只能是s;n不与韵母ia相拼,"俩"是边音;l不与韵母en相拼,"嫩"是鼻音;n不与韵母ou相拼,"搂、楼、篓、漏、瘘、露、陋"等字都念边音。

4. 单独记忆少部分特殊的字

还有一小部分字是特殊的:声旁是翘舌音,字却是平舌音,如"速、昨、擦、诉、窜、蛳、脏、钻"等;声旁是平舌音,字却是翘舌音,如"崇、铡、珊、跚、瘦、捉、疮、创"等;还有些字是多音字,如"参",除了发"cān、cēn",还有"shēn"这个音;"良"是声母l的代表字,但"娘、酿"例外,声母是n,要单独记忆。

📝 思考与练习

1. 什么是声母?声母依据发音部位和发音方法怎么分类?
2. 了解你的方言和普通话声母之间的对应关系,说说如何辨音。
3. 词语练习。

  展翅 充值 挣扎 设施 拆除 词组 酸涩 增长 串词 损伤
  层次 输送 上诉 赏赐 场所 联络 嘹亮 农奴 恼怒 凌虐
  冷暖 嫩绿 年龄 荒废 焚毁 契机 竞选 教学 情节 宣讲

4. 绕口令练习。

  (1)三山撑四水,四水绕三山,三山四水春常在,四水三山四时春。

  (2)牛郎恋刘娘,刘娘念牛郎。牛郎年年念刘娘,刘娘连连恋牛郎。郎恋娘来娘恋郎,念娘恋娘念郎恋郎。

  (3)念一念,练一练,n、l的发音要分辨。l是边音软腭升,n是鼻音舌靠前。你来练,我来念,不怕累,不怕难,齐努力,攻难关。

（4）稀奇稀奇真稀奇，蟋蟀踩死老母鸡。气球碰坏大机器，蚯蚓身长一丈七。

（5）山上住着三老子，山下住着三小子，山腰住着三哥三嫂子。山下三小子，找山腰三哥三嫂子，借三斗三升酸枣子，山腰三哥三嫂子，借给山下三小子三斗三升酸枣子。山下三小子，又找山上三老子，借三斗三升酸枣子，山上三老子，还没有三斗三升酸枣子，只好到山腰找三哥三嫂子，给山下三小子借了三斗三升酸枣子。过年山下三小子打下酸枣子，还了山腰三哥三嫂子，两个三斗三升酸枣子。

5. 诗词练习。

满江红
[宋] 岳飞

怒发冲冠，凭阑处、潇潇雨歇。抬望眼，仰天长啸，壮怀激烈。三十功名尘与土，八千里路云和月。莫等闲、白了少年头，空悲切。

靖康耻，犹未雪。臣子恨，何时灭。驾长车，踏破贺兰山缺。壮志饥餐胡虏肉，笑谈渴饮匈奴血。待从头、收拾旧山河，朝天阙。

老爷爷和小娃娃
金波

一个小娃娃，
摔了一跤，
老爷爷扶他起来，
连连说：
别哭啊，别哭啊！
一个老爷爷，
摔了一跤，
小娃娃扶他起来，
连连说：
别哭啊，别哭啊！
他们俩，
都笑了！
忘了谁是老爷爷，
谁是小娃娃。

6. 短文练习。

北京的春节（节选）
老舍

朗读作品1号

照北京的老规矩，春节差不多在腊月的初旬就开始了。"腊七腊八，冻死寒鸦"，这是一年里最冷的时候。在腊八这天，家家都熬腊八粥。粥是用各种米，各种豆，与各种干果熬成的。这不是粥，而是小型的农业展览会。

除此之外，这一天还要泡腊八蒜。把蒜瓣放进醋里，封起来，为过年吃饺子用。到年底，蒜泡得色如翡翠，醋也有了些辣味，色味双美，使人忍不住要多吃几个饺子。在北京，过年时，家家吃饺子。

孩子们准备过年，第一件大事就是买杂拌儿。这是用花生、胶枣、榛子、栗子等干果与蜜饯掺和成的。孩子们喜欢吃这些零七八碎儿。第二件大事是买爆竹，特别是男孩子们。恐怕第三件事才是买各种玩意儿——风筝、空竹、口琴等。

孩子们欢喜，大人们也忙乱。他们必须预备过年吃的、喝的、穿的、用的，好在新年时显出万象更新的气象。

腊月二十三过小年，差不多就是过春节的"彩排"。天一擦黑儿，鞭炮响起来，便有了过年的味道。这一天，是要吃糖的，街上早有好多卖麦芽糖与江米糖的，糖形或为长方块或为瓜形，又甜又黏，小孩子们最喜欢。

过了二十三，大家更忙。必须大扫除一次，还要把肉、鸡、鱼、青菜、年糕什么的都预备充足——店//铺多数正月初一到初五关门，到正月初六才开张。

（选自新版《纲要》普通话水平测试用朗读作品1号）

7. 围绕下列题目，任选其一说一段话，时间不少于3分钟。
（1）体育运动的乐趣（2）我欣赏的历史人物

第四节　韵母训练

学习导入

牙齿亮晶晶

常福生

牙刷是张弓，牙齿是架琴。
牙齿伸进嘴，拉起小提琴。
拉呀轻轻拉，歌声真好听。
天天早晚拉，牙齿亮晶晶。

儿歌的特点之一就是押韵，所以朗读儿歌要读好句末的韵母，使音韵和谐，朗朗上口，如上文这首《牙齿亮晶晶》。那怎么才能读好韵母呢？

韵母是汉语音节中声母后面的部分，是汉语音节中不可缺少的部分。一个音节可以没有辅音声母，但不能没有韵母和声调。韵母以元音为主，因而汉语具有音乐之美。

一、韵母的结构

韵母的结构有韵头、韵腹、韵尾三个部分。韵腹是韵母中开口度最大的元音。如果韵母中只有一个元音，它就是韵腹。韵腹前面的元音是韵头，韵腹后边的音素是韵尾。

韵头由i、u、ü充当，发音轻而短，也叫介音或介母。
韵腹由a、o、e、i、u、ü、ê、-i（前）、-i（后）、er充当，发音响亮清晰。
韵尾由i、u（o），也可以是鼻辅音n、ng充当，发音轻短模糊。

二、韵母的分类

（一）单韵母、复韵母、鼻韵母

普通话共有39个韵母，根据其结构特点分为单韵母、复韵母和鼻韵母。

（1）单韵母：由一个元音构成的韵母。普通话有10个单韵母，10个元音音素都可作单韵母。

（2）复韵母：由两个或三个元音构成的韵母。普通话有13个复韵母：ai、ei、ao、ou、ia、ie、ua、uo、üe、iao、iou、uai、uei。有的是"韵头+韵腹"构成，有的是"韵腹+韵尾"构成，有的是"韵头+韵腹+韵尾"构成，由于韵腹发音最响亮，所以复韵母又可以分成前响复韵母、后响复韵母和中响复韵母。

（3）鼻韵母：由"元音+辅音"构成的韵母。普通话有16个鼻韵母，韵尾是n的叫前鼻韵母，共8个，即an、en、in、ün、ian、uan、üan、uen；韵尾是ng的叫后鼻韵母，也是8个，分别是ang、eng、ing、ong、iang、uang、ueng、iong。

（二）四呼

传统的音韵学按韵头的特点以及韵母开头的实际发音，把韵母分为"四呼"。
（1）开口呼韵母：凡没有韵头，而韵腹又不是i、u、ü的韵母。
（2）齐齿呼韵母：凡韵头或韵腹是i的韵母。
（3）合口呼韵母：凡韵头或韵腹是u的韵母。
（4）撮口呼韵母：凡韵头或韵腹是ü的韵母。
韵母的分类信息汇总如表1-2所示。

表1-2　普通话韵母分类表

按结构分	按口形分			
	开口呼	齐齿呼	合口呼	撮口呼
单韵母	-i（前）、-i（后）	i	u	ü
	a			
	o			
	e			
	ê			
	er			
复韵母	ai	ia	uai	
	ei	ie	uei	üe
	ao	iao	ua	
	ou	iou	uo	
鼻韵母	an	ian	uan	üan
	en	in	uen	ün
	ang	iang	uang	
	eng	ing	ueng	
			ong	iong

注：ong（实际读音ung）属于合口呼，iong（实际读音üng）属于撮口呼，这是按实际读音来归类的。《方案》中韵母表是按照首字母进行归类的，是为了避免混淆。

三、韵母的发音

（一）单韵母的发音

单韵母由一个元音构成，其发音由口腔的形状来决定。口腔形状跟舌位的前后、高低和唇形的圆展相关。舌位也叫"近腭点"，发音时舌头向上隆起，对着上腭，接近上腭的最高点叫舌位。

舌位的高低与开口度大小有关，开口度越大，舌位越低；反之，开口度越小，舌位越高。单韵母根据舌位的高低可以分成高元音、半高元音、半低元音、低元音。发音时舌面隆起最高点在舌面前部，叫前元音；隆起最高点在舌面后部，叫后元音；隆起最高点在中央，叫央元音。发音时嘴唇拢圆的，叫圆唇音；不拢圆的，叫展唇音或不圆唇音。元音的舌位唇形，如图1-11所示。

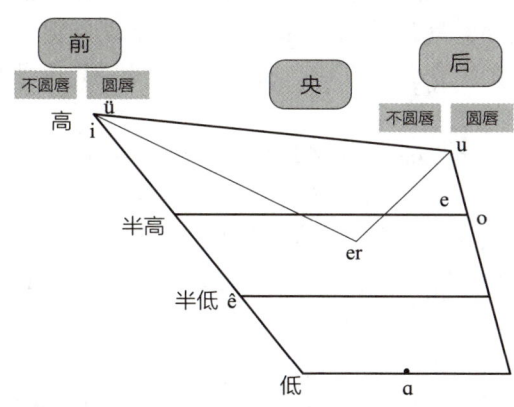

图1-11　元音舌位唇形示意图

根据发音时所起作用的部位和状态的不同，可以把单韵母分为舌面单韵母、舌尖单韵母、卷舌韵母三类。

1. 舌面单韵母的发音

发音特点：不管舌位、唇形以及开口度如何，从开始到发音结束，它的舌位、唇形及开口度都要维持开始时的状态，始终不变。

（1）a（舌面、央、低、不圆唇元音）：发音时，口大开，舌位居中，舌面降到最低，唇形自然，声带振动，气流从口腔出来。

　　阿妈āmā　　打靶dǎbǎ　　刹那chànà　　发达fādá

（2）o（舌面、后、半高、圆唇元音）：发音时，口腔半闭，舌向后缩，舌位半高，唇形拢圆，声带振动，气流从口腔出来。

这里注意：声母b、p、m、f之后的o，如bō里的o，并非语言学意义上的单韵母，只是拼写形式与单韵母相同，实际读音与复韵母uo相同。

　　默默mòmò　　伯伯bóbo　　泼墨pōmò　　婆婆pópo

（3）e（舌面、后、半高、不圆唇元音）：发音状况与o类似，口腔半闭，舌头略向后缩，后舌面升至半高，唇形自然展开。

　　哥哥gēge　　苛刻kēkè　　合格hégé　　客车kèchē

（4）ê（舌面、前、半低、不圆唇元音）：发音时，口半开，舌头前伸，嘴角向两边微展，声带振动，气流从口腔出来。

韵母ê除语气词"欸"外，单独用的机会不多，ê的主要用途是与i、ü组成复韵母，写成

ie、üe，如憋（biē）、觉（jué）等。

（5）i（舌面、前、高、不圆唇元音）：发音时，口腔开口度很小，舌头前伸，两唇呈扁平形，上下齿相对（齐齿），舌面接近硬腭，声带振动，气流从口腔出来。

基地jīdì　　习题xítí　　利息lìxi　　记忆jìyì

（6）u（舌面、后、高、圆唇元音）：发音时，口腔开口度很小，舌头后缩，舌面后面部位上升接近软腭，嘴唇收拢，成圆孔形，声带振动，气流从口腔出来。

入伍rùwǔ　　出租chūzū　　瀑布pùbù　　鼓舞gǔwǔ

（7）ü（舌面、前、高、圆唇元音）：发音舌位状况与i相似，但嘴唇向前撮出，成圆孔形。

雨具yǔjù　　序曲xùqǔ　　区域qūyù　　女婿nǚxu

2. 舌尖单韵母的发音

（1）-i（前）（舌尖前、高、不圆唇元音）：发音时，舌尖前伸靠近上齿背，舌面放平，嘴唇向两边展开，声带振动，气流从口腔出来。这个元音只出现在声母z、c、s的后面，不易单独发音，发音时可先读音节zi，音值拖长，除去声母，只保留后部不摩擦、气流畅通的部分。

此次cǐcì　　自私zìsī　　孜孜zīzī　　四次sìcì

（2）-i（后）（舌尖后、高、不圆唇元音）：发音时，舌头上翘，舌尖靠近硬腭前部，嘴唇稍向两边展开，声带振动，气流从口腔出来。这个元音只出现在声母zh、ch、sh、r的后面。音色接近r，练习时先发ri，音值拖长，除去明显摩擦的声母，只保留后边气流畅通的部分。

支持zhīchí　　指示zhǐshì　　值日zhírì　　知识zhīshi

3. 卷舌单韵母的发音

er（卷舌、央、中、不圆唇元音）：发音时，口腔自然打开，舌位居中，舌面前部和中部上抬，舌尖向后卷，嘴唇不圆，声带振动，气流从口腔流出。er只能自成音节，虽然是两个字母，仍然是单韵母（在《方案》中，r不代表音素，只是一个表卷舌动作的符号）。

耳朵ěrduo　　儿歌érgē　　而且érqiě　　二两èrliǎng

（二）复韵母的发音

复韵母由两个或三个元音构成，其发音要领是：发音时，从一个元音到另一个元音的过渡是自然滑动的，气流不中断，没有明显界限，两个或三个元音形成一个整体；复韵母发音时动程明显，口形变化应充分体现；复韵母中的元音音素与单独发音时的位置不尽相同，不能机械地按照单元音去发。

复韵母的发音很大程度上决定了语音的面貌，其发音过程是吐字归音的生动体现。复韵母的两个或三个元音，在发音时是有主次之分的，其中最响亮、清晰的是韵腹；韵腹之前是韵头，发音轻短，表示复韵母发音的起点；韵腹之后是韵尾，音值含混，表示复韵母滑动的方向。根据韵腹位置的不同，复韵母可分为前响复韵母、后响复韵母、中响复韵母。

1. 前响复韵母

ai、ei、ao、ou是前响复韵母。它们共同的发音特点是：发音时，舌位由低向高滑动，前一个元音发音清晰响亮，后一个元音发音轻短模糊，音值不太固定，只表示舌位滑动的方向。前一个元音发音时会向尾音靠近，跟单韵母发音明显不同。

（1）ai 发音时，先发a，舌位比单韵母a略前、略高些，唇形开而不圆，接着舌位渐升，唇形渐扁，发出轻短含混的i音（图1-12）。

灾害zāihài　　彩排cǎipái　　白菜báicài　　拆开chāikāi

（2）ei 发音时，先发e，舌位比单韵母e略前、略低，接着发i，比发单韵母i时口腔稍开，i是韵尾，只有向i滑动的方向感，实际发音轻短含混（图1-13）。

蓓蕾 bèilěi　　肥美 féiměi　　飞贼 fēizéi　　黑煤 hēiméi

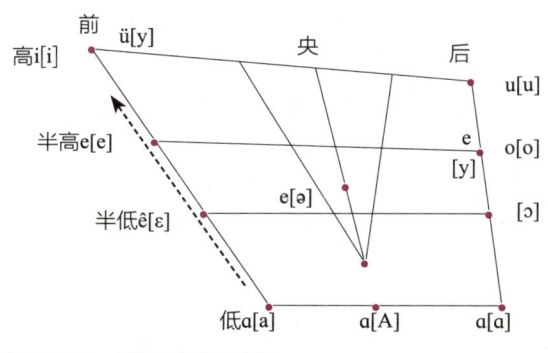

图1-12　ai 发音动程示意图　　　　图1-13　ei 发音动程示意图

（3）ao 发音时，先发a，比单韵母a略后，唇形开而不圆，接着舌位升高，实际发音超过o，唇形渐圆，发出轻短含混的u音（图1-14）。

高超 gāochāo　　逃跑 táopǎo　　号召 hàozhào　　报道 bàodào

（4）ou 发音时，先发o，舌位比单韵母o略前，唇形没那么圆，接着向u的舌位、唇形移动，比发单韵母u时口腔稍开，轻短含混。这个复韵母动程很小（图1-15）。

佝偻 gōulóu　　筹谋 chóumóu　　漏斗 lòudǒu　　守候 shǒuhòu

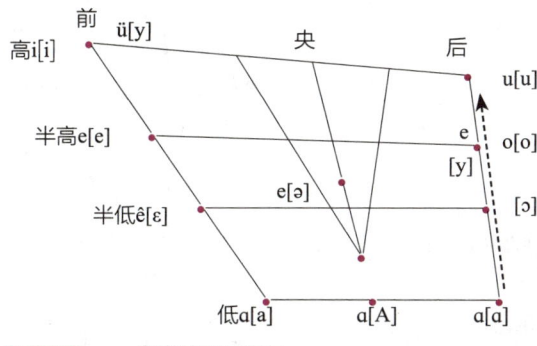
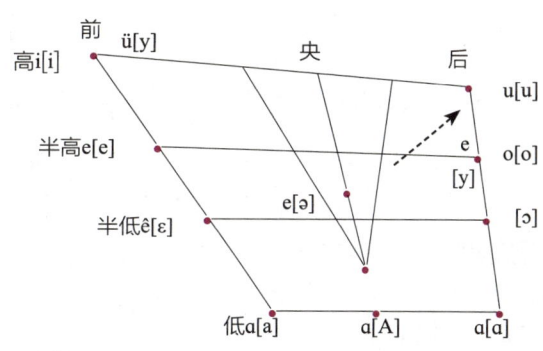

图1-14　ao 发音动程示意图　　　　图1-15　ou 发音动程示意图

2. 后响复韵母

ia、ie、ua、uo、üe都是后响复韵母。它们共同的发音特点是：前一个元音是韵头，都是高元音，开口度小，发音轻短，后面是韵腹，发音清晰响亮。

（1）ia 发音时，先发出轻短的i音，接着唇形变成开而不圆，发出响而长的a音。

压价 yājià　　假牙 jiǎyá　　恰恰 qiàqià　　下架 xiàjià

（2）ie 发音时，先发出轻短的i音，接着舌位降到半低，发出响而长的ê音。

铁屑 tiěxiè　　趔趄 lièqie　　歇业 xiēyè　　节烈 jiéliè

（3）ua 发音时，先发出轻短的u音，接着发出响而长的a音。

娃娃 wáwa　　挂画 guàhuà　　耍滑 shuǎhuá　　花袜 huāwà

（4）uo 发音时，先发出轻短的u音，接着舌位略低，唇形略大，发出o音。

过火 guòhuǒ　　阔绰 kuòchuò　　骆驼 luótuo　　硕果 shuòguǒ

（5）üe 先撮唇发出轻短的ü音，接着舌位降到半低发ê音，但开口度不如发单韵母ê大。

雪月xuěyuè　　　约略yuēlüè　　　雀跃quèyuè　　　决绝juéjué

3. 中响复韵母

iao、iou、uai、uei是中响复韵母。它们共同的发音特点是：韵头i、u发音轻短，韵尾i、u（o）发音含混，只表示舌位滑动的方向，韵腹发音清晰响亮。韵腹的发音与单韵母发音时不同。

（1）iao 发音时，在前响复韵母ao之前加上轻短的i，合起来就是iao（图1-16）。

苗条miáotiáo　　　叫嚣jiàoxiāo　　　小鸟xiǎoniǎo　　　飘摇piāoyáo

（2）iou 发音时，在前响复韵母ou之前加上轻短的i，合起来就是iou（图1-17）。这个音在读阴平、阳平时，韵腹没有读上声和去声时响亮。《方案》中iou跟声母相拼时写作iu，与它的发音特点相关。

优秀yōuxiù　　　久留jiǔliú　　　求救qiújiù　　　悠久yōujiǔ

（3）uai 发音时，在前响复韵母ai之前加上轻短的u，合起来就是uai（图1-18）。

外快wàikuài　　　怀揣huáichuāi　　　摔坏shuāihuài　　　乖乖guāiguai

（4）uei 发音时，在前响复韵母ei之前加上轻短的u，合起来就是uei（图1-19）。这个音在读阴平、阳平时，韵腹没有读上声和去声时响亮。《方案》中uei跟声母相拼时写作ui，与它的发音特点相关。

追随zhuīsuí　　　悔罪huǐzuì　　　违规wéiguī　　　垂危chuíwēi

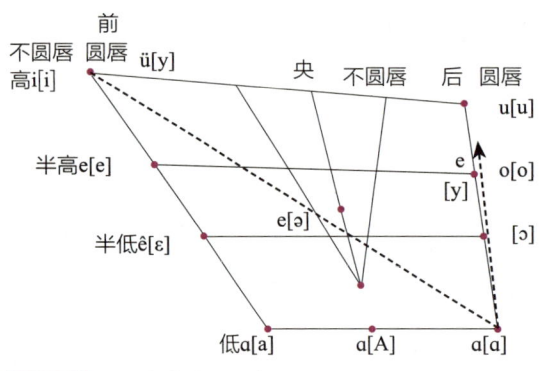

图 1-16　iao 发音动程示意图

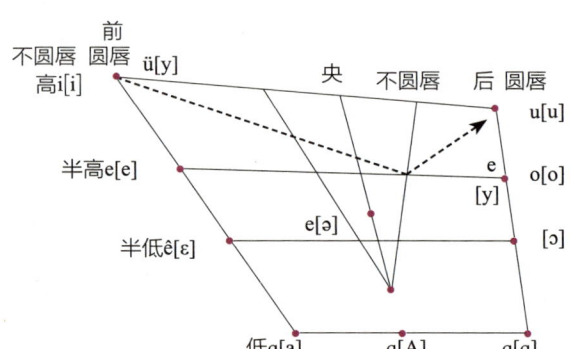

图 1-17　iou 发音动程示意图

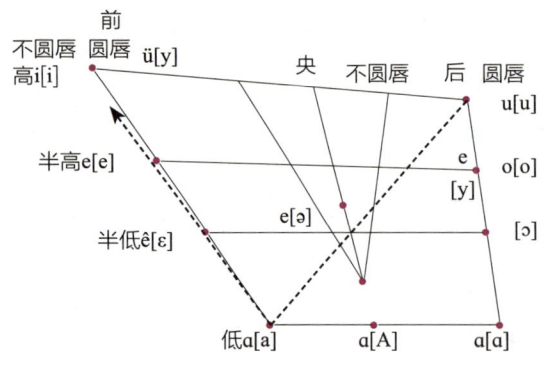

图 1-18　uai 发音动程示意图

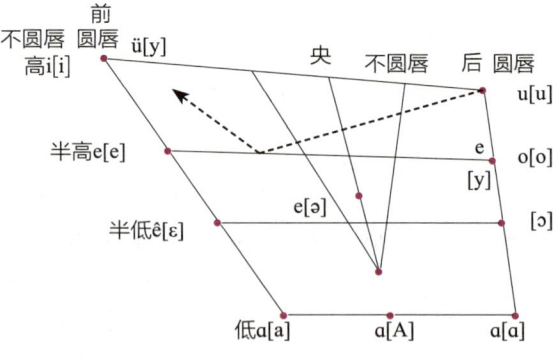

图 1-19　uei 发音动程示意图

（三）鼻韵母的发音

和复韵母一样，鼻韵母发音时舌位唇形有变化，有动程。发音时，由元音向鼻辅音过渡，最后形成鼻音即止。鼻韵母的发音有三个特点：一是有动程；二是元音不能鼻化；三是归音必须到位。

根据鼻辅音韵尾的不同，鼻韵母分成前鼻韵母和后鼻韵母。这个前后，跟鼻辅音韵尾形成阻碍的部位相关。

1. **前鼻韵母**——an、en、in、ün、ian、uan、üan、uen

n是舌尖中浊鼻音，声母中已学过它的发音，作韵尾时，只有成阻和持阻阶段，没有除阻阶段，即舌尖抬起顶住上齿龈，软腭下降，阻塞口腔通路即停，发音结束。发音时注意不要丢掉n，不要只做收尾的样子，否则发出的音就是鼻化音。

（1）an、en、in、ün的发音。发音时，舌面与硬腭相对，发出前边的元音a、e、i、ü，然后舌尖伸向上齿龈，软腭下垂，打开鼻腔通路，接着舌尖抵住上齿龈，封闭气流的口腔通路，气流在鼻腔产生共鸣。

an中的a比单韵母a偏前；en中的e比单韵母e靠前略低，为央元音e。

an：赞叹zàntàn　　参战cānzhàn　　难看nánkàn　　反感fǎngǎn
en：振奋zhènfèn　　认真rènzhēn　　深圳Shēnzhèn　　本分běnfèn
in：近亲jìnqīn　　引进yǐnjìn　　民心mínxīn　　辛勤xīnqín
ün：均匀jūnyún　　军训jūnxùn　　群众qúnzhòng　　逡巡qūnxún

（2）ian、uan、üan、uen的发音。发音时，先由韵头i、u、ü到韵腹a、e，这里的韵腹a比单独发音时舌位偏前、偏高。韵头的声音弱而短，韵腹的声音响而长，然后舌尖抵住上齿龈，气流在鼻腔共鸣。

ian、üan中的韵腹舌位只降到次低位置就开始升高；uen四声韵腹响度有变化，发阴平、阳平时韵腹不如上声、去声时响亮，拼写时写作un。

ian：田间tiánjiān　　鲜艳xiānyàn　　天边tiānbiān　　连年liánnián
uan：刷碗shuāwǎn　　专款zhuānkuǎn　　贯穿guànchuān　　酸软suānruǎn
üan：轩辕xuānyuán　　圆圈yuánquān　　源泉yuánquán　　涓涓juānjuān
uen：馄饨húntun　　昆仑kūnlún　　论文lùnwén　　春笋chūnsǔn

2. **后鼻韵母**——ang、eng、ing、ong、iang、iong、uang、ueng

ng是舌根浊鼻音，是普通话中唯一不能充当声母的辅音。发音时，舌根后缩，软腭下降，堵塞口腔通路，打开鼻腔通路，声带振动，气流从鼻腔通过。与n一样，没有除阻阶段，发音时，舌根抵住软腭，韵尾一定收紧，气流完全从鼻腔出来。发音完毕，舌根再落下，不要丢失ng，否则发出来的是鼻化音。

（1）ang、eng、ing、ong的发音。发音时，先发出元音，然后软腭下垂与舌根相接，气流经鼻腔产生共鸣。ang中的a比单韵母a靠后；eng中的e是央元音e；ong中的o实际上更接近u，唇形稍开，称为"松u"。

ang：上当shàngdàng　　刚刚gānggāng　　帮忙bāngmáng　　厂长chǎngzhǎng
eng：升腾shēngténg　　更正gēngzhèng　　登程dēngchéng　　冷风lěngfēng
ong：空中kōngzhōng　　工农gōngnóng　　共同gòngtóng　　恐龙kǒnglóng
ing：命令mìnglìng　　姓名xìngmíng　　精明jīngmíng　　评定píngdìng

（2）iang、iong、uang、ueng的发音。发音时，先由韵头到韵腹，然后软腭下降与舌根相接，气流经鼻腔产生共鸣。iong中的i直接圆唇，属于撮口呼，o要拢得更紧一些，接近u。

iang：两江liǎngjiāng　　洋相yángxiàng　　响亮xiǎngliàng　　将相jiàngxiàng
iong：汹涌xiōngyǒng　　熊熊xióngxióng　　炯炯jiǒngjiǒng　　穷窘qióngjiǒng
uang：状况zhuàngkuàng　　狂妄kuángwàng　　双簧shuānghuáng　　装筐zhuāngkuāng
ueng：嗡嗡wēngwēng　　水瓮shuǐwèng　　渔翁yúwēng　　蓊郁wěngyù

四、韵母的辨正

（一）分辨前鼻音韵母与后鼻音韵母

1. 比较前鼻音韵母与后鼻音韵母

要分辨前鼻音韵母与后鼻音韵母，首先要发准n和ng这两个鼻音。韵尾n和ng的不同，关键在于造成阻碍的部位不同。发韵尾n，舌尖轻轻抵住上齿龈；发ng，舌根升起抵住软腭，二者除阻时都不发音（图1-20）。

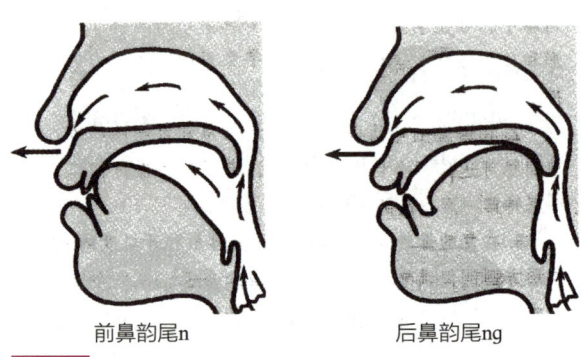

前鼻韵尾n　　　　后鼻韵尾ng

图1-20　前、后鼻音韵尾发音部位示意图

可先单独练习n、ng，然后交替练习n、ng，直至熟练。掌握了n、ng的正确发音后，应重点练习易混的几组韵母：en—eng、uen—ueng、in—ing、an—ang、ian—iang、uan—uang。最后要记住哪些字是前鼻音韵母，哪些字是后鼻音韵母。

💡 同步训练

1. 词语练习。

   诊治—整治　气氛—气疯　审视—省事　陈旧—成就　禁止—静止　临时—零时
   频繁—平凡　上瘾—上影　本能　神圣　人证　成本　品行　聘请　病因　灵敏

2. 听辨训练。

   申明—声明　门柱—蒙住　生根—深耕　妊娠—认生
   信服—幸福　民心—明星　心灵—杏林　亲信—轻信

3. 绕口令练习。

   东洞庭，西洞庭。洞庭山上一根藤，藤条顶上挂铜铃。风吹藤动铜铃动，风停藤定铜铃静。

4. 朗读语段，找出en、eng、in、ing韵字。

   （1）记得在小学里读书的时候，班上有一位"能文"的大师兄，在一篇作文的开头写下这么两句："鹦鹉能言，不离于禽；猩猩能言，不离于兽。"我们看了都非常佩服。后来知道这两句是有来历的，只是字句有些出入。又过了若干年，才知道这两句话都有问题。鹦鹉能学人说话，可只是作为现成的公式来说，不会加以变化。只有人们说话是从具体情况出发，情况一变，话也跟着变。

   朗读作品27号

   （节选自新版《纲要》普通话水平测试用朗读作品27号吕叔湘《人类的语言》）

   （2）乡下人家总爱在屋前搭一瓜架，或种南瓜，或种丝瓜，让那些瓜藤攀上棚架，爬上屋檐。当花儿落了的时候，藤上便结出了青的、红的瓜，它们一个个挂在房前，衬着那长长的藤，绿绿的叶。青、红的瓜，碧绿的藤和叶，构成了一道别有风趣的装饰，比那高楼门前蹲着一对石

狮子或是竖着两根大旗杆，可爱多了。

（节选自新版《纲要》普通话水平测试用朗读作品36号陈醉云《乡下人家》）

朗读作品36号

2. 记忆方法

（1）利用形声字声旁类推，以减少记字量。例如："青"字的韵母是ing，可推出"睛、请、静"等字也是后鼻音韵母。"贞"的韵母是en，可推出"侦、振、桢、祯"等字也是前鼻音韵母。可以将一些有代表性的前后鼻音韵母的字，集中在一起编成谐音故事或顺口溜或绕口令等，方便记忆。

知识拓展

en、eng、in、ing 韵诗歌

1. "en"韵诗

怎肯轻言愤世，说甚看破红尘，无病呻吟其何益，空负好时辰。问人生真谛何在，奋进是根本！少冷漠，要热忱，坚韧忠贞，趁青春年华，吐芬芳，挑重任，显身手，报国门。

2. "eng"韵诗

澎湖岛上登峰，山道嶒硡，怪石狰狞。望长空，烹煮黄昏霞如火，水汽蒸腾雾迷蒙。转眼众星捧月，长庚独明，更有乘风大鹏，万里征程，猛志天生成，却不是身在蓬莱，神入梦中。

3. "in"韵诗

近河滨，景色新，绿草茵茵水粼粼，禽鸟唱林阴。政策好，顺民心，人人尽力共驱贫，辛勤换来遍地金，天灾难相侵。诗心禁不住，一曲今昔吟。

4. "ing"诗韵

志士镇守在边庭。统猛丁，将精英，依形恃险筑长屏，亭燧座座警号鸣，惨淡经营。屏侵凌，震顽冥，敌胆破，望影心惊，其锋谁撄？八方平定四境宁，赢得史册彪炳，千古令名。

（注意：加着重号的字为en、eng、in、ing韵声旁代表字）

（2）利用声韵拼合规律帮助记忆。

①普通话中d、t、n不拼in韵（nín除外），凡方言中出现的d、t、n与in相拼，都应改为ing韵母。

②普通话中，s与en相拼，只有一个"森（sēn）"字，s与eng相拼，只有一个"僧（sēng）"字。

③普通话中，r与eng相拼，只有"仍（réng）、扔（rēng）"几个字，其余"人、任、仁、忍"等都是en韵。

④普通话中，b、p、m、f不与ong相拼，因此，方言中念成bong、pong、mong、fong的字，都应改念eng韵。如"泵、迸、朋、砰、梦、猛、丰、封、风、俸、凤"等。

（二）读准复韵母

复韵母的读音缺陷有很多表现，要注意克服。例如：舌位不准，ou、iou中的o，舌位容易偏高；容易丢失韵头；动程短、发音过程不明显，特别是中响复韵母的发音，韵腹不突出、韵尾不归音的现象很多。

同步训练

1. 词语练习。

    衰败　徘徊　兜售　丑陋　微妙　逍遥　疗效　猫叫
    流油　绣球　舅舅　牛柳　摧毁　归队　荟萃　推诿

2. 绕口令练习。

    （1）东边庙里有个猫，西边树梢有只鸟。猫鸟天天闹。不知是猫闹树上鸟，还是鸟闹庙里猫。

    （2）哥挎瓜筐过宽沟，赶快过沟看怪狗，光看怪狗瓜筐扣，瓜滚筐空哥怪狗。

3. 诗歌练习。

春晓

[唐] 孟浩然

春眠不觉晓，处处闻啼鸟，
夜来风雨声，花落知多少。

做习题

邓德明

小调皮，做习题。习题难，画小雁。
小雁飞，画乌龟；乌龟爬，画小马。
小马跑，画小猫；小猫叫，吓一跳。
学文化，怕动脑，看你怎么学得好。

（三）分辨齐齿呼韵母与撮口呼韵母

不习惯发ü的人，可用唇形变化的办法来练习：先展开嘴唇发i，舌位不动，慢慢把嘴唇拢圆，就能发出ü来了。ü的舌位跟i一样高，所以舌位一定不要掉下来，撮口形，要摆好。

同步训练

1. 词语练习。

    汲取—记起　权限—前线　奇遇—区域　颜色—原色
    女婿　语序　聚居　遇见　疲倦　确实　潜力　白银

2. 绕口令练习。

    这天天下雨，体育局穿绿雨衣的女小吕，去找穿绿运动衣的女老李。穿绿雨衣的女小吕，没找到穿绿运动衣的女老李。穿绿运动衣的女老李，也没见着穿绿雨衣的女小吕。

（四）分辨e与er

e和er是南方方言的人学习普通话的难点之一。元音e要展唇，微笑，嘴角向外咧开，唇形不圆，发音从头到尾保持不变。卷舌元音er其发音要领是自然开口，近似a的一半，这时舌头由中间开始向上卷至硬腭中部。普通话er韵的字，仅有几个，但儿化韵比较常见，开始学发er时可以尽量把舌头往硬腭中后部卷，以养成卷舌的习惯。

色泽　合格　巨测　刻薄　二十　而今　木耳　偶尔

思考与练习

1. 什么是韵母？韵母怎么分类？
2. 单韵母、复韵母、鼻韵母的发音特点是什么？
3. 了解自己方言的韵母与普通话韵母的对应关系，说说如何分辨前后鼻音。
4. 词语练习。

    浑水　二炮　通讯　环球　专员　绝句　需求　胜任　新兴　近邻

    生命　精神　紧凑　困顿　仍旧　洱海　雄风　应允　洪流　吞并

5. 绕口令练习。

    （1）要说"尔"专说"尔"，马尔代夫，喀布尔，阿尔巴尼亚，扎伊尔，卡塔尔，尼泊尔，贝尔格莱德，安道尔，萨尔瓦多，伯尔尼，利伯维尔，班珠尔，厄瓜多尔，塞舌尔，哈密尔顿，尼日尔，圣彼埃尔，巴斯特尔，塞内加尔的达喀尔，阿尔及利亚的阿尔及尔。

    （2）板凳宽，扁担长。扁担没有板凳宽，板凳没有扁担长。扁担绑在板凳上，板凳不让扁担绑在板凳上，扁担偏要绑在板凳上。

    （3）小金到北京看风景，小京到天津买纱巾。看风景，用眼睛，还带一个望远镜。买纱巾，带现金，到了天津把商店进。买纱巾，用现金，看风景，用眼睛，巾、金、京、津、睛、景要分清。

    （4）墙上一根钉，钉上挂条绳，绳下吊个瓶，瓶下放盏灯。掉下墙上钉，脱掉钉上绳。滑落绳下瓶，打碎瓶下灯。瓶打灯，灯打瓶，瓶说灯，灯骂绳，瓶说绳，绳说钉，叮叮当当，乒乒乓乓。

    （5）调到敌岛打特盗，特盗太刁投短刀。挡推顶打短刀掉，踏盗得刀盗打倒。

6. 诗歌练习。

陋室铭
［唐］刘禹锡

山不在高，有仙则名；水不在深，有龙则灵。斯是陋室，惟吾德馨。苔痕上阶绿，草色入帘青。谈笑有鸿儒，往来无白丁。可以调素琴，阅金经。无丝竹之乱耳，无案牍之劳形。南阳诸葛庐，西蜀子云亭。孔子云："何陋之有？"

7. 短文练习。

读书人是幸福人（节选）
谢冕

我常想读书人是世间幸福人，因为他除了拥有现实的世界之外，还拥有另一个更为浩瀚也更为丰富的世界。现实的世界是人人都有的，而后一个世界却为读书人所独有。由此我想，那些失去或不能阅读的人是多么的不幸，他们的丧失是不可补偿的。世间有诸多的不平等，财富的不平等，权力的不平等，而阅读能力的拥有或丧失却体现为精神的不平等。

朗读作品9号

一个人的一生，只能经历自己拥有的那一份欣悦，那一份苦难，也许再加上他亲自闻知的那一些关于自身以外的经历和经验。然而，人们通过阅读，却能进入不同时空的诸多他人的世界。这样，具有阅读能力的人，无形间获得了超越有限生命的无限可能性。阅读不仅使他多识了草木虫鱼之名，而且可以上溯远古下及未来，饱览存在的与非存在的奇风异俗。

更为重要的是，读书加惠于人们的不仅是知识的增广，而且还在于精神的感化与陶冶。人们从读书学做人，从那些往哲先贤以及当代才俊的著述中学得他们的人格。人们从《论语》中学得智慧的思考，从《史记》中学得严肃的历史精神，从《正气歌》中学得人格的刚烈，从马克思学得人世//的激情，从鲁迅学得批判精神，从托尔斯泰学得道德的执着。歌德的诗句刻写着睿智的人生，拜伦的诗句呼唤着奋斗的热情。

（选自新版《纲要》普通话水平测试用朗读作品9号）

8. 命题说话（请在下列话题中任选一个，时间不少于3分钟）。
（1）我喜爱的植物（2）网络时代的生活

第五节　声调训练

学习导入

卖鱼的扯着嗓子一个劲地叫喊着："鱼啦，鱼啦。"旁边一个卖枣的也不甘示弱，紧接着嚷："糟（枣）啦，糟（枣）啦。""鱼啦。""糟啦。""鱼啦。""糟啦。"卖鱼的越听越不对劲，觉得卖枣的好像有意跟他作对，于是两人吵了起来。

这是生活中由于普通话声调发音不准确、沟通不到位而引发的误会。

一、什么是声调

（一）声调的定义

声调是贯穿整个音节的高低升降的音高变化。一般来说，一个汉字就是一个音节，所以声调又称字调。

声调是由音高变化形成的，这种音高变化是一种相对音高，随着个人的嗓音条件、说话语境以及性别、年龄的差别而有所不同。比如女性和儿童的声调音高比成年男性高一些，情绪紧张、激动时，声调音高要比情绪平静时高一些。所以，声调的音高变化是相对的，由于人的嗓音高低各不相同，声调高低并不是要求人人发得同样高。但有一个不变，就是高低升降的调型不变。

（二）声调的作用

声调具有两个方面的作用。

（1）声调是汉语音节中不可缺少的成分，具有区别词义的作用。一个音节，声母和韵母完全相同，但如果声调不同，意义就不同了，如"jiū纠、jiǔ酒、jiù救"，"yǔyán语言、yùyán寓言、yùyǎn预演"等，它们的声母、韵母发音是完全相同的，其意义的区别完全靠声调来表示。

（2）声调能使语言富有音乐美和节奏感。汉语是一种声调语言。汉字的音节是简单的，而汉字的音调却清晰地刻定了"阴平、阳平、上声、去声"四个音阶，使汉字轻重有序、错落有致、铿锵有声，具有了独特的音乐美和节奏感。

二、调类和调值

声调包括调类和调值两个方面。

（一）调类

调类就是声调的分类，是根据声调的实际读音归纳出来的。

在一种语言或方言中，有几种实际读音就有几种调类。普通话有四种实际读音，就是四个调类，分别叫阴平、阳平、上声和去声，简称"阴阳上去"；也可称之为第一声、第二声、第三声、第四声或一声、二声、三四、四声，简称"四声"。

（二）调值

调值是指声调的实际读音，即音节高低升降、曲直长短的变化形式。

调值和调类是相对应的，普通话有四种调类，相应的也就有四种调值，它们分别表现出一定的形态：高平、中升、降升、高降。

"中国现代语言学之父"赵元任创制了"五度标记法"来标记调值。具体做法是：以一条位于右方的竖线作标尺，从低到高分作四段，各端点1、2、3、4、5表示低、半低、中、半高、高五个等级，再用竖线左边的横线、斜线、曲折线表示声调的高低升降变化。然后，根据这些横线、斜线或曲折线两端或转折点达到的音高等级，标出各个声调的调值（图1–21）。

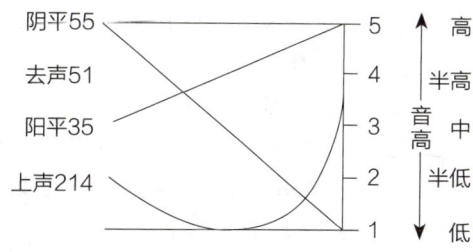

图1–21 五度标记法标出的普通话声调调值

阴平调的调值为"55"，表现为高平调型；阳平调的调值为"35"，表现为中升调型；上声调的调值为"214"，表现为降升调型；去声调的调值为"51"，表现为高降调型。

《方案》中规定这四种声调用"ˉ ˊ ˇ ˋ"表示，称为调号，标在主要元音（韵母）上。调号的形状正是五度标记法的缩影，比较直观地展示了各个声调的高低曲直的变化。调类、调值、调型和调号汇总，如表1–3所示。

表1-3 普通话声调表

调类	调型	调值	调号	调值描写	例字
阴平	高平	55	ˉ	起音高高一路平	山
阳平	中升	35	ˊ	由中到高往上升	青
上声	降升	214	ˇ	先降后升曲折起	水
去声	高降	51	ˋ	高起猛降到底层	秀

三、声调辨正

（一）调类辨正

普通话有四种调类（阴阳上去），但各地方言情况不一，多数存在入声这种调类，如江苏地区的江淮方言、吴方言、粤方言等都保留了入声。所以说普通话时，要注意古入声字的改读，将其一一归到四声中。

古入声字在普通话中归并的情况大致是一半以上归入去声，三分之一以上归入阳平，剩下的少数归入阴平和上声，其中归入上声的最少（图1–22）。

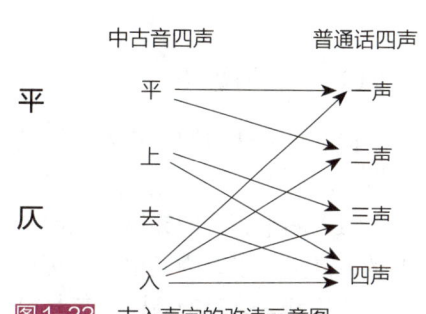

图1–22 古入声字的改读示意图

 知识拓展

关于古入声字

古代汉语声调也分四声，为平、上、去、入，与普通话的四声并不相同。陈元靓《事林广记》云："平声者哀而妄，上声者厉而举，去声者清而远，入声者直而促。"到元朝时，平声分化为阴平和阳平，入声分化到了阴平、阳平、上声、去声四个声调当中。所以现代汉语北方方言没有入声，而吴语、闽语、粤语、客家语、平话、赣语、新湘语、徽语、晋语、江淮官话、部分西南官话以及极少数冀鲁官话里保留了入声。因此，入声的缺失也因此被看作北方方言语音上与其他方言的区别性特征之一。

入声字读音短促，一发即收，所谓"直而促""短促急收藏""诎然而止，无余音"。从语音学上说，入声就是以塞音收尾的音节，但此塞音只有成阻阶段，并不发声。英语中其实也有类似入声读法，如dip、sit、book，特点是发音短促，而且以破音结尾；汉语的入声最后的破音是不爆破的，即英语的失爆读法。

《王力语言学词典》分析中古汉语的入声收尾为k、t、p三种。粤语、闽南语、客家语、平话、部分赣语中，比较完整地保留了古汉语的三种入声韵尾。其他方言有的合并为一种，有的只保留了独立调值。

例如，"一""不"也是两个古入声字，由于普通话中入声调的消失，原本构词能力强的"一""不"在词语中的语意对比作用弱化，因此需要以其他方式进行弥补，加之汉语对音节音乐美感的追求，于是就形成了"一""不"的特殊音变。"一起""一趟"不同，"不好""不去"不同，但有些方言区发音时会受到入声的影响，音变并不明显，要引起注意。

同步训练

1. 下面词语中加着重号的字是古入声字，与普通话不同，注意比较。

   剥削　突击　垃圾　漆黑　出发　冲刷　学习　福气　直接　主席
   零食　蜡烛　铁器　尺度　曲子　笔迹　北方　法治　陆续　策划

2. 句子练习。

   （1）一个人就好像一个分数，他的实际才能好比分子，而他对自己的估价好比分母，分母越大则分数值就越小。

   （2）在一个多彩斑斓的世界里，我们不断探索和追求不同的目标。我们要学会接纳不同，理解不同，因为正是这些不同，让我们的世界更加精彩纷呈。

（二）调值辨正

读好普通话声调，首先要把四种调类的调值念准，再明确自己方言的调值和普通话调值的对应关系。

（1）阴平调，即55调，是四个调类中最高的音，无论是在上声前，还是在去声后，都要在声调的最高点，它有为其他三个声调定高低的作用，发音要高、平稳。同时注意避免两个问题：一是不能达到调值55的高度；二是出现前后高度不一致的现象，即忽高、忽低，不稳定。

   江山多娇　居安思危　花红柳绿　等闲视之

（2）阳平调，即35调，由中到高，自然上扬。声带从不松不紧开始，逐步绷紧，直到最紧。

避免出现升调带曲势,即"拐弯",也不能为避免"拐弯"而发音急促,影响普通话应有的舒展语感,即起音不要用力过猛。

闻名全球　和平繁荣　和风细雨　语重心长

（3）上声调,即214调,由2度降到1度,要降到底,底部可稍稍延长,然后往上升,不要升到最高。上声调的音长要比其他调类略长一些,所以在语流中常常出现变调现象。

虚怀若谷　明目张胆　海枯石烂　眼疾手快

上声调是普通话四个声调中最难把握的。常见的缺陷有：调头太高、调尾太高、调尾太低、整个偏高、声调曲折生硬等。发音时,先降再升,转变的时候要自然,不可太生硬。

（4）去声调,即51调,要从最高降到最低,果断干脆。因此,去声调的音长是最短的,下降的过程要有力度,起音要高,猛降到底,避免拖沓。

意气用事　变化莫测　背井离乡　优柔寡断

 知识拓展

施氏食狮史
赵元任

石室诗士施氏,嗜狮,誓食十狮。氏时时适市视狮。十时,适十狮适市。是时,适施氏适市。氏视是十狮,恃矢势,使是十狮逝世。氏拾是十狮尸,适石室。石室湿,氏使侍拭石室。石室拭,氏始试食是十狮尸。食时,始识是十狮尸,实十石狮尸。试释是事。

解读：赵元任,中国现代语言学和现代音乐学的先驱,被誉为"中国现代语言学之父"。《施氏食狮史》是他1930年代在美国写的一篇奇文。全文限制性地使用一组同音异形的汉字来行文,每个字的普通话发音都是shi,意在向世界阐述中国文字独有的音韵调式,以及与之相配合的表意形式。

综上所述,普通话四声的发音特点可概括为"一声平,二声扬,三声拐弯,四声降"。读准四声调值：一要注意调型规范；二要定好起调音高,阴平55、去声51,起调都是5,不能低,上声214,起调是2,起调不要高；三要注意消除入声调的影响。此外,还要注意普通话中有很多形近字、多音字,容易读错声调,必须常记在心,多读多练。

思考与练习

1. 什么是声调？声调的作用是什么？
2. 什么是调值？什么是调类？普通话有几种调值和调类？
3. 用普通话读下面词语,比较它们的声调与自己家乡方言有什么不同。

    铁塔　国色　克服　决策　确实　雪白　及格　叔叔
4. 双音节练习（易读错声调词语）。

    创伤　撒开　氛围　挖潜　胸脯　脂肪　症结　绯闻　编纂　针灸
    高涨　风靡　夹克　剽窃　压轴　兴奋　膀肿　曲线　憎恨　因为
    轧钢　乘车　提供　毗邻　惩罚　符合　旋转　挨打　翘首　和面
    角色　搪塞　穴位　倔强　围绕　强求　尽量　友谊　悄然　比较
    癖好　晕车　喷香　横财　掠夺　挫折　拓本　逮捕　豆豉　冠心病
    摒弃　间断　恰当　肖像　当作　下载　字帖　血迹　口供　压根儿

5. 绕口令练习。

四声歌

学好声韵辨四声，阴阳上去要分明。
部位方法须找准，开齐合撮属口形。
双唇班报必百波，抵舌当地斗点丁，
舌根高狗工耕故，舌面机结教尖精，
翘舌主争真志照，平舌资责早再增。
擦音发翻飞分副，送气茶柴产彻称。
合口呼舞枯湖古，开口河坡歌安争。
撮口虚学寻徐剧，齐齿衣优摇夜英。
前鼻恩因烟弯稳，后鼻昂迎中拥生。
咬紧字头归字尾，阴阳上去记变声。
循序渐进坚持练，不难达到纯和清。

6. 短文练习。

我是哥哥
任溶溶

你别看我小，我可是个哥哥。不管什么事情，妹妹都学我。
早晨我叠被，她也叠被。我扫地，她给我拿畚箕。
打针吃药她不哭，阿姨说她不错。妹妹回答说："我都学我哥哥。"
这一天我上学，她缠着我讲故事。我一急，拉了她的小辫子。
我想想不对，回家对她说："拉你的小辫子是我不好，不过我有事情的时候你可别缠我。"
妹妹转身就跑，去找比她小的小三子："刚才我打你的头是我不好，不过你别扔小石子。"
妹妹样样学我，我万一做不好的事，她一定也跟我学。
到那时候人家批评了她，她就要说："我哥哥就是那样的，我是学的我哥哥！"

记忆像铁轨一样长（节选）
舒翼

于很多中国人而言，火车就是故乡。在中国人的心中，故乡的地位尤为重要，老家的意义非同寻常，所以，即便是坐过无数次火车，但印象最深刻的，或许还是返乡那一趟车。那一列列返乡的火车所停靠的站台边，熙攘的人流中，匆忙的脚步里，张望的目光下，涌动着的都是思乡的情绪。每一次看见返乡那趟火车，总觉得是那样可爱与亲切，仿佛看见了千里之外的故乡。上火车后，车启动的一刹那，在车轮与铁轨碰撞的"况且"声中，思乡的情绪便陡然在车厢里弥漫开来。你知道，它将驶向的，是你最熟悉也最温暖的故乡。再过几个或者十几个小时，你就会回到故乡的怀抱。这般感受，相信在很多人的身上都曾发生过。尤其在春节、中秋等传统节日到来之际，亲人团聚的时刻，更为强烈。

朗读作品16号

火车是故乡，火车也是远方。速度的提升，铁路的延伸，让人们通过火车实现了向远方自由流动的梦想。今天的中国老百姓，坐着火车，可以去往九百六十多万平方公里土地上的天南地北，来到祖国东部的平原，到达祖国南方的海边，走进祖国西部的沙漠，踏上祖国北方的草原，去观三山五岳，去看大江大河……

火车与空//间有着密切的联系，与时间的关系也让人觉得颇有意思。那长长的车厢，仿佛一头连着中国的过去，一头连着中国的未来。

（选自新版《纲要》普通话水平测试用朗读作品16号）

7. 命题说话（请在下列话题中任选一个，时间不少于3分钟）。
(1) 童年生活 (2) 谈传统美德

第六节　音变训练

学习导入

这么件事儿还办不了啊？搞得一楼的人全打起来了。
这个句子该怎么读呢？实际它里面包含了多种音变现象。

读准普通话的声韵调，进而读好音节，是学好普通话语音最基本的要求，但只做到这一步还不够。因为人在说话或朗读时，不是孤立地把一个个音节发出来，而是把许多音节组成词和句子连续地说出来，这些音节在连续的语流中会相互影响，发生变化。

这种语音变化就叫音变，是说话或朗读时，音节、音素、声调等在连续的语流中相互影响而产生的变化。常见的音变现象包括：轻声、变调、儿化、语气词"啊"的变化等。

一、轻声

（一）轻声的定义和作用

1. 定义

在一连串音节组成的词和句子中，某些音节失去它原有的声调，读成一种又轻又短的调子，这就是轻声。例如：石头、差事、队伍。

轻声不是第五种声调，只是声调变体。它与语音的四种物理属性都有关系：一是音长变短；二是音强变弱；三是音高变化，上声字后头的轻声字的音高比较高，阴平、阳平字后头的轻声字偏低，去声字后头的轻声字最低；四是由于弱读，声母、韵母会发生音色变化，比如韵母脱落。一般来说，当后一个音节是轻声，读得又轻又短时，前一个音节相对要读得重一些、长一些。

2. 作用

（1）有些轻声具有区别词义和词性的作用。
是非（指正确和错误）—是非（指口舌纠纷）
地道（指隧道）—地道（指纯正的）
（2）有些双音节词的第二个音节习惯上读轻声，是汉语音乐美和节奏感的一种表现，无特别作用。

【示例】

石榴娃娃

石榴娃娃
王宜振
石榴园是石榴的家，
那里生活着许多石榴娃娃；
可是，整整一个夏天，
它们总是闭着自己的嘴巴。

秋天到了，跑来了秋风娃娃，
轻轻地亲了亲它们的脸蛋，
我看见它们咧着嘴笑了，
露出一排雪白的、红色的牙。

评析：诗中的"的""着""了""地""们"读轻声，"石榴""娃娃""嘴巴"等的第二个音节读轻声，读起来好似一首轻松活泼的乐曲流淌。

（二）轻声的类别

轻声大致可以分为以下十个类别。
（1）助词：的、地、得、着、了、过等。
　　轻轻地　渐渐地　长得高　吃了　看着　来过
（2）语气词：啊、吗、呢、吧等。
　　是啊　行吗　说吧　你呢　谁呀　好哇
（3）方位词：上、下、里、边等。
　　这里　天上　地下　上面　下边
（4）趋向动词：去、来等。
　　出去　进来　看下去　笑起来
（5）叠音词（包括叠音名词和叠音动词）。
　　妈妈　伯伯　看看　说说　跳跳　了解了解
（6）词语的后缀：子、头、们、么。
　　桌子　木头　他们　那么
（7）部分量词：个、些。
　　三个　那个　少些　好些
（8）词语当中的"得""不""一"。
　　看得起　差不多　笑一笑
（9）某些四音节词语的衬字。
　　稀里哗啦　黑不溜秋　吊儿郎当　慌里慌张
（10）习惯读轻声的词语。
　　簸箕　栅栏　西瓜　清楚　亮堂　招牌　玻璃　脾气

这些轻声词语大多在口语中应用得很久，已约定俗成。对这部分没有规律的轻声词语，要在培养良好语感的同时，强化记忆。因为必读轻声词没有读"轻声"，往往是"方言语调"产生的原因之一。具体词语参见《普通话水平测试用必读轻声词语表（2021年版）》。

词语的轻重格式

在普通话和方言当中，一句话里的双音节词或多音节词中，每个音节都有轻重强弱的不同，也就是说，双音节或多音节词的各个音节有着约定俗成的轻重强弱差别，这就是词语的轻重格式。轻重差异的形成往往出于词义、词性的不同，或感情表达的需要。可以说，词语的轻重格式很重要，如果格式错了，听感上就不顺耳，或者意思表达不准确，甚至导致歧义。

轻重的差异可分为重、中、次轻、最轻四个等级。读起来时值较长，声音较响，声调清晰的为重等级音节；既不强调重读也不特别轻读的为中等级音节，又称"次重音"；比"中音"略轻，声调受到影响，调值不够稳定，时值较短，声音较弱的为次轻等级音节；比原调短得多，完全失去原调调值，变成特别轻读的音节为最轻等级音节。最轻等级音节就是普通话的轻声音节。

1. 双音节词的轻重格式

（1）中重格式（最多）：日常、打通、田野、领域、人民等。

（2）重次轻格式：战士、正月、视觉、温度、必然等。

（3）重最轻格式（相当于轻声）：唠叨、力气、痛快等。

2. 三音节词的轻重格式

（1）中次轻重：播音员、呼吸道、东方红、天安门、居委会。

（2）中重最轻：枪杆子、吊嗓子、没功夫、拉关系、胡萝卜。

（3）重最轻最轻：保不齐、朋友们、姑娘们、喝下去、没什么。

3. 四音节词的轻重格式

四音节词的轻重格式相对复杂，一般认为与其词性的结构关系有关。

（1）中重中重：丰衣足食、日积月累、轻歌曼舞、心平气和、无独有偶。

（2）中次轻中重：社会主义、集体经济、广播电台、奥林匹克、高高兴兴。

（3）重次轻中重：惨不忍睹、义不容辞、敬而远之、诸如此类、一扫而空。

（4）中次轻重最轻：拜把兄弟、外甥媳妇、半大小子。

词语的轻重格式需要熟练掌握，但同时也要知道词语的轻重格式只是一种约定俗成，它不是绝对的、不变的，要服从于表达的需要。

同步训练

朗读下文，读准文中的轻声音节。

（1）天空的霞光渐渐地淡下去了，深红的颜色变成了绯红，绯红又变为浅红。最后，当这一切红光都消失了的时候，那突然显得高而远了的天空，则呈现出一片肃穆的神色。最早出现的启明星，在这蓝色的天幕上闪烁起来了。它是那么大，那么亮，整个广漠的天幕上只有它在那里放射着令人注目的光辉，活像一盏悬挂在高空的明灯。

朗读作品13号

（节选自新版《纲要》普通话水平测试用朗读作品13号峻青《海滨仲夏夜》）

（2）莫高窟壁画的内容丰富多彩，有的是描绘古代劳动人民打猎、捕鱼、耕田、收割的情景，有的是描绘人们奏乐、舞蹈、演杂技的场面，还有的是描绘大自然的美丽风光。其中最引人注目的是飞天。壁画上的飞天，有的臂挎花篮，采摘鲜花；有的反弹琵琶，轻拨银弦；有的倒悬身子，自天而降；有的彩带飘拂，漫天遨游；有的舒展着双臂，翩翩起舞。看着这些精美动人的壁画，就像走进了灿烂辉煌的艺术殿堂。

朗读作品23号

（节选自新版《纲要》普通话水平测试用朗读作品23号《莫高窟》）

（3）画卷继续展开，绿阴森森的柏洞露面不太久，便来到对松山。两面奇峰对峙着，满山峰都是奇形怪状的老松，年纪怕都有上千岁了，颜色竟那么浓，浓得好像要流下来似的。来到这儿，你不妨权当一次画里的写意人物，坐在路旁的对松亭里，看看山色，听听流水和松涛。

（节选自新版《纲要》普通话水平测试用朗读作品32号杨朔《泰山极顶》）

朗读作品32号

二、变调

音节连续发出时，由于前后音节声调的相互影响，有些音节的调值会发生变化，这就是变调。阴平、阳平、去声的变化不太显著，上声变化复杂，另外还有一些词语变化明显。

（一）上声的变调

上声容易变调，跟它的降升调型有关，发音时它的音长比其他声调要长，连续的语流中就会发生音变。但也只有在其他音节前面时才会发生音变，跟在其他音节后面时一般没有明显的变化，尤其在末尾音出现时，要把上声读完整。比如："这可怎么好！"中的"好"，要读降升调，调值到位。

（1）上声在阴平、阳平、去声前面念半上，调值由214变成21，只降不升，近似低平调。

上声+阴平：百般　保温　打通　纺织　海关

上声+阳平：祖国　旅行　导游　改革　朗读

上声+去声：广大　讨论　挑战　土地　感谢

（2）上声跟上声相连，前面的上声变成升调，跟阳平一样，调值由214变成35。

①上声+上声。

厂长、勉强、脊髓、捣毁、躲闪

②三个上声字相连，根据词语的结构有两种变化形式。

双音节+单音节，即2+1，前面两个音节变为阳平35。

演讲稿、展览馆、水彩笔

单音节+双音节，即1+2，第一个音节变为半上21，第二个音节变为阳平35。

总导演、小老虎、冷处理

除此之外，有些情况根据个人习惯的不同有所变化，如"买手表""你演讲"虽属1+2，但开头音节也可以变为35；"索马里""卡塔尔"等也不易确定词语格式，所以不宜强求一律。

③多个上声音节相连时，根据其词语组合情况和逻辑重音的不同，做不同的处理。

永远/美好

小组长/请你/往北走

你把/美好理想/给领导/讲讲

（3）上声在轻声前，若轻声原调为阴平、阳平、去声，上声变为半上21；若轻声原调为上声，稳定的轻声前面音节变21，轻读不稳定、可轻可上的前面音节变35，极少数词语轻声两读。

变21：老婆　指望　眼睛　眨巴　使唤

变21：姐姐　马虎　嫂子　耳朵　打点

变35：想起　讲讲　本领　等等　小姐

两读：主意zhǔyi（zhúyi）　指头zhǐtou（zhítou）　指甲zhǐjia（zhījia）

（二）"一""不"的变调

"一""不"单独用、在句子末尾、表序数时念原调，其他情况下需要变调。

（1）在去声前变阳平。

一共　一定　一致　不愧　不测　不便

（2）在非去声前变去声。

一天　一同　一早　不单　不久　不如

（3）词语中间的"一""不"读轻声。

闻一闻　走一走　试一试　来不及　打不开　差不多

（三）重叠式形容词的变调

1. AA式形容词

（1）如果不儿化，一般不变调。

快快地　长长的　多多的

（2）如果带儿化韵，第二个音节变阴平。

慢慢儿的　暖暖儿的　好好儿的

2. ABB式形容词

后面的两个叠字都变成阴平。

热腾腾　绿油油　火辣辣　孤零零

3. AABB式形容词

第二个字读轻声，第三、四字变阴平。

漂漂亮亮　明明白白　规规矩矩　马马虎虎

上述几种重叠式形容词，如果念得缓慢而又清楚，不变调也可以；在书面语中，表现庄重、严肃的语气，则不能变调。

金灿灿　明晃晃　堂堂正正　轰轰烈烈　坦坦荡荡

💡 同步训练

1. 词语练习。

   苦恼　给予　请允许　手写体　一模一样　百里挑一　不闻不问　不翼而飞

2. 语段练习。

   （1）我和几个孩子站在一片园子里，感受秋天的风。园子里长着几棵高大的梧桐树，我们的脚底下，铺了一层厚厚的梧桐叶。叶枯黄，脚踩在上面，嘎吱嘎吱脆响。风还在一个劲儿地刮，吹打着树上可怜的几片叶子，那上面，就快成光秃秃的了。

   （节选自新版《纲要》普通话水平测试用朗读作品12号丁立梅《孩子和秋风》）

朗读作品12号

   （2）赵州桥非常雄伟，全长五十点八二米。桥的设计完全合乎科学原理，施工技术更是巧妙绝伦。全桥只有一个大拱，长达三十七点四米，在当时可算是世界上最长的石拱。桥洞不是普通半圆形，而是像一张弓，因而大拱上面的道路没有陡坡，便于车马上下。大拱的两肩上，各有两个小拱。这个创造性的设计，不但节约了石料，减轻了桥身的重量，而且在河水暴涨的时候，还可以增加桥洞的过水量，减轻洪水对桥身的冲击。同时，拱上加拱，桥身也更美观。大拱由二十八道拱圈拼成，就像这么多同样形状的弓合拢在一起，做成一个弧形的桥洞。

朗读作品47号

   （节选自新版《纲要》普通话水平测试用朗读作品47号茅以升《中国石拱桥》）

三、儿化

（一）什么是儿化

1. 儿化的定义

儿化，指的是后缀"儿"与它前一音节的韵母结合成一个音节，并使这个韵母带上卷舌音色彩的一种特殊音变现象。这种卷舌化了的韵母就叫儿化韵。

在少数词语中，词尾"儿"也是一个独立的音节，如"女儿""孙儿""牛儿"。有些含"儿"

的词语，在不同的语言环境中读音不同，如"浇花儿""喂鸟儿"中的"花儿""鸟儿"都要读成儿化音节，但在"花儿笑了""鸟儿唱歌"中的"花儿""鸟儿"却都要读成两个音节，即把"儿"单独读出来。

2. 儿化的作用

（1）使词性发生转化。

　　画（动词）——画儿（名词）　　破烂（形容词）——破烂儿（名词）

（2）使词义发生变化。

　　头（脑袋）——头儿（头领、上司）　　眼（眼睛）——眼儿（洞孔、小窟窿）

（3）表示亲切、喜爱的感情色彩。

如童谣《小小子儿》：小小子儿，坐门墩儿，手里拿着柳树枝儿。哼哼呀呀唱小曲儿，问他在这干什么？我在门口看小鸡儿，看着小鸡吃米粒儿，不让小鸡进菜园儿。字里行间都是对小小子儿的喜爱之情，体现的是幼儿的稚拙之美，充满了童真、童趣。

（二）儿化的规律

儿化虽然是两个汉字，却只有一个音节。所以发好儿化韵的关键就是把"儿"跟随的那个音节加上卷舌动作，听起来是一个整体音。因此，"儿"跟随的音节是否便于卷舌很重要，可以通过"丢、加、改"的方法来实现卷舌，具体规律如表1-4所示。

表1-4　儿化的音变规律一览表

类别	单韵母或前一个音节末尾的音素	儿化读音要领	例词		
便于卷舌	a、o、e、u、ê	原韵母不变只加卷舌动作r	刀把儿 没谱儿	干活儿 台阶儿	打嗝儿 眼珠儿
不便于卷舌	韵尾是i、n	丢掉i或n，再加卷舌动作r	小孩儿 聊天儿	够味儿 脑门儿	绕弯儿 打盹儿
	韵母是i、ü	保留原韵母，加卷舌音er	针鼻儿 闺女儿	嘴皮儿 马驹儿	小鸡儿 逗趣儿
	韵母是-i（前）、-i（后）	丢掉-i（前）、-i（后），加卷舌音er	棋子儿 高枝儿	忘词儿 锯齿儿	铁丝儿 没事儿
	韵母是in、ün	丢掉n，加卷舌音er	脚印儿 白云儿	使劲儿 围裙儿	背心儿 合群儿
	韵尾是ng	丢掉ng，主要元音鼻化后加卷舌（口腔鼻腔同时共鸣）	帮忙儿 电影儿	起名儿 门洞儿	脖颈儿 小熊儿

南方方言区的人学习儿化的主要问题是没有儿化，把儿化音节读成了两个音节；或者儿化发音有缺陷，卷舌不够自然、比较生硬。克服儿化缺陷的方法首先是掌握卷舌韵母er的发音，其次是掌握儿化的音变规律，最后是跟读正确的儿化音节。

💡 **同步训练**

1. 词语练习。

　　锅盖儿　宝贝儿　烟嘴儿　小辫儿　纳闷儿　上班儿　刀刃儿　背心儿

毛驴儿　玩意儿　皮筋儿　棋子儿　豆汁儿　火星儿　兔儿爷　纽扣儿
药方儿　门缝儿　胡同儿　花瓶儿　打鸣儿　娘儿俩　粉末儿　半截儿

2. 句子练习。
（1）树叶儿却绿得发亮，小草儿也青得逼你的眼。
（2）我掩着面叹息，但是新来的日子的影儿又开始在叹息里闪过了。
（3）语言，也就是说话，好像是极其稀松平常的事儿。
（4）拒马河趁人们看不清它的容貌时豁开了嗓门儿韵味十足地唱呢！偶有不安分的小鱼儿和青蛙蹦跳成声，像是为了强化这夜曲的节奏。
（5）还在那儿布置几块玲珑的石头，或者种些花草。
（6）有人说：登泰山而看不到日出，就像一出大戏没有戏眼，味儿终究寡淡。
（7）我去爬山那天，正赶上个难得的好天，万里长空，云彩丝儿都不见。
（8）天一擦黑儿，鞭炮响起来，便有了过年的味道。
（9）游船、画舫在湖面慢慢地滑过，几乎不留一点儿痕迹。
（10）不管我的梦想能否成为事实，说出来总是好玩儿的。

3. 绕口令练习。

小哥儿俩，红脸蛋儿，手拉手儿，一块儿玩儿。小哥儿俩，一个班儿，一路上学唱着歌儿。学造句，一串儿串儿，学新歌儿，一段儿段儿，学画画儿，不贪玩儿。画小猫儿，钻圆圈儿，画小狗儿，蹲庙台儿，画只小鸡儿吃小米儿，画条小鱼儿吐水泡儿。小哥儿俩，对脾气儿，上学念书不费劲儿，真是父母的好宝贝儿。

四、语气词"啊"的变化

语气词"啊"用在句首时，仍读作"a"，只是声调会发生变化；用在句末或句中停顿处时，应读轻声。但"a"音是舌位最低的零声母音节，一带而过时就会受前面音节的影响而产生音变。这种变化规律取决于"啊"之前音节的末尾音素，这个末尾音和"a"融合，发生同化、增音现象，类似于英语中的连读。

（一）"啊"的调变

"啊"字作叹词时，声调会发生变化。
（1）表示惊异、赞叹时读一声。
他不禁大声"啊"地叫了起来。
（2）表示追问时读二声。
啊，你说什么？
（3）表示惊疑时读三声。
啊，他竟能干出这等事？
（4）表示应诺或明白时读四声。
啊！原来就是找个树杈，挺简单，我会了。

（二）"啊"的音变

"啊"有以下六种音变。
（1）前面音节的末尾音素是u（包括ao、iao），读作"哇"（wa）。
你在哪里住啊？

口气可真不小啊!

(2)前面音节的末尾音素是a、o、e、i、ü、ê，读作"呀"(ya)。

快去找他啊!

你去说啊!

你可要拿定主意啊!

我来买些鱼啊!

没见过下雪啊!

(3)前面音节的末尾音素是n，读作"哪"(na)。

早晨的空气多清新啊!

你猜得真准啊!

(4)前面音节的末尾音素是ng，读作"啊"(nga，鼻化)。

这幅图真漂亮啊!

注意听啊!

(5)前面音节的末尾音素是-i(前)，读作"啊"(za)。

今天来回几次啊?

哪天发工资啊?

(6)前面音节的末尾音素是-i(后)，读作"啊"(ra)。

你有什么事啊!

你怎么撕了一地纸啊!

"啊"音变的记忆口诀就是："啊"在句首有四声，"啊"在句末要音变。前是a、o、e、i、ü，"啊"的读音变成ya；读na是因前鼻音，后鼻音后读成nga；平舌读za翘读ra；u、ao、iao后读成wa。

思考与练习

1. 什么是语流音变?常见的语流音变有哪几种?
2. 轻声是第五种声调吗?它的作用和规律是什么?
3. 上声和"一""不"的变调规律是什么?
4. 说说儿化、语气词"啊"的音变的发音关键。
5. 句子练习。

    (1)太阳他有脚啊，轻轻悄悄地挪移了；我也茫茫然跟着旋转。

    (2)在它看来，狗该是多么庞大的生物啊!

    (3)是啊，请不要见笑。我崇敬那只小小的、英勇的鸟儿……

    (4)孩子们是多么善于观察这一点啊。

    (5)你看，张择端画的画，是多么传神啊!

    (6)我想张开双臂抱着她，但这是怎样一个妄想啊!

    (7)市场上，鸡啊，鱼啊，蛋啊，羊肉啊，黄瓜啊，蒜苗啊，西红柿啊，粉丝啊，真是应有尽有啊!

    (8)这些孩子们啊，真可爱啊!你看啊，他们多高兴啊!又作诗啊，又画画儿啊，又说啊，又笑啊，又唱啊，又跳啊，他们是多么幸福啊!

6. 绕口令练习。

    (1)天上有个日头，地下有块石头，嘴里有个舌头，手上有五个手指头。不管是天上的热日头，地下的硬石头，嘴里的软舌头，手上的手指头，还是热日头，硬石头，软舌头，手指头，反正都是练舌头。

（2）不怕不会，就怕不学，一回学不会再来一回，一直到学会，我就不信学不会。

（3）有个小孩儿叫小兰儿，口袋里装着几个小钱儿，又打醋，又买盐儿，还买了一个小饭碗儿。小饭碗儿，真好玩儿，红花儿绿叶儿镶金边儿，中间儿还有个小红点儿。

7. 诗文练习。

风

叶圣陶

谁也没有看见过风
不用说我和你了
但是树叶颤动的时候
我们知道风在那儿了

谁也没有看见过风
不用说我和你了
但是树梢点头的时候
我们知道风正走过了

谁也没有看见过风
不用说我和你了
但是河水起波纹的时候
我们知道风来游戏了

匆匆

朱自清

朗读作品3号

燕子去了，有再来的时候；杨柳枯了，有再青的时候；桃花谢了，有再开的时候。但是，聪明的，你告诉我，我们的日子为什么一去不复返呢？——是有人偷了他们罢：那是谁？又藏在何处呢？是他们自己逃走了罢：现在又到了哪里呢？

去的尽管去了，来的尽管来着；去来的中间，又怎样地匆匆呢？早上我起来的时候，小屋里射进两三方斜斜的太阳。太阳他有脚啊，轻轻悄悄地挪移了；我也茫茫然跟着旋转。于是——洗手的时候，日子从水盆里过去；吃饭的时候，日子从饭碗里过去；默默时，便从凝然的双眼前过去。我觉察他去的匆匆了，伸出手遮挽时，他又从遮挽着的手边过去；天黑时，我躺在床上，他便伶伶俐俐地从我身上跨过，从我脚边飞去了。等我睁开眼和太阳再见，这算又溜走了一日。我掩着面叹息，但是新来的日子的影儿又开始在叹息里闪过了。

在逃去如飞的日子里，在千门万户的世界里我能做些什么呢？只有徘徊罢了，只有匆匆罢了；在八千多日的匆匆里，除徘徊外，又剩些什么呢？过去的日子如轻烟，被微风吹散了，如薄雾，被初阳蒸融了；我留着些什么痕迹呢？我何曾留着像游丝样的痕迹呢？我赤裸裸//来到这世界，转眼间也将赤裸裸的回去罢？但不能平的，为什么偏白白走这一遭啊？

你聪明的，告诉我，我们的日子为什么一去不复返呢？

（选自新版《纲要》普通话水平测试用朗读作品3号）

8. 命题说话（请在下列话题中任选一个，时间不少于3分钟）。

（1）我喜欢的美食（2）对幸福的理解

第二章 普通话水平测试

学习目标

① 了解普通话水平测试的方式、水平等级、测试内容和评分标准。

② 熟悉普通话水平测试的流程,掌握普通话水平测试的应试技巧。

③ 能有感情地朗读作品,清晰流畅地说话。

④ 能顺利地通过普通话水平测试并达到规定的等级标准。

⑤ 自觉推广普通话,增强语言规范意识,坚定文化自信,在传承中创新语言文化,在创新中发展语言文化。

第一节　普通话水平测试概说

学习导入

来自江苏的小彤和来自西藏的卓玛入学不久，就得知要想拿到幼儿教师资格证书，必须参加普通话水平测试，而且分数要达到二级甲等水平。"我从小就参加各种朗诵比赛，曾获得过市级一等奖，是不是可以免考？""二级甲等是多少分？我一直生活在西藏，普通话说得不太好，怎么办？"她们都有问题要问。

这也是很多同学的困惑。普通话比赛证书不等于普通话水平等级证书，但只要认真学好"幼儿教师口语"这门课，知悉自己在普通话语音上的优劣势，掌握普通话水平测试的应试技巧，通过刻苦练习，一定可以取得满意的成绩。

一、普通话水平测试概述

普通话水平测试于1994年正式实施，是一项大规模的国家通用语言测试。开展普通话水平测试是促进普通话推广普及和应用水平提高的基本措施之一，是推广普通话工作走上科学化、规范化、制度化、法治化的重要成果和显著标志。

（一）测试的性质和方式

普通话水平测试（PUTONGHUA SHUIPING CESHI，缩写为PSC），是依据《中华人民共和国国家通用语言文字法》进行的国家级考试。

普通话水平测试测查应试人的普通话规范程度、熟练程度，认定其普通话水平等级，属于标准参照性考试。

普通话水平测试以口试方式进行，试题分为有文字凭借和无文字凭借两部分。

（二）测试范围

普通话水平测试的内容包括普通话语音、词汇和语法。其中语音为测查重点，语篇能力和语用能力不是测查重点，但也有所涉及。

测试的范围是《普通话水平测试用普通话词语表》《普通话水平测试用普通话与方言词语对照表》《普通话水平测试用普通话与方言常见语法差异对照表》《普通话水平测试用朗读作品》《普通话水平测试用话题》。

（三）测试等级

1. 普通话水平等级

《普通话水平测试等级标准》把普通话水平划分为"三级六等"。一级为标准级的普通话；二级是中级，即比较标准的普通话；三级是初级，即一般的普通话。每个级别内划分甲乙两个等次，具体如表2-1所示。

表2-1 普通话水平等级一览表

等级	要求
一级（标准的普通话）	一级甲等（测试得分：97分~100分）：朗读和自由交谈时，语音标准，语调自然，表达流畅；词语、语法正确无误
	一级乙等（测试得分：92分~96.99分）：朗读和自由交谈时，语音标准，语调自然，表达流畅；偶然有字音、字调失误；词语、语法正确无误
二级（比较标准的普通话）	二级甲等（测试得分：87分~91.99分）：朗读和自由交谈时，声韵调发音基本标准，少数难点音（平翘舌音、前后鼻音、鼻边音等）有时出现失误；语调自然，表达流畅；词语、语法极少有误
	二级乙等（测试得分：80分~86.99分）：朗读和自由交谈时，个别调值不准，声韵母发音有不到位现象。难点音失误较多（平翘舌音、前后鼻音、边鼻音、f与h、z-zh-j、送气与不送气、i与ü不分、丢介音、复韵母单音化等）。方言语调不明显。有使用方言词、方言语法的情况
三级（一般水平的普通话）	三级甲等（测试得分：70分~79.99分）：朗读和自由交谈时，声韵母发音失误较多，难点音超出常见范围，声调调值多不准。方言语调较明显。词语、语法有失误
	三级乙等（测试得分：60分~69.99分）：朗读和自由交谈时，声韵调发音失误多，方音特征突出。方言语调明显。词语、语法失误较多

2. 不同行业的普通话水平等级要求

国家语委规定，下列人员应接受普通话水平测试并达到规定的等级。

（1）教师行业。中小学及幼儿园、校外教育单位的教师，普通话水平不低于二级，其中语文教师不低于二级甲等。高等院校的教师，普通话水平不低于二级，其中现代汉语教师不低于二级甲等，普通话语音教师不低于一级；对外汉语教学教师，普通话水平不低于二级甲等。

所有教师持教师资格证上岗，普通话证书是教师资格证认定必备证书之一。各地教育部门对教师的普通话等级要求不尽相同，如在江苏，幼儿教师必须达到二级甲等，在部分省份，二级乙等也是可以的。

（2）国家公务员，普通话水平不低于三级甲等。

（3）国家级和省级广播电台、电视台的播音员、节目主持人，普通话水平应达到一级甲等，其他广播电台、电视台的播音员、节目主持人的普通话达标要求按国家广播电视总局的规定执行。

（4）话剧、电影、电视剧、广播剧等表演、配音演员，播音、主持专业和影视表演专业的教师、学生，普通话水平不低于一级。

（5）公共服务行业的特定岗位人员（如广播员、解说员、话务员等），普通话水平不低于二级甲等。

（四）测试内容及要求

目前，国内大部分地区普通话水平测试的试卷由五个测试项构成，总分100分。包括读单音节字词（10分）、读多音节词语（20分）、选择判断（10分）、朗读短文（30分）和命题说话（40分）。其中，《纲要》明确，各地区可以根据本地区具体情况，决定是否免测"选择判断"，部分省如江苏省是免测"选择判断"测试项的，所以命题说话为40分。下面重点介绍各省均考查的四项测试的具体内容。

1. 读单音节字词（10分）

（1）测试内容：100个音节，不含轻声、儿化音节。测查应试人普通话声母、韵母和声调读音的标准程度。

100个音节里,每个声母出现次数一般不少于3次,方言里缺少或易混淆的声母酌量增加1~2次;每个韵母出现次数一般不少于2次,方言里缺少或易混淆的韵母酌量增加1~2次;4个声调出现次数大致均衡。字音声母或韵母相同的隔开排列,相邻的音节不出现双声或叠韵的情况。

(2)测试要求:从左向右横读;如遇多音字,读准一个音即可,若多音字前后有括号,如"重(新)",则根据括号提示的词读chóng;读错允许即时改一次,按第二次读音给分。

2. 读多音节词语(20分)

(1)测试内容:100个音节,除了测查应试人声母、韵母、声调的发音外,还要测查上声变调、儿化韵和轻声的读音。

声母、韵母、声调出现的次数与读单音节字词的要求相同。上声和上声相连的词语不少于3个,上声与非上声相连的词语不少于4个,轻声不少于3个,儿化不少于4个(应为不同的儿化韵母)。词语的排列要避免同一测试要素连续出现。

(2)测试要求:从左向右横着读;允许即时改错一次,按第二次读音给分。

3. 朗读短文(1篇,400个音节,30分)

(1)测试内容:《普通话水平测试用朗读作品》其中一篇,按文本中"//"以前400个音节评分。测查应试人使用普通话朗读书面作品的水平,在测查声母、韵母、声调读音标准程度的同时,重点测查连读音变、停连、语调以及流畅程度。

(2)测试要求:自然流畅,不回读,感情色彩无须过于浓重。

4. 命题说话(3分钟,40分)

(1)测试内容:50个话题中,由系统给定两个,测试人选定一个,连续说一段话。测查应试人在无文字凭借的情况下说普通话的水平,重点测查语音标准程度、词汇语法规范程度和自然流畅程度。

(2)测试要求:自然流畅,条理清楚,有话可说并且不使用方言语汇。

二、普通话水平测试流程

普通话水平测试现已全面采用计算机辅助测试。特殊情况下,经国家测试机构同意,可采用人工测试。

(一)报名

持有效身份证件在国家普通话水平测试网在线报名,可选择测试站点。非首次报名参加测试人员,须在最近一次测试成绩发布之后方可再次报名。

(二)测试流程

普通话水平测试流程如下。

(1)应试人持准考证和有效身份证原件,在规定测试时间之前30分钟到指定考场报到。

(2)候测时,进行信息采集,分配考试机器号后,进入测试室。进入测试室时,不得携带手机等各类具有无线通信、拍摄、录音、查询等功能的设备,不得携带任何参考资料。

(3)应试人面向计算机,戴上耳麦,按计算机提示登录、核对信息、试音后参加测试。

测试过程中,每个测试项开始时都有一段语音提示,语音结束后会发出"嘟"的提示音,这时,方可开始读题。一项测试结束时,可点击右下方"下一题"按钮,进入下一项测试。如某项测试时间用完,会自动进入下一项。

进入第四项命题说话，有10秒钟可供选择题目，不选则默认第一个题目，选择后有30秒的思考时间，稍后开始答题。答题第一句为："我选择的命题说话题目是……"。答题时间满3分钟后自动提交试卷，测试结束。

（4）测试结束后，应试人摘下耳机，经工作人员确认无异常情况后轻声离开。

（三）测试注意事项

进行普通话水平测试时，应注意以下方面。

（1）姓名、准考证号等信息要仔细核对。

（2）试音时，音量要适当，不要太小或太大。耳机话筒不要离嘴巴过近或过远，过近容易爆音，过远听不清楚，影响判分。

（3）读单音节字词、多音节词语的顺序都是从左到右，不能隔行，不能跳读，可以纠正，以第二遍为准，不能隔字纠正。

（4）注意节奏，不能太快或太慢。可关注屏幕下方时间提示条，掌握时间。

（5）命题说话要及时在10秒内点选题目，选好后有30秒的准备时间，这时要大致思考下要说的素材和提纲。然后在"嘟"提示音后开始说话，先报自己选择的题，时间显示未停止就要不停地说。

（6）测试中不能说测试之外的其他内容，以免影响评分。

（7）过程中不得随意设置和操作计算机，若发生异常情况，应举手报告工作人员处理。

为了更好地体验机测流程，了解自己的普通话水平及存在的问题，建议在正式测试之前参加普通话在线模拟测试和学习。

知识拓展

计算机辅助普通话水平测试指南

（一）什么是计算机辅助普通话水平测试

计算机辅助普通话水平测试（以下简称"机辅测试"）是通过计算机语音识别系统，部分代替人工评测。前三项测试由计算机评分，第四项测试由计算机和测试员不面对应试人共同评分。

（二）机辅测试流程和注意事项

机辅测试过程由候测（信息采集）、正式测试两个主要环节组成。应试人须注意以下步骤和细节。

1. 信息采集

应试人在测试当天需携带身份证、准考证，进行信息采集。

第一步：身份信息验证

将身份证贴到终端设备相应位置上进行身份信息验证（图2-1）。

第二步：照片采集

应试人在管理人员指定位置采集照片（图2-2）。

第三步：系统抽签

系统随机自动分配机器号给应试人，应试人需记住自己的考试机号。

图2-1 身份信息验证

2. 正式测试

第一步：人脸验证登录

应试人进入对应的测试机房后。坐好并正对摄像头，系统将通过人脸识别的方式进行登录（图2-3）。

第二步：核对信息

人脸识别验证通过后，电脑界面上会显示应试人的个人信息，应试人认真核对，确认无误后点击"确定"按钮进入下一环节（图2-4）。如果信息错误，请告知老师。

第三步：佩戴耳机

按照屏幕上的提示戴上耳机，并将麦克风调整到距嘴边2~3厘米，等待考场指令准备试音。

第四步：试音

进入试音页面后，应试人会听到系统的提示语"现在开始试音"，听到提示语"嘟"声后以适中的音量和语速朗读文本框中的个人信息（图2-5）。若试音失败，页面会弹出提示框，请点击"确认"按钮重新试音。若试音成功，页面同样会弹出提示框"试音成功，请等待考场指令！"

第五步：正式测试

系统进入第一题提示"第一题，读单音节字词，限时3.5分钟，请横向朗读"，应试人听到"嘟"声后，朗读试卷内容。

（三）试卷形式和实测过程图解

第1题 读单音节字词（图2-6）

第2题 读多音节词语（图2-7）

★注意：应试人务必横向、逐字、逐行朗读，注意语音清晰，防止增字、漏字。

第3题 朗读短文

图2-2　照片采集

图2-3　验证登录

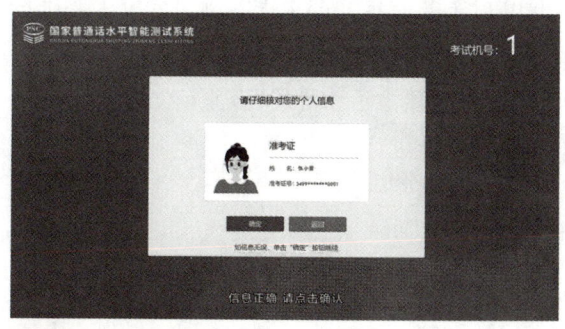

图2-4　信息确认界面

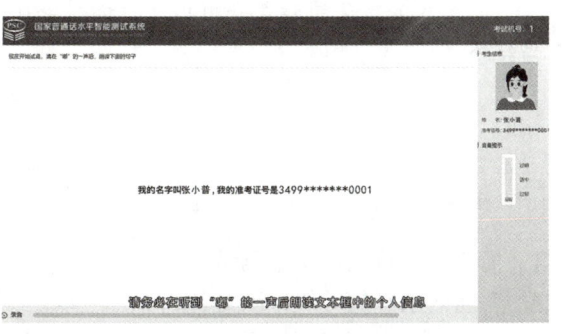

图2-5　试音界面

★注意：朗读时保持音量稳定，音量大小与试音音量一致，音量过低会导致评测失败。

第4题 命题说话（图2-8、图2-9）

★注意：

（1）应试人按照电脑页面提示，在倒计时10秒内使用鼠标点击选择说话的题目，否则系统默认为第一个话题。确认题目后，应试人有30秒的准备时间，听到"嘟"的一声后，开始答题。答题时请先读出你所选择的题目。

（2）说话内容需符合所选话题，离题或不具有评判价值的语料均会导致丢分；同时严禁携带文字或电子材料进入测试室，朗读文字材料将被取消考试资质。

（3）本题必须说满3分钟，应试人按主屏下方的时间提示条把握时间。

（4）说满3分钟后，系统会自动提交试卷。

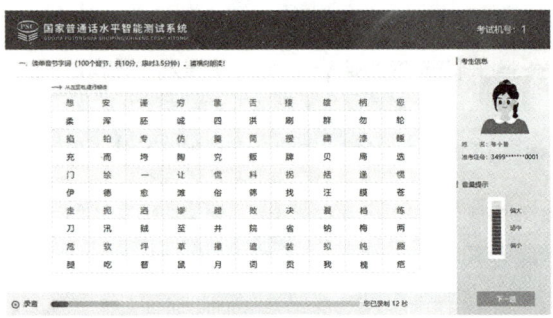

图2-6　第1题界面

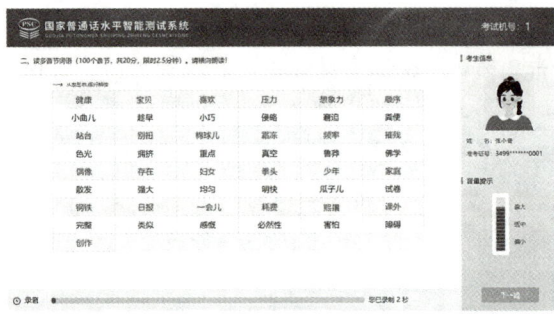

图2-7　第2题界面

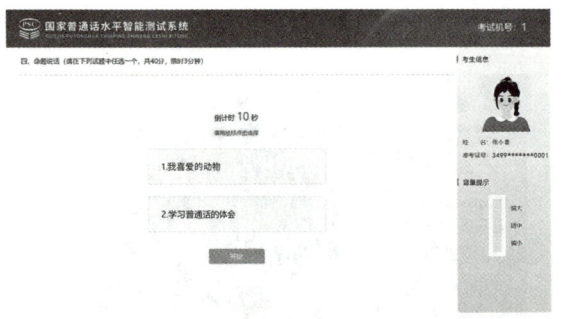

图2-8　第4题界面，选择说话题目

图2-9　第4题准备界面

★补充说明：

如果参加测试的站点采用指纹验证则会在采集信息时采集指纹，那么进入测试室时需要进行指纹验证。

（资料来源：国家普通话水平测试网https://www.cltt.org.）

思考与练习

1. 简要说说普通话水平测试的性质。
2. 普通话水平的等级标准是什么？你应该达到什么等级？
3. 普通话水平测试包括哪些项目？你将如何应试？

4. 按下面样卷进行模拟测试。

普通话水平测试样卷（一）

一、读单音节字词（100个音节，共10分，限时3.5分钟）

揍　卿　垮　评　忌　恒　派　全　吹　次
穴　铁　荒　躲　笨　爽　辙　钩　癌　砂
梨　烤　糖　洒　航　根　融　税　儿　旅
波　德　庵　攥　我　妇　惨　训　拐　拿
软　烘　灭　臻　田　鸭　始　抓　位　跷
米　穿　秒　下　抠　摆　捐　四　搓　帐
狂　瓮　丢　泣　语　楞　您　谷　贫　摊
取　撅　迟　润　焉　信　腮　莫　冯　稻
瘟　镭　嫩　云　灸　袍　用　族　访　梁
靶　桌　饱　蹭　明　匪　快　奖　胸　圃

二、读多音节词语（100个音节，共20分，限时2.5分钟）

撇开　群众　窘迫　提成儿　日益　亏损　怀念
洼地　男女　喜欢　军阀　效果　舌头　傍晚
深化　线轴儿　协作　定额　随便　分配　牛仔裤
勉强　穷人　摧毁　大褂儿　仍然　率领　母亲
昂扬　栅栏　佛寺　旋转　原因　价格　长颈鹿
装备　句子　操纵　逗乐儿　手稿　材料　观察
恰好　往返　谬论　标志　虐待　不约而同

三、朗读短文（400个音节，共30分，限时4分钟）

朗读作品4号

　　有的人在工作、学习中缺乏耐性和韧性，他们一旦碰了钉子，走了弯路，就开始怀疑自己是否有研究才能。其实，我可以告诉大家，许多有名的科学家和作家，都是经过很多次失败，走过很多弯路才成功的。有人看见一个作家写出一本好小说，或者看见一个科学家发表几篇有分量的论文，便仰慕不已，很想自己能够信手拈来，妙手成章，一觉醒来，誉满天下。其实，成功的作品和论文只不过是作家、学者们整个创作和研究中的极小部分，甚至数量上还不及失败作品的十分之一。大家看到的只是他们成功的作品，而失败的作品是不会公开发表出来的。

　　要知道，一个科学家在攻克科学堡垒的长征中，失败的次数和经验，远比成功的经验要丰富、深刻得多。失败虽然不是什么令人快乐的事情，但也决不应该因此气馁。在进行研究时，研究方向不正确，走了些岔路，白费了许多精力，这也是常有的事。但不要紧，可以再调换方向进行研究。更重要的是要善于吸取失败的教训，总结已有的经验，再继续前进。

　　根据我自己的体会，所谓天才，就是坚持不断的努力。有些人也许觉得我在数学方面有什么天分，//其实从我身上是找不到这种天分的。我读小学时，因为成绩不好，没有拿到毕业证书，只拿到一张修业证书。初中一年级时，我的数学也是经过补考才及格的。但是说来奇怪，从初中二年级以后，我就发生了一个根本转变，因为我认识到既然我的资质差些，就应该多用点儿时间来学习。别人学一小时，我就学两小时，这样，我的数学成绩得以不断提高。

（选自新版《纲要》普通话水平测试用朗读作品4号）

四、命题说话（请在下列话题中任选一个，共40分，限时3分钟）

1. 印象深刻的书籍（或报刊）2. 对环境保护的认识

第二节 普通话水平测试应试指导

学习导入

A同学和B同学普通话水平平时听起来相当，一起参加普通话水平测试，A获得了二级甲等，B只达到了二级乙等。这是为什么？因为A经过认真准备，有针对性地进行练习，避免了一些不必要的丢分；B没有认真准备，导致发挥不佳。

普通话水平测试是一次考试，其中有很多规则，如果了解不够充分，可能导致不必要的扣分。比如，对南方人来说，必读轻声词表是必须背下来的，这块很容易失分；在前两项中，如果出现第三声，很多是要把调型读完整的；另外，如果不够熟悉朗读篇目，看错字或者不必要的停顿，也会扣分。所以不管平时水平如何，都要认真复习，花点时间备考。

一、读单音节字词应试指导

（一）评分标准

语音错误，每个音节扣0.1分；语音缺陷，每个音节扣0.05分；限时3.5分钟，超时1分钟以内扣0.5分，超时1分钟以上，扣1分。

什么是错误，什么是缺陷呢？以平舌音发音为例，如图2-10所示。

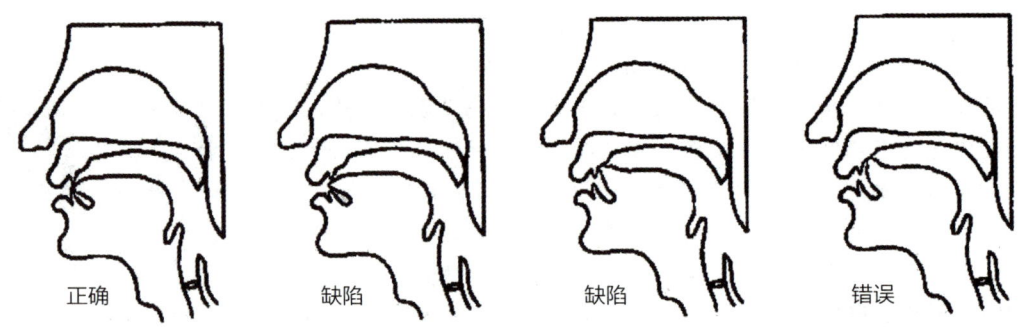

图 2-10 平舌音发音示意图

把平舌音z、c、s读成zh、ch、sh为错误，发音部位太靠前读成齿间音为缺陷，偏后不到前硬腭也为缺陷。j、q、x发音明显偏前，近似z、c、s；ang、uang中的a明显偏前；后鼻音不到位，或改变了韵腹；阴平调值偏低等，这些都属于缺陷。

（二）应试技巧

读单音节字词应试技巧如下。

（1）从左往右横着读，不要跳读漏读，每个字都要发音清晰完整，节奏不要快。

（2）声母、韵母、声调的发音要准确、到位。声母特别注意平翘舌音、鼻边音；韵母要特别注意口形大小，开口要充分，归音要到位，唇舌力量要集中；声调特别要注意上声，降升调读完整，不能读半上，其他调型也要保持统一。

（3）本项不考查音变，所有字音都读本音、原调。

（4）强化认字能力，提高识字量。

①测试时不认字的原因之一是心理因素。太紧张就会慌乱，就不识字了。所以，尽量平常心应试，对不熟悉的字要大胆去读，读错了可改读一次，以第二次读音判分。

②读准《普通话水平测试用普通话词语表》中比较陌生的字。《普通话水平测试用普通话词语表》是普通话水平测试出题的依据。尽管该表里的字词都选自《现代汉语常用字表》，但仍然有一些字在日常生活中使用频率较低，如果对这一类字不熟悉，就很容易产生读音错误。而且有很多字组成词语我们认识，但单字拎出来，就不认识了。比如"囹"，有点陌生，但"身陷囹圄"都认识；又如"妁"，初看非常陌生，但看"媒妁之言"就明白了；再如将"铿锵""纨绔"拆开，会不会念颠倒？所以，平时要多读多认，留心观察，提高识字量和识字速度。

③读准形近字，即字形相近而读音不同的字。

避免读错形近字的方法：一是平时对形近字多多留心，把碰到和想到的容易读错的形近字记在卡片上，对比练读；二是测试时保持头脑清醒，不要读得过快，尽量为自己争取判断和思考的时间。反应要灵敏，一旦发现读错，立即纠正。

同步训练

1. 认准下列字。

钵 埠 掣 舂 垣 蹿 皴 喙 羁 绺 戟 裒
霰 忖 梵 篙 亘 梏 皈 坩 劬 蓦 眸 廿
蘗 坯 卅 缱 噬 偬 俟 悚 绦 窈 毋 剜

2. 读准下面的形近字。

拨—拔   陡—徒   掐—陷   癣—鲜   贰—腻   幅—副
仍—扔   矢—失   亚—哑   犷—旷   讳—伟   狩—守
皱—邹   韦—伟   缉—辑   炽—帜   框—筐   炙—灸
懒—獭   慨—概   踱—渡   衰—哀   誊—誉   餍—魇
焉—蔫   鬓—鬟   篡—纂   砾—烁   啮—龋   唎—冽
蛰—蛰—蛩   挠—饶—绕   绚—殉   询—呕—枢
恬—刮—括   诣—指—脂   浊—烛—蚀   怯—却—祛
拙—绌—咄   茁—楔—锲—契—挈   赦—郝—赫—赭
踹—端—瑞—揣—湍—喘   揭—渴—竭—谒—蝎—歇

3. 单音节字词模拟卷训练。

卷一

披 饿 街 歌 日 坡 雪 科 缩 册
麻 旅 季 池 利 思 砸 租 撇 奶
蛆 漱 碑 藕 镖 勺 雁 瞟 剜 臊
月 套 歪 跳 位 摔 药 岁 篮 桥
爹 怀 财 袄 拽 否 暂 沟 串 蚌
癣 门 秦 碱 裆 邢 晕 脓 润 凝
电 夏 矿 软 先 准 信 人 花 群
罐 嫩 权 狂 翁 坑 巷 荒 绒 增
鳃 哑 哇 铐 釉 淌 庸 舔 迥 佛
奖 跟 寸 脏 冬 山 走 二 上 牛

卷二

穷	恼	辆	吵	鹰	灯	邹	凶	晚	差（差劲）
住	沈	夏	高	孔	箭	刻	桩	被	颈（颈项）
纫	籽	若	存	舔	孙	棉	拌	丢	干（能干）
邪	虐	蛆	据	落	攥	裂	秧	榨	陆（陆地）
垂	蛰	郓	料	份	秦	鳃	膜	挖	掐
非	而	屈	买	质	邵	旬	底	图	假（假期）
梗	憋	帅	股	货	晌	夸	佘	伐	拗（执拗）
胆	黑	愿	瞟	从	润	翁	矮	灾	揣（揣摩）
各	忘	喊	悬	湿	姚	想	爷	你	横（蛮横）
起	斤	却	口	澎	放	隋	播	此	膀（膀胱）

二、读多音节词语应试指导

（一）评分标准

语音错误，每个音节扣0.2分（轻声、儿化未读或多读算错）；语音缺陷，每个音节扣0.1分；限时2.5分钟，超时1分钟以内扣0.5分，1分钟以上扣1分。

语音错误包括：声韵调发音错误；"一""不"或该变调的上声字没有变调，或变调错误；必读轻声的词没有读作轻声，或不该读轻声的词读作轻声；该儿化没有儿化，或把儿化读成两个音节，没有儿化的音节，读作儿化，且儿化不合适。

语音缺陷包括：声韵调发音缺陷；"一""不"及上声变调不完全或发音不自然；轻声词语轻度不够，不该读轻声的词有轻化倾向；儿化韵不自然；多音节词语连读发音不自然等。

（二）应试技巧

节奏、错读等情况按第一项应试技巧，除此外还需注意以下方面。

（1）多音节词语要连贯。由于音节连读而产生的错误和缺陷，是第一项中没有涉及的。第二项有双音节、三音节、四音节词语，有些考生刻意把词当成一个个单独的音节来读，人为割裂，造成失分。

（2）注意词语的轻重格式。绝大部分双音节词语都是中+重格式，三音节一般为中+次轻+重格式。

（3）读好轻声和儿化词语。以《普通话水平测试用必读轻声词语表》和《普通话水平测试用儿化词语表》中列出的词为准。第二项中一般出现4个轻声和4个儿化，应试时可总体把握。

（4）上声变调和"一""不"变调要规范自然。

（5）读准多音字和异读词。

多音字是字形相同而在不同语言环境中有不同读音的字。读错多音字的主要原因是不熟悉几个读音和词义之间的联系，导致错误判断其在特定语言环境中的读音。

异读词就是在北京语音中有不同读法的字词。读错异读词的主要原因是对该字词的读音不确定或不规范读音的代代传承。

① 容易读错的多音字举例。

挨　āi 挨近　ái 挨打　　　　　钉　dìng 钉扣子　dīng 钉子
逮　dài 逮捕　dǎi 逮住　　　　说　shuō 说服　shuì 游说
角　jué 角色　jiǎo 角度　　　　露　lòu 露馅　lù 露骨

纤	xiān 纤维	qiàn 纤夫		似	sì 似乎	shì 似的
卡	kǎ 卡片	qiǎ 边卡		处	chǔ 处理	chù 处长
压	yā 压力	yà 压根儿		创	chuāng 创伤	chuàng 创建
色	sè 色彩	shǎi 掉色		尽	jǐn 尽管	jìn 尽力

②容易读错的异读词举例。

桐 馁 召 浒 卓 迹 穴 惩 档 谊

知识拓展

普通话异读词审音

普通话词汇中，有一部分词（或词中的语素）在习惯上有两个或多个不同的读法，如"谁"读shuí又读shéi，这些被称为"异读词"。

为促进现代汉语规范化和推广普通话工作，中华人民共和国成立以来，国家有关部门先后组织了三次异读词审音工作。2016年，教育部曾经发布一个修改《异读词审音表》的征求意见稿，但不是正式定稿，没有形成正式文件，所以今天讨论异读词读音，还是以1985年12月公布的审音表作为依据。

同步训练

1. 读下列轻声词。

月亮 时辰 庄稼 白净 莲蓬 扁担 拨弄 财主 差事 提防
称呼 打点 打听 嘟囔 对付 告诉 怪物 行当 核桃 指甲
馄饨 斗篷 烟筒 铁匠 拾掇 状元 骨头 门道 自在 亲家
厚道 火候 护士 记号 将就 牌楼 能耐 疟疾 麻利 使唤

2. 读下列儿化词。

抓阄儿 打嗝儿 梨核儿 绝着儿 酒盅儿 蒜瓣儿 花样儿
邮戳儿 顶牛儿 鱼漂儿 挨个儿 痰盂儿 蛋清儿 孙女儿
开春儿 掉色儿 旦角儿 号码儿 门槛儿 笑话儿 调门儿
夹缝儿 绕远儿 找碴儿 桑葚儿 中间儿 碎步儿 费劲儿

3. 双音节词语模拟卷训练。

卷一

存在 窗户 抽象 尾巴 老板 同盟 聘请 恳切 扰乱 绿化
耳朵 苹果 纠正 承认 庄稼 耍弄 蘑菇 角色 暴虐 会计
大伙儿 非常 美好 否则 解放 隧道 快餐 脉搏 墨水儿 落选
左右 突击 批准 蜜蜂 有点儿 喧嚷 时光 小曲儿 司法 善良
边卡 汤圆 凉爽 俊俏 王冠 拥戴 琼脂 迥然 讹诈 昂首

卷二

突破 爽快 咱俩 捐款 确凿 本领 微波炉 松树 虚心 平庸
强烈 厚道 话剧 尊贵 充电器 热爱 美满 外边 追踪 调皮
迫切 承诺 纽扣儿 江南 规矩 显著 聊天儿 佛教 模板 侵略
挂号 伉俪 工程 在哪儿 恰似 所谓 内部 连累 日常 风力
混战 吆喝 免费 错误 责任 纳闷儿 韵律 心广体胖

三、朗读短文应试指导

（一）评分标准

系统随机指定朗读篇目。评分标准如下。

（1）读错、漏读或增读音节，扣0.1分/个。

（2）声母或韵母的系统性语音缺陷，视程度扣0.5分、1分。

（3）语调偏误，视程度扣0.5分、1分、2分。

（4）停连不当，视程度扣0.5分、1分、2分。

（5）朗读不流畅（包括回读），视程度扣0.5分、1分、2分。

（6）限时4分钟，超时扣1分。

（二）应试技巧

朗读短文应试技巧如下。

（1）考前要熟读朗读作品，扫清字词障碍。朗读短文的测试准备主要在平时的朗读训练，要有计划地熟读50篇文章，挑出自己的难点音多读几遍并记下来，打有准备的仗，不要抱"可能不会抽到"的侥幸心理。注意按原文朗读，避免出现由于停顿或断句不当导致语义被肢解或产生歧义的现象。

例1　正确：我常想/读书人是世间幸福人。

　　　错误：我常想读书人/是世间幸福人。

例2　正确：中国的牛，永远沉默地/为人做着沉重的工作。

　　　错误：中国的牛，永远沉默地为人/做着沉重的工作。

按原文读，还要注意朗读作品中有些词句与日常用法略有不同，不能想当然地按习惯读，而要仔细盯着词句，忠实于原文。比如《晋祠》中有一句"一圈一圈，丝纹不乱"，"丝纹不乱"不能读成"纹丝不乱"。又如《十渡游趣》中"岸边山崖上刀斧痕犹存的崎岖小道，高低凸凹"，是"凸凹"不是"凹凸"。

文章中如果有外国人名、地名时，要按汉字读音去念。如果按外语的发音习惯去读，则按语音错误计算。

如：斯里兰卡　马克思　托尔斯泰　哥伦波　难（nán）老泉

　　奈良　唐招提寺　新加坡　岱宗坊（fāng）　斗（dǒu）母宫

（2）针对自己的语音实际，确定练习重难点。每个人的语音问题各不相同，每一篇短文的语音难点也不一样，有的作品平翘舌音节非常集中，有的作品鼻边音音节特别多，应调整好自己的训练点进行全面准备，要把普通话语音的标准和规范放在首位，"字正腔圆"，咬准每个字的发音。

（3）掌握一定的朗读技巧，在读准字音的基础上，读出感情。避免"念字式"或"诵经式"的朗读。感情的表达要适度，既不可平直单调，又不可过于夸张。适当使用语调、停连、重音、语速等技巧，流畅、准确地表达作品的内在含义。这里，尤其要注意克服方言语调。应试人受方言的影响，在普通话语音的各个方面都可能会留有方言色彩，涉及声、韵、调、轻重音、停连、音变、语速和语气等，这些因素如果有几项不规范，并且重复出现，就会给人以方言语调浓重的感觉。

声调和语气在语调中是非常重要的因素，包括声调的连续和语气的配合。如果应试人对轻声规律掌握得不好，尤其是在长语流中没有注意轻声读音，就会造成语调音高变化不协调。因此，训练中要特别注意语调训练。

（4）朗读的语速要快慢适中，避免语言断续。朗读开始就不能中断，应做到六不：不错字、不改字、不漏字、不添字、不重复、不乱停。要做到六不，一要熟悉作品，二要语速适中，给自己反应的时间。语速太快，语音容易出现含混不清的现象，或发音不到位、添漏字、改字、颠倒字和回读现象；语速太慢，甚至一字一顿地读，会破坏作品内容的完整性和语义的严密性，影响朗读的自然流畅度。

（5）对照标准音频进行朗读训练。测试的朗读篇目，都有规范标准的朗读示范音频，在日常训练中模仿音频的语音语调和语速节奏是快速提高朗读水平的有效方法。

💡 同步训练

1. 读准《普通话测试用朗读作品》语段中的"儿"。

（1）把蒜瓣儿放进醋里，封起来，为过年吃饺子用。到年底，蒜泡得色如翡翠，醋也有了些辣味儿，色味双美，使人忍不住要多吃几个饺子。（《北京的春天》）

（2）孩子们准备过年，第一件大事就是买杂拌儿。这是用花生、胶枣、榛子、栗子等干果与蜜饯掺和成的。孩子们喜欢吃这些零七八碎儿。第二件大事是买爆竹，特别是男孩子们。恐怕第三件事才是买各种玩意儿——风筝、空竹、口琴等。（《北京的春天》）

（3）坐着，躺着，打两个滚儿，踢几脚儿，赛几趟跑，捉几回迷藏。……鸟儿将巢安在繁花绿叶当中，高兴起来了，呼朋引伴地卖弄清脆的喉咙，唱出宛转的曲子，跟轻风流水应和着。（《春》）

（4）但是说来奇怪，从初中二年级以后，我就发生了一个根本转变，因为我认识到既然我的资质差些，就应该多用点儿时间来学习。（《聪明在于学习，天才在于积累》）

（5）所谓"千里眼"，即高铁沿线的摄像头，几毫米见方的石子儿也逃不过它的法眼。（《当今"千里眼"》）

朗读作品7号

（6）风还在一个劲儿地刮，吹打着树上可怜的几片叶子，那上面，就快成光秃秃的了。（《孩子和秋风》）

（7）这是我的女儿，和你差不多大小，正在医科大学读书，她也将面对自己的第一个患者。（《将心比心》）

（8）是啊，请不要见笑。我崇敬那只小小的、英勇的鸟儿，我崇敬它那种爱的冲动和力量。（《麻雀》）

朗读作品17号

（9）当花儿落了的时候，藤上便结出了青的、红的瓜，它们一个个挂在房前，衬着那长长的藤，绿绿的叶。（《乡下人家》）

（10）论吃的，苹果、梨、柿子、枣儿、葡萄，每样都有若干种。论花草，菊花种类之多，花式之奇，可以甲天下。（《"住"的梦》）

2. 读准《普通话测试用朗读作品》语段中的轻声词语（加着重号词语）、"一"和"不"。

（1）照北京的老规矩，春节差不多在腊月的初旬就开始了。"腊七腊八，冻死寒鸦"，这是一年里最冷的时候。……这一天，是要吃糖的，街上早有好多卖麦芽糖与江米糖的，糖形或为长方块或为瓜形，又甜又黏，小孩子们最喜欢。（《北京的春天》）

（2）天上风筝渐渐多了，地上孩子也多了。城里乡下，家家户户，老老小小，也赶趟儿似的，一个个都出来了。（《春》）

（3）在不影响体现传统工艺技术手法特点的地方，工匠可以用电动工具，比如开荒料、截头。大多数时候工匠都用传统工具：木匠画线用的是墨斗、画签、毛笔、方尺、杖竿、五尺；加工制作木构件使用的工具有锛、凿、斧、锯、刨等

朗读作品5号

等。(《大匠无名》)

（4）就拿奈良的一个角落来说吧，我重游了为之感受很深的唐招提寺，在寺内各处匆匆走了一遍，庭院依旧，但意想不到还看到了一些新的东西。……开花的季节已过，荷花朵朵已变为莲蓬累累。莲子的颜色正在由青转紫，看来已经成熟了。(《莲花和樱花》)

（5）忽然，从附近一棵树上飞下一只黑胸脯的老麻雀，像一颗石子似的落到狗的跟前。……在它看来，狗该是多么庞大的怪物啊！然而，它还是不能站在自己高高的、安全的树枝上……一种比它的理智更强烈的力量，使它从那儿扑下身来。(《麻雀》)

（6）下车后，我们舍弃了大路，挑选了一条半隐半现在庄稼地里的小径，弯弯绕绕地来到了十渡渡口。……右侧有一小小的蘑菇形的凉亭，内设石桌石凳，亭顶褐黄色的茅草像流苏般向下垂泻，把现实和童话串成了一体。草屋的构思者最精彩的一笔，是设在院落边沿的柴门和篱笆，走近这儿，便有了"花径不曾缘客扫，蓬门今始为君开"的意思。(《十渡游趣》)

朗读作品38号

（7）科学家又做了两次实验：一次把蝙蝠的耳朵塞上，一次把蝙蝠的嘴封住，让它在屋子里飞。蝙蝠就像没头苍蝇似的到处乱撞，挂在绳子上的铃铛响个不停。三次实验的结果证明，蝙蝠夜里飞行，靠的不是眼睛，而是靠嘴和耳朵配合起来探路的。《夜间飞行的秘密》

朗读作品39号

（8）张择端画这幅画的时候，下了很大的功夫。光是画上的人物，就有五百多个：有从乡下来的农民，有撑船的船工，有做各种买卖的生意人，有留着长胡子的道士，有走江湖的医生，有摆小摊的摊贩，有官吏和读书人，三百六十行，哪一行的人都画在上面了。

画上的街市可热闹了。街上有挂着各种招牌的店铺、作坊、酒楼、茶馆儿，走在街上的，是来来往往、形态各异的人：有的骑着马，有的挑着担，有的赶着毛驴，有的推着独轮车，有的悠闲地在街上溜达。(《一幅名扬中外的画》)

朗读作品40号

（9）我今天穿的衣服就五十块钱，但我喜欢的还是昨天穿的那件十五块钱的衬衫，穿着很精神。(《一粒种子造福世界》)

（10）它们还没有走近，我们已经预计斗不过畜牲，恐怕难免踩到田地泥水里，弄得鞋袜又泥又湿了。……在它沉默的劳动中，人便得到应得的收成。那时候，也许，它可以松一肩重担，站在树下，吃几口嫩草。偶尔摇摇尾巴，摆摆耳朵，赶走飞附身上的苍蝇，已经算是它最闲适的生活了。(《中国的牛》)

朗读作品46号

3. 以下易读错词语来自《普通话测试用朗读作品》，认真读一读、记一记。

黄晕（yùn）	痕迹（jì）	伶（líng）俐	锛（bēn）	刨（bào）	风雪载（zài）途
苫（shàn）背	雾霾（mái）	肇（zhào）庆	古刹（chà）	踮（diǎn）	人声鼎（dǐng）沸
霎（shà）时	绯（fēi）红	粟黍（shǔ）	偃（yǎn）如	老妪（yù）	丝纹（wén）不乱
荫（yìn）护	斥鷃（yàn）	蓬蒿（hāo）	似（shì）的	友谊（yì）	一笑一颦（pín）
胸脯（pú）	调（diào）度	契（qì）合	凸凹（tūāo）	豁（huō）开	莲蓬累（léi）累
掺（chān）	丘壑（hè）	砌（qì）	广袤（mào）	羁绊（jībàn）	一乘（shèng）轿子
马笼头（tou）	横槛（jiàn）	笸箩（pǒluo）	篾（miè）席	提供（gōng）	一车（jū）两卒
阡（qiān）陌	踟蹰（chíchú）	一瞥（piē）	二噁（è）英		

4. 朗读作品模拟训练。

鼎湖山听泉（节选）

从肇庆市驱车半小时左右，便到了东郊风景名胜鼎湖山。下了几天的小雨刚停，满山笼罩着轻纱似的薄雾。

朗读作品8号

过了寒翠桥，就听到淙淙的泉声。进山一看，草丛石缝，到处都涌流着清亮的泉水。草丰林茂，一路上泉水时隐时现，泉声不绝于耳。有时几股泉水交错流泻，遮断路面，我们得寻找着垫脚的石块跳跃着前进。愈往上走树愈密，绿阴愈浓。湿漉漉的绿叶，犹如大海的波浪，一层一层涌向山顶。泉水隐到了浓阴的深处，而泉声却更加清纯悦耳。忽然，云中传来钟声，顿时山鸣谷应，悠悠扬扬。安详厚重的钟声和欢快活泼的泉声，在雨后宁静的暮色中，汇成一片美妙的音响。

　　我们循着钟声，来到了半山腰的庆云寺。这是一座建于明代、规模宏大的岭南著名古刹。庭院里繁花似锦，古树参天。有一株与古刹同龄的茶花，还有两株从斯里兰卡引种的、有二百多年树龄的菩提树。我们决定就在这座寺院里借宿。

　　入夜，山中万籁俱寂，只有泉声一直传送到枕边。一路上听到的各种泉声，这时候躺在床上，可以用心细细地聆听、辨识、品味。那像小提琴一样轻柔的，是草丛中流淌的小溪的声音；那像琵琶一样清脆的，//是在石缝间跌落的涧水的声音；那像大提琴一样厚重回响的，是无数道细流汇聚于空谷的声音；那像铜管齐鸣一样雄浑磅礴的，是飞瀑急流跌入深潭的声音。

（选自新版《纲要》普通话水平测试用朗读作品8号）

四、命题说话应试指导

（一）评分标准

　　命题说话是普通话水平测试中最难的一项，一共40分。测查应试人在没有文字凭借的条件下说普通话的标准程度、规范程度、自然程度和流畅程度。

　　（1）语音标准程度，共25分，分六档。

　　一档：语音标准，或极少有错误，扣0分、1分、2分。

　　二档：语音错误为5～7次，有方音但不明显，扣3分；语音错误8次、9次，有方音但不明显，扣4分。

　　三档：语音错误为5～7次，但方音明显，扣5分；语音错误8次、9次，但方音明显，扣6分。语音错误为10～15次，有方音但不明显，扣5分、6分。

　　四档：语音错误为10～15次，方音比较明显，扣7分、8分。

　　五档：语音错误为16～30次，方音明显，扣9分、10分、11分。

　　六档：语音错误超过30次，方音重，扣12分、13分、14分。

　　语音错误（包括同一音节反复出错），按出现次数累计。

　　（2）词汇语法规范程度，共10分。

　　词汇、语法不规范指使用了典型的方言词、典型的方言语法以及明显的病句。

　　词汇、语法不规范，每出现1次，扣0.5分。最多扣4分。

　　（3）自然流畅程度，共5分，分三档。

　　一档：语言自然流畅，扣0分。

　　二档：语言基本流畅，口语化较差，类似背稿子。有所表现扣0.5分，明显扣1分。

　　三档：语言不连贯，语调生硬。程度一般的，扣2分；严重的，扣3分。

　　（4）说话时间不足3分钟。视程度扣1～6分。缺时15秒以下，不扣分；缺时1分钟以内，扣1～3分；缺时1～2分钟29秒，扣4～6分；说话时间不足30秒（含30秒），本测试项成绩记为0分。

　　（5）离题、内容雷同，视程度扣4分、5分、6分。"离题"是指应试人所说内容完全不符合或基本不符合规定的话题。完全离题，扣6分；基本离题，视程度扣4分、5分。直接或变相使用《纲要》中的朗读短文，扣6分；其他内容雷同情况，视程度扣4分、5分。

（6）无效话语，酌情扣1~6分。"无效话语"是指测试员无法据此做出评分的内容。包括：①重复相同或大体相同的内容；②经常重复相同语句；③口头禅频密；④简单重复。

无效话语在三分之一以内，视程度扣1、2、3分；无效话语在三分之一以上，视程度扣4、5、6分。有效话语不足30秒（含30秒），本测试项成绩记为0分。

（二）说话题目

《普通话水平测试用话题》具体如下。

1. 我的一天
2. 老师
3. 珍贵的礼物
4. 假日生活
5. 我喜爱的植物
6. 我的理想（或愿望）
7. 过去的一年
8. 朋友
9. 童年生活
10. 我的兴趣爱好
11. 家乡（或熟悉的地方）
12. 我喜欢的季节（或天气）
13. 印象深刻的书籍（或报刊）
14. 难忘的旅行
15. 我喜欢的美食
16. 我所在的学校（或公司、团队、其他机构）
17. 尊敬的人
18. 我喜爱的动物
19. 我了解的地域文化（或风俗）
20. 体育运动的乐趣
21. 让我快乐的事情
22. 我喜欢的节日
23. 我欣赏的历史人物
24. 劳动的体会
25. 我喜欢的职业（或专业）
26. 向往的地方
27. 让我感动的事情
28. 我喜爱的艺术形式
29. 我了解的十二生肖
30. 学习普通话（或其他语言）的体会
31. 家庭对个人成长的影响
32. 生活中的诚信
33. 谈服饰
34. 自律与我
35. 对终身学习的看法
36. 谈谈卫生与健康
37. 对环境保护的认识
38. 谈社会公德（或职业道德）
39. 对团队精神的理解
40. 谈中国传统文化
41. 科技发展与社会生活
42. 谈个人修养
43. 对幸福的理解
44. 如何保持良好的心态
45. 对垃圾分类的认识
46. 网络时代的生活
47. 对美的看法
48. 谈传统美德
49. 对亲情（或友情、爱情）的理解
50. 小家、大家与国家

测试的话题是为考生提供一个说话的内容范围，引导考生由此展开延伸。话题的设计紧紧围绕日常生活，可展开讨论的方向很多。可分为记人叙事、介绍说明、议论评说三大类，内容相当的可以互相通用。测试前有目的地准备说话素材，将会起到事半功倍的效果。

——记人叙事类

"我的一天、假日生活、过去的一年、童年生活、难忘的旅行、让我快乐的事情、让我感动的事情"等题目叙事，"老师、珍贵的礼物、朋友、尊敬的人、我欣赏的历史人物"等记人。说生活的素材可以共用，说人的可以是同一个人，如"老师、朋友、尊敬的人"。

——介绍说明类

"我的理想（或愿望）、我喜欢的职业（或专业）"可以共用素材；"我喜爱的节日、我喜欢的季节（或天气）、我了解的地域文化（或风俗）、我了解的十二生肖"内容有重合；"我的兴趣爱好、体育运动的乐趣"可以共用内容;"家乡(或熟悉的地方)、向往的地方"内容相近;"我喜爱的动物、我喜爱的植物、我喜欢的美食、我喜爱的艺术形式、印象深刻的书籍(或报刊)、我所在的学校(或公司、团队、其他机构)"可以归为我爱的一类。

——议论评说类

"劳动的体会",还有30~50的题目都属于这一类。这类话题要说出自己对客观事物的感受或收获。建议先有针对性地了解相关的知识报道,再结合自己的生活实际谈体会。

以上这些分类也不是绝对的,有的题目可以跨类。比如"我喜欢的职业",可以是说明性的题目,也可以按叙事类的题目来说。说人、叙事相对说明、议论难度要小一些,可以在不影响说话中心的基础上,往叙事、说人方向上靠。

(三)应试技巧

命题说话应试技巧如下。

(1)做好应试心理准备。怯场、备考不充分、普通话基础一般,是命题说话环节成绩不理想的常见原因,解决办法是:平时坚持使用普通话;正确理解测试内容,充分练习,做到心中有数。机测时,不能因为对面没有人就随意对待;也不能太紧张,可以想象对面是自己的朋友,像聊天一样娓娓道来。

(2)认真备考,列好提纲。

①认真审题。考生要认真审题,不要看错题目。有的考生将"我喜欢的节日"看成"我喜欢的节目",即便他按照"我喜欢的节目"说得很好,也依然会因离题被扣6分。

②从我说起。话题基本上分为记人叙事类、介绍说明类、议论评说类三种类型。不论是哪种类型,都应从我说起,讲自己的故事,说自己的看法,这样也可以从根本上避免因内容雷同导致扣分的情况。议论评说类话题,可以从小事说起,多举实例佐证自己的观点。源于自己的素材,都是说话人最为熟悉的内容,不容易忘记,而且有真情实感。不过,应选取不会引起太大情感起伏的题材,过于强烈的悲伤情绪会使思路不连贯,声音哽咽,说话难以继续。

③列提纲,多准备,不背稿。将大概要说的几件事列一个提纲,写上关键词,提醒自己,先说什么,再说什么,最好有可以展开的细节。测试时30秒准备时间再浏览一下提纲和素材。不能事先将网络上的稿子背诵下来,一是会因雷同扣分,二是影响自然说话的语感,被扣自然流畅分。

素材要多准备,准备足够4~5分钟的材料,因为测试时往往有忘词现象,所以要多准备一些。测试时,时间没结束就继续再说一些内容,直到系统提示结束为止。不用担心规定时间内没有结尾,说话的完整性不是测查内容。

(3)语音规范,无方言语汇语法。说话测试语音的标准与前三项相同,声、韵、调发音标准,还要注意变调、轻声、儿化等音变。常见问题有:语速较快,一些常用词含混而夹带着方音成分,如"就是、忽然、一、不、不但"等带上入声;或者将一些读音读错,"因为"的"为"、"友谊"的"谊"、"教室"的"室"、"复杂"的"复"、"比较"的"较"、"一会儿"等。

还要注意语汇语法规范,不能出现方言语汇,以及方言语法规则。这一点各方言区情况都有所不同,要注意甄别。常见的方言语法格式(后一种为方言语法)如下:

这条裤子你能穿—这条裤子你穿得
今天中午我好好睡了一觉—今天中午我睡了一觉好的
她不喜欢闻烟味儿—她闻不来烟味儿
腿变粗了—腿子变粗了
冬天北方非常冷—冬天北方老冷

这件事我说过——这件事我有说/这件事我有说过

气死了——气死掉

给她十块钱——给十块钱她

菜咸不咸——菜阿咸、菜老咸

好的——好的wê

另外，病句也属于词汇语法不规范，如"刮着雨，下着风""最拿手的是表演二胡演奏""他陷入了深深的沉思"等，搭配不当、成分残缺或多余、语序不当、句式杂糅等都是扣分项。

（4）语速适中自然，口语化强。考试时，语速不要太快，也不要太慢。语速太快，就会说得多一些，出错的概率就高，而且容易发音吐字不到位，发音质量变差。语速太慢，往往过于关注每个字的发音，像机器人一样一字一顿，或者一词一顿、一句一顿，就显得语调不自然，会被扣分。正常说话每分钟大概发200~230个音节，3分钟就是600~700个音节。

说话重在表达自然朴实，不做作，不需要辞藻华丽和新奇讨巧。因此，考生应尽量少用书面语色彩强烈的词汇和表达方式，尽量少说网络语言、外语词汇、新词新语。说话时，还要杜绝朗诵腔、演讲腔，把握"聊"的语气特点，多使用朴实日常的口语词，多用短句，不用结构复杂的句子。提前准备素材，不要把说话材料写成书面材料，因为写出来的东西往往会改掉口语表达的特点。不过，这种口语表达和日常生活交际中的口语表达有略微差别。命题说话是在随想随说的基础上，去掉一些诸如口头禅"嗯""啊""那个"等冗余话语，虽然不要求像书面作文那样逻辑严密、架构讲究，但也要组织一下话语结构，连续围绕一个话题展开。

（5）测试时发生错误不要纠正，说满3分钟。前两项中，若发生读音错误，可以及时纠错一次，朗读短文不能回读，命题说话也不可以纠正。因为3分钟以内的所有音节均为评分依据，发现错了马上纠正，但原先的错误已经被记录下来了，并不因为纠正了而不算错误。如果改错了，就是一个新的错误，多次修改，还会影响流畅度。

测试中，"嘟"的一声后就开始计时，如果发呆或者还在思考，就会计算为缺时。一般语句间的正常停顿，3~5秒内不会计算为缺时，可以有少量口头禅应急，但多了会被扣无效话语。有的考生将准备的内容说完，还不到3分钟，就开始拖延时间，说一些无意义的话或重复内容，也会判定为无效话语或离题。

思考与练习

1. 说说运用哪些应试技巧可以提高普通话测试水平。
2. 说说你是如何解决你的方言语调问题的。
3. 你的方言中有哪些典型的语汇语法，说普通话时需要调整？
4. 分组练习50个说话题目，组内同学互相"说"。
5. 综合训练。

普通话水平测试样卷（二）

一、读单音节字词（100个音节，共10分，限时3.5分钟）

齿 钡 专 梧 掉 恒 钩 萍 香 绢
松 雎 官 艇 贤 怕 铝 囊 快 昂
坐 扔 恰 薛 咱 屑 急 股 农 怎
军 鹅 准 测 奶 霞 串 妻 从 低
融 纠 体 遭 邻 夸 这 疯 悔 资
谬 含 绞 搏 尔 神 碎 墙 辨 买

规	辰	党	坝	渺	牵	琼	楼	布	返
初	允	潮	爽	面	垒	翁	滑	日	胎
墨	迁	蔡	妆	品	愿	闪	阀	涌	扣
贴	拐	略	酸	淌	阴	吻	酿	锁	绕

二、读多音节词语（100个音节，共20分，限时2.5分钟）

扩张	似的	宾主	人群	黄瓜	外科	压倒
民众	小姐	挨个儿	增高	月球	冲刷	佛典
虐待	率领	苍白	上层	后跟儿	亏损	整理
减轻	分散	窘迫	豆腐	遵守	红包儿	纳税
钾肥	按钮	养活	国王	创办	逃窜	名牌儿
差别	也许	颜色	自治区	儿童	完全	漂亮
螺旋桨	四周	胸脯	培训	让位	一目了然	

三、朗读短文（400个音节，共30分，限时4分钟）

　　中国没有人不爱荷花的。可我们楼前池塘中独独缺少荷花。每次看到或想到，总觉得是一块心病。有人从湖北来，带来了洪湖的几颗莲子，外壳呈黑色，极硬。据说，如果埋在淤泥中，能够千年不烂。我用铁锤在莲子上砸开了一条缝，让莲芽能够破壳而出，不至永远埋在泥中。把五六颗敲破的莲子投入池塘中，下面就是听天由命了。

　　这样一来，我每天就多了一件工作：到池塘边上去看上几次。心里总是希望，忽然有一天，"小荷才露尖尖角"，有翠绿的莲叶长出水面。可是，事与愿违，投下去的第一年，一直到秋凉落叶，水面上也没有出现什么东西。但是到了第三年，却忽然出了奇迹。有一天，我忽然发现，在我投莲子的地方长出了几个圆圆的绿叶，虽然颜色极惹人喜爱，但是却细弱单薄，可怜兮兮地平卧在水面上，像水浮莲的叶子一样。

　　真正的奇迹出现在第四年上。到了一般荷花长叶的时候，在去年飘浮着五六个叶片的地方，一夜之间，突然长出了一大片绿叶，叶片扩张的速度，范围的扩大，都是惊人地快。几天之内，池塘内不小一部分，已经全为绿叶所覆盖。而且原来平卧在水面上的像是水浮莲一样的//叶片，不知道是从哪里聚集来了力量，有一些竟然跃出了水面，长成了亭亭的荷叶。

朗读作品25号

（选自新版《纲要》普通话水平测试用朗读作品25号）

四、命题说话（请在下列话题中任选一个，共40分，限时3分钟）

1. 过去的一年　2. 对美的看法

第三章 朗读技能专项训练

学习目标

① 了解朗读的基本概念和基本要求。

② 掌握和运用各种朗读技巧,准确朗读不同文体作品。

③ 通过朗读技能技巧训练,提高语言表现力。

④ 弘扬语言艺术之美,积累丰富的语言表达素材,培养文学欣赏能力,坚定文化自信,增强民族自豪感。

第一节　朗读概说

💡 学习导入

朗读是一种力量（有删改）
李泽华

夫文章者，墨客之精神也；
诗篇者，文人之魂灵也。
而精神魂灵之汇，期以音律节韵之美，
是为朗读也。
想要洞察更真实的自己吗？朗读吧！
它将给你犀利视角，
让你在世俗看见彼岸的光辉。
想要知晓更宽广的世界吗？朗读吧！
它将带你博古通今，
穿破岁月长河里的一切阻碍。
朗读的力量，
是哈姆雷特面对人性延宕的自我救赎，
是鲁迅先生迎着时代黎明的一声呐喊。
……
朗读吧，因为朗读，是一种力量！

在这篇作品中，你感受到什么是朗读的力量了吗？我们为什么要朗读，因为朗读是声音的魔法。无论是在教育、文学、戏剧还是日常生活中，朗读都具有强大的影响力。它是口语交际表达的基础，也是训练口语表达的一条捷径。因此，让我们珍惜这种声音的力量，将朗读作为一种强大的学习和表达工具，去感受声音背后的深意，去传递情感，去创造心灵，让声音的魔法永远存在。

一、朗读的含义

（一）什么是朗读

朗读，就是清晰响亮、准确流畅地把书面材料念出来，它是一种把诉诸视觉的书面语言转化为诉诸听觉的有声语言的再创作活动。

这种再创作活动，朗读者需要深入理解书面材料的时代背景和思想内涵，调动自己的情感，运用语气、语调、重音、停连、节奏等表达技巧输出为有声语言。它比文字作品承载了更多的信息和情感，更容易打动听众，激发听众的共情，从而达到朗读的目的。

（二）朗读的特点

朗读具有口语化、艺术化和有针对性等特点。口语化，是朗读的第一个特点；同时，朗读必须对自然口语进行艺术加工，艺术地运用语言技巧，使其比自然口语更具有美感和感染力；朗读还要针对不同体裁、不同内容及不同对象，读出不同的韵味儿、不同的特点。

（三）朗读和朗诵的区别

朗读：眼睛接触文字，声音清亮悦耳，但不必夸张；无须眼神、表情、动作等的配合。

朗诵：要求声情并茂。必须熟悉材料，了然于胸；注意各种声音技巧的运用，同时讲求眼神、表情、动作等的有机配合。

二、朗读的作用

（一）朗读是推广普通话、提高普通话水平的重要途径

朗读过程中，人们要准确地发音，声、韵、调、轻重格式、儿化等要讲究规范。这就需要反复训练，纠正字音、字调，因此，学习朗读的过程，就是学习普通话的过程。通过不断的朗读练习，可以逐步提高自己语音的准确性、流畅性和表现力，从而提升自己的普通话水平。

与此同时，听众在欣赏朗读的过程中，也会受到标准规范的语音的影响，其使用普通话的自觉性会增强，其语言的规范化程度也自然得到提高，所以朗读活动又是推广普通话的重要载体。

（二）朗读有利于深入理解书面材料

朗读者要把书面语言转化为有声语言，必定要全身心投入作品，认真揣摩，才能深入理解书面材料的思想内涵和精神实质，体会到作品丰富的情感价值。而在这样的用脑、用心、用情的过程中，朗读者和听众都会受到熏陶和浸染，从而更深入地体味作品，生发感悟。

"书读百遍，其义自现。"在教学活动中，朗读也是不可缺少的环节，能够帮助我们深入理解文本内容，增强记忆，提高教学效果。

（三）朗读有利于提高语言表达能力

朗读是提高口语表达能力的有效方法。朗读语言来源于书面语言，其比口头语言更准确、更生动、更具有美感。在朗读过程中，朗读者绝不只是念字出声的无思维的活动，而是调用了自己全部精力的再创作活动，对朗读者的分析力、感受力、理解力、记忆力、判断力、想象力、创造力等都是最好的锻炼。朗读，既能积累丰富的词汇，帮助人们更好地掌握语言的韵律和节奏，又能锻炼思维，陶冶情感，从而使口头表达更加生动、富有感染力，也为接下来的口语交际和职业口语训练打下良好的基础。

（四）朗读具有宣传教育和娱乐作用

在宣传教育方面，朗读也发挥着不可或缺的作用。通过朗读，人们可以更加生动地传递知识和信息，使听众在听觉上得到更直接的冲击和体验。例如，在社会宣传中，通过朗读公益广告或宣传语，可以更有效地吸引人们的注意力，传达重要的社会价值观和公益理念。

朗读也是一种艺术表演，通过声音的抑扬顿挫、情感的表达和节奏的掌控，为观众带来美的享受和情感的共鸣。朗读还是一种放松身心的方式。在忙碌的生活节奏中，人们可以通过朗读来舒缓压力、调节情绪。无论是自己朗读还是与他人共读，都能够在文字的世界里找到片刻的宁静与安慰。

三、朗读的要求

成功的朗读是一种深度理解与情感传达的艺术，是清晰的声音、丰富的感情和高超娴熟的朗

读技巧的完美结合。

（一）发音准确，吐字清晰饱满

使用标准规范的普通话，是朗读的基本要求。发音要准确、响亮、清楚，声、韵、调和音变都要规范，注意"枣核形"吐字归音，还要忠实于原作，不错字、不丢字、不添字、不吃字（指字音含糊不清，没有读全）。

（二）表达流畅，语意内涵明晰

准确理解作品是朗读的先决条件和基础。只有深入理解文本，朗读者才能在朗读时准确传达出文本的情感和意境。同时，朗读作品，不是一字一词地念，语意内涵明晰，才能语流顺畅，不读破句，不随意停顿，前后语句连贯，中心语意突出。

（三）自然朴实，语调变化有致

朗读宜采用朴素平实的语调，保持日常说话的自然和真实，在此基础上，综合运用多种朗读技巧，正确处理语言的停顿、轻重、扬抑、节奏等，停连长短恰当，轻重分明适度，语调变化自如，节奏快慢相宜，增强感染力。

思考与练习

1. 朗读有哪些特点？谈谈你对这门艺术的理解。
2. 朗读和朗诵有什么不同？
3. 说说朗读对今后从事的教师工作有什么作用。
4. 按照朗读的要求朗读下面作品。

我喜欢出发（节选）

汪国真

朗读作品35号

我喜欢出发。

凡是到达了的地方，都属于昨天。哪怕那山再青，那水再秀，那风再温柔。太深的流连便成了一种羁绊，绊住的不仅有双脚，还有未来。

怎么能不喜欢出发呢？没见过大山的巍峨，真是遗憾；见了大山的巍峨没见过大海的浩瀚，仍然遗憾；见了大海的浩瀚没见过大漠的广袤，依旧遗憾；见了大漠的广袤没见过森林的神秘，还是遗憾。世界上有不绝的风景，我有不老的心情。

我自然知道，大山有坎坷，大海有浪涛，大漠有风沙，森林有猛兽。即便这样，我依然喜欢。

打破生活的平静便是另一番景致，一种属于年轻的景致。真庆幸，我还没有老。即便真老了又怎么样，不是有句话叫老当益壮吗？

于是，我还想从大山那里学习深刻，我还想从大海那里学习勇敢，我还想从大漠那里学习沉着，我还想从森林那里学习机敏。我想学着品味一种缤纷的人生。

人能走多远？这话不是要问两脚而是要问志向。人能攀多高？这事不是要问双手而是要问意志。于是，我想用青春的热血给自己树起一个高远的目标。不仅是为了争取一种光荣，更是为了追求一种境界。目标实现了，便是光荣；目标实现不了，人生也会因//这一路风雨跋涉变得丰富而充实；在我看来，这就是不虚此生。

是的，我喜欢出发，愿你也喜欢。

（选自新版《纲要》普通话水平测试用朗读作品35号）

5. 命题说话（请在下列话题中任选一个，时间不少于3分钟）。
   （1）让我感动的事情（2）谈中国传统文化

第二节　朗读技能技巧训练

学习导入

爸爸的脸
刘盛云

爸爸的脸是电视广告，/变来变去，/真让人烦恼。/要是我有个遥控器就把它定在/笑眯眯的频道。

一片红树叶
徐鲁

秋天的风，/吹过了山谷和田野。/光秃秃的老橡树上，/还站着一片小小的红树叶。

老橡树说——/再见吧，孩子，/等到明年春天，/我再听你唱歌。

小小的红树叶，/低声告诉老橡树说——/让我再等等吧，/等到雪花飘落。/冬天还在路上呢，/他还没有越过小河。/如果我们都走了，/你有多么寂寞！

朗读是一种重要的语言技能，它可以提高我们的口语表达能力、阅读理解能力、专注力和记忆力等，同时也可以陶冶我们的情操和愉悦我们的心情。细细品味上面两首诗，《爸爸的脸》让我们一起烦恼，再狡黠一笑；《一片红树叶》让我们触摸到了幼儿纯真的心灵，感受世界的美好。所以朗读前要先熟悉作品，调动心理感受机制，再综合运用技能技巧。

一、理解作品，把握基调

"言为心声"，要想达到理想的朗读效果，首先就要理解作品，理解作品的背景、主题和情感基调，这是朗读重要的前提和基础。为了做到这一点，朗读者可以查阅相关资料，了解作者的生平、创作背景以及作品的历史背景等。其次，要清除障碍，搞清楚文中生字、生词、成语典故、语句等的含义，不要囫囵吞枣、望文生义。最后，把握作品的主题和情感的基调，这样才会准确地理解作品，才不会把作品念得支离破碎，甚至歪曲原作的思想内容。

基调是作品总的态度情感。把握基调，就是对作品情感的整体把握，有自己的鲜明态度。这种情感态度必须源于作品，不能随心所欲地强加给作品，也不能被动地应付，不做深入思考，因为感情色彩往往是纷繁的，态度同样也是复杂的，要在理解、感受中对作品进行深入挖掘，让自己的情感态度鲜明、恰当、契合。

例如：在《普通话水平测试用朗读作品》中，2号作品《春》的基调是轻松愉悦、充满活力；23号作品《莫高窟》的基调是赞美、惊叹、自豪；50号作品《最糟糕的发明》是警示、严肃，带有批评意味。《猜猜我有多爱你》应采用温馨甜蜜、充满爱意的基调，《清平乐·村居》的基调是朴实悠闲、充满生活气息，《念奴娇·赤壁怀古》是豪壮激昂、深沉而略带忧伤，《海燕》的基调是对革命高潮的向往、企盼。

朗读作品50号

同步训练

理解下面作品,分析情感基调。

晋祠(节选)
梁衡

晋祠之美,在山,在树,在水。

朗读作品18号

这里的山,巍巍的,有如一道屏障;长长的,又如伸开的两臂,将晋祠拥在怀中。春日黄花满山,径幽香远;秋来草木萧疏,天高水清。无论什么时候拾级登山都会心旷神怡。

这里的树,以古老苍劲见长。有两棵老树:一棵是周柏,另一棵是唐槐。那周柏,树干劲直,树皮皱裂,顶上挑着几根青青的疏枝,偃卧于石阶旁。那唐槐,老干粗大,虬枝盘屈,一簇簇柔条,绿叶如盖。还有水边殿外的松柏槐柳,无不显出苍劲的风骨。以造型奇特见长的,有的偃如老妪负水,有的挺如壮士托天,不一而足。圣母殿前的左扭柏,拔地而起,直冲云霄,它的树皮上的纹理一齐向左边拧去,一圈一圈,丝纹不乱,像地下旋起了一股烟,又似天上垂下了一根绳。晋祠在古木的荫护下,显得分外幽静、典雅。

这里的水,多、清、静、柔。在园里信步,但见这里一泓深潭,那里一条小渠。桥下有河,亭中有井,路边有溪。石间细流脉脉,如线如缕;林中碧波闪闪,如锦如缎。这些水都来自"难老泉"。泉上有亭,亭上悬挂着清代著名学者傅山写的"难老泉"三个字。这么多的水长流不息,日日夜夜发出叮叮咚咚的响声。水的清澈真令人叫绝,无论//多深的水,只要光线好,游鱼碎石,历历可见。

(选自新版《纲要》普通话水平测试用朗读作品18号)

爱的唠叨
吴正牧

老是埋怨妈妈唠叨,
什么话一说再说,
真是讨厌!
最近妈妈去旅行,
也把唠叨带去了,
我的耳根很清净,
想妈妈的心却很忙!
渐渐地我发觉,
最关爱我的人,
就是唠叨的妈妈。

二、内部表达技巧训练

朗读不仅仅是简单地读出文字,它更是一种艺术的再创造过程。优秀的朗读者能够通过内部的表达技巧,将文字转化为生动的画面,触动听众的心灵。

(一)用心感受

感受是由理解到表达的桥梁,所谓"感之于外,受之于心",只有用心感受,才能让有声语言充满魅力。反之，朗读者就无法赋予文本丰富的色彩，就不会有真切的形象产生。

1. 感受形象

文本中的形象指人物、事件、景物等，这些鲜活的形象不断地刺激着我们的感官。感受形象，就是通过视觉、听觉、嗅觉、味觉、触觉、时空知觉、运动知觉等综合体验、感受作品中的人、景、物、事，进而在内心形成具体而生动的形象。

只有感受还不够，朗读者的想象力也要在感受的过程中得到释放。对于文本中出现的景物、事物、人物的细致描绘，朗读者都要充分调动自己的想象、联想能力，就像看到了它们的存在一样，并使这些画面在脑子里活跃起来。感受形象的关键在于抓住表达形象的实词，尤其是动词，透过文字，目击其物，形成"内心视像"。例如读《念奴娇·赤壁怀古》，读到"乱石穿空，惊涛拍岸，卷起千堆雪"，"穿""拍""卷"几个词描绘出了一幅波澜壮阔的画面；读到"遥想公瑾当年，小乔初嫁了，雄姿英发"，就仿佛看到了周瑜豪迈不羁的风采。再如读《晋祠》，读到"有的偃如老妪负水，有的挺如壮士托天"，感受树的千姿百态；读到"游鱼碎石，历历可见""清清的微波，将长长的草蔓拉成一缕缕的丝，铺在河底"，感受水的清澈和平静。

2. 感受逻辑

文本中的逻辑，是指全篇各语句、各层次、各段落之间的内在关系以及它们组合的顺序、依据，作者的意图和思路等。感受逻辑是指朗读者在朗读过程中，要对文本内在的层次结构、主题等加以把握，感受文章的结构，感受对比、并列、递进、转折、主次、总分等多种关系。这种感受往往伴随着分析、归纳等思维活动，通过对关键词、重点句的把握来实现，尤其要抓住那些能体现语言脉络、层次的虚词。

【示例】

早在几千年前，我们的祖先就创造了文字。可那时候还没有纸，要记录一件事情，就用刀把文字刻在龟甲和兽骨上，或者把文字铸刻在青铜器上。后来，人们又把文字写在竹片和木片上。这些竹片、木片用绳子穿起来，就成了一册书。但是，这种书很笨重，阅读、携带、保存都很不方便。古时候用"学富五车"形容一个人学问高，是因为书多的时候需要用车来拉。再后来，有了蚕丝织成的帛，就可以在帛上写字了。帛比竹片、木片轻便，但是价钱太贵，只有少数人能用，不能普及。

朗读作品44号

（节选自新版《纲要》普通话水平测试朗读作品44号《纸的发明》）

评析："后来""再后来"表示时间顺序，"可""但是"表示转折关系，"因为"表示因果关系，把古代记录文字的工具的演变过程交代得很清楚，经过了怎样的演变，这种演变的优与劣，用转折虚词进行了对比。朗读时，这些虚词要用重音、停顿等方式表现出来，使听众能迅速感受逻辑关系。

3. 感受情感

"情动于中而行于言"，意思是说情感在心里被触动必然就会表述为语言，作者的创作正是这样的有感而发。而朗读者，是作者的"代言人"，要充分感受作者寄托在文本里的态度和情感，用心体会作者对生活的感触。同时，这种感受还要与朗读者自己的情感相通，产生共鸣，才能以真实的情感打动人，而不是"无病呻吟"。

例如《念奴娇·赤壁怀古》，上阕写景写人，表达了作者对英勇无畏、豪情满怀的英雄人物的崇敬之情。但在这豪壮激昂的基调中，也透露出作者个人的深沉忧伤。"故国神游，多情应笑我，早生华发"，表达了作者对岁月流逝、人生无常的感慨，以及对国家兴衰和个人命运的关切和忧虑。这种深沉的忧伤与豪壮激昂的情感相互交织，使整首词更加富有张力和韵味。

而文本中这种复杂的情感，该如何表现呢？朗读者可以进行情景再现，闭上眼睛，让自己的思绪飞扬，将自己置身于文本所描述的情境中。在朗读描写景的段落时，想象自己正站在那片景致之中，感受那里的气息、色彩和声音，这样，朗读者的声音就会自然而然地流露出对那片风景的热爱和向往；在朗读描写人物的段落时，朗读者可以想象自己就是那个人物，感受他的情感，理解他的想法和行为，朗读者的声音就会更加贴近人物。

（二）内在语的运用

内在语即"潜台词"，表示言外之意、话外之音，是作品文本背后更深一层的意思，也是文字所不便表露、不能表露或没有完全表露出来的语句关系或语句本质。朗读时要运用"内在语"的力量传达出文本背后的隐含意义和情感色彩。

内在语是朗读中最为微妙和复杂的技巧之一，它需要朗读者对文本有深入的理解和感悟，如诗歌《爱的唠叨》，嘴里说着"讨厌"、想感受"清净"的小男孩，其实心里正在想妈妈，文字背后是对妈妈的爱和眷念。

【示例1】

囚歌（节选）

叶挺

为人进出的门紧锁着，

为狗爬走的洞敞开着，

一个声音高叫着：

爬出来吧，给你自由！

评析："爬出来吧，给你自由！"字面意思是敌人诱惑的语言，但实际上诗人对此充满憎恶，朗读时就不能只模仿敌人的语气，而应该表达诗人的嘲讽。

【示例2】

奶奶把小女孩抱起来，搂在怀里。她们俩在光明和快乐中飞走了，越飞越高，飞到那没有寒冷、没有饥饿，也没有痛苦的地方去了。

（节选自［丹麦］安徒生《卖火柴的小女孩》）

评析：从文本表面意思来看，小女孩终于得到了温暖、幸福和快乐。但从故事的实际内容和思想主题来看，小女孩在大年夜被冻死了、饿死了，在当时的社会环境下，小女孩只有死亡才能彻底摆脱寒冷和饥饿。因此，在朗读时就得把握这种反义的内在语，读出小女孩悲惨的结局。但也要把握好情感的分寸，毕竟从字面意思看小女孩并没有死，所以要让内在语在文本表面的意思下滚动，情感的表达要做到含而不露。

（三）语气的运用

语气是在朗读者的思想感情的支配下话语的气息状态，"语"是通过声音表现出来的话语，"气"是支撑声音表现出来的话语的气息状态。语气既有内在的思想感情的色彩和分量，又有外在的快慢、高低、强弱、虚实的声音形式。前者是语气的灵魂，后者是语气的形象。在灵魂的支配下，形象发生姿态万千的变化。

也就是说，语气是情、气、声的结合体，有什么样的感情就产生什么样的气息，有什么样的气息，就有什么样的声音形式，什么样的声音形式就会表现出什么样的感情色彩。据此，可以将语气的运用归纳出十条规律，具体如表3-1所示。

表3-1 语气的变化规律

感情状态	声音形式	肢体语言
喜	气满声高：口腔似千里轻舟，气息似不绝清流	笑逐颜开
悲	气沉声缓：口腔如负重，气息如尽竭	蹙额锁眉
爱	气缓声柔：口腔宽松，气息深长	表情慈祥
憎	气足声硬：口腔紧窄，气息猛塞	咬牙切齿
疑	气细声黏：口腔欲松还紧，气息欲连还断	张嘴皱眉
急	气短声促：口腔似弓箭，飞剑流星；气息如穿梭	动作多快
冷	气少声淡：口腔松软，气息微弱	动作少淡
惧	气提声抖：口腔像冰封，气息像倒流	发抖蜷缩
怒	气粗声重：口腔如鼓，气息如椽	切齿圆睁
静	气舒声平：口腔自然放松，气息缓慢	表情平和

1. 喜则气满声高

哟！来了个人，慢慢地走近了，是一位老奶奶，没错儿，是外婆来了。真的，还抱着一个大西瓜呢！瓜瓜大声嚷嚷："外婆，我来接你——"就连蹦带跳，跑下楼去。

（节选自马光复《瓜瓜吃瓜》）

朗读时气息饱满，声音洪亮，语调上扬，给人以兴奋感。口腔要宽松，气息要通畅。

2. 悲则气沉声缓

别了，我爱的中国，我全心爱着的中国！我倚在高高的船栏上，看着船渐渐地离岸了，船和岸之间的水面渐渐地宽了，我看着许多亲友挥着帽子，挥着手，说着："再见，再见！"我听着鞭炮劈劈啪啪地响着，我的眼眶湿润了，我的眼泪已经滴在眼镜面上，镜面模糊了。我有一种说不出的感动。

（节选自郑振铎《别了，我爱的中国》）

这段文字表达了作者即将离开祖国时的依依不舍的离别深情。这里既有对祖国的爱，又有对离别的悲伤。朗读时，气息在先，出声在后。气息要低沉、断续，有些凝涩，声音要徐缓，仿佛负重，欲言又止。

3. 爱则气缓声柔

大兔子把小兔子放到用叶子铺成的床上。他低下头来，亲了亲小兔子，对他说晚安。然后他躺在小兔子的旁边，微笑着轻声地说："我爱你一直到月亮那里，再从月亮上回到这里来。"

（节选自［英］麦克布雷尼《猜猜我有多爱你》）

朗读时气息要缓慢深长，声音要温柔，出语轻软，口腔比较宽松。

4. 憎则气足声硬

瓜瓜出了门看见外婆坐在地上，连忙跑去把她搀起来，一边气呼呼地抬起脚，往西瓜皮上踩："该死的西瓜皮，哪个坏蛋扔的。"

（节选自马光复《瓜瓜吃瓜》）

朗读时要气息粗重、声音用力向下，似忍无可忍，咬牙切齿，给人以挤压感。

5. 疑则气细声黏

你真的没有去过？

语气迟疑、犹豫，气细声黏，给人踌躇感。

6. 急则气短声促

"不好，小鸟要逃走了！"冬冬张开小手，把小鸟捉住了。小鸟急得唧唧叫。

杨杨着急了，说："快放开手，小鸟会给你捏死的！"

冬冬也着急了："放开手，它逃走了怎么办？"

（节选自李其美《鸟树》）

朗读时气息要短促，声音要急迫，吐字弹射有力，出语间隙停顿短暂，给人催逼感。

7. 冷则气少声淡

可是，殊不知对于后人而言我们也是古人，一万年以后的人们也同样会嘲笑今天的我们，也许在他们看来，我们的科学观念还幼稚得很，我们的航天器在他们眼中不过是个非常简单的儿童玩具。

（节选自严春友《敬畏自然》）

朗读作品19号

这里想象后人对我们的嘲笑，声音平淡，没有激情，口腔松软无力。

8. 惧则气提声抖

噔噔噔，虎娃在楼梯上跨了三步，听见那"悉悉沙沙"的声音，呆住了。

"那是个怪东西！"小晴转过身子就逃。

"怪东西挺吓人！"兰兰转过身子，也逃了。

这一下，虎娃也害怕起来，噔噔噔，从楼梯上逃下来。

（节选自任霞苓《一亮一暗的灯》）

由于惧怕而气息高提，似乎倒流，出气强弱不匀，声音颤抖，出语不顺，给人以"衰竭感"。

9. 怒则气粗声重

有个大婶从窗口看到这个情景，马上跑出来，把狗赶开，生气地对两个男孩儿喊道："你们太不像话了！一点儿也不觉得难为情吗？"

（节选自［俄］奥谢叶娃《错在哪里》）

气息粗，如重锤击鼓，声音重，造成震动感。发音器官力度加大，气息纵放不收。

10. 静则气舒声平

观众像着了魔一样，忽然变得鸦雀无声。他们看得入了神。

（节选自叶君健《看戏》）

朗读时轻轻送气，声音平稳稍慢，似乎怕打破这种静。

以上十条规律并不能囊括语气运用的全部，因为语气在朗读中是千变万化的，运用时也是相互交错的，同时还要注意语气的虚实变化。

【示例】

他蓦地抽回手去，深深地吸了一口气，用尽所有的力气举起手来，直指着正北方向，"好、好同志……你……你把它带给……"

（节选自王愿坚《七根火柴》）

评析：这句话是长征中一位红军战士临终前用尽最后一口气说出来的。朗读时，感情是悲壮的，气息是短促的，声音是虚弱的、断续的。最后一句的语气可以这样处理："实声"停留在"它"字上，"带给"两字用气息托出来的"虚声"吐出。

总之，语气的运用是语言表达中的重要技巧之一，需要根据具体的语境和情境进行选择和调整，增强语言表达的效果和感染力。

💡 同步训练

1. 说说下面两首词形象的不同。

天净沙·秋思

马致远

枯藤老树昏鸦，小桥流水人家，古道西风瘦马。夕阳西下，断肠人在天涯。

天净沙·秋

白朴

孤村落日残霞，轻烟老树寒鸦，一点飞鸿影下。青山绿水，白草红叶黄花。

2. 朗读下列句子，感受语句逻辑。

（1）主教练郎平坐在场外长椅上，目不转睛地注视着跟随助理教练们做热身运动的队员们，她身边的座位上则横七竖八地堆放着女排姑娘们的各式用品：水、护具、背包，以及各种外行人叫不出名字的东西。不远的墙上悬挂着一面鲜艳的国旗，国旗两侧是"顽强拼搏"和"为国争光"两条红底黄字的横幅，格外醒目。

朗读作品49号

（节选自宋元明《走下领奖台，一切从零开始》）

（2）当时的读书人，都忙着追求科举功名，抱着"十年寒窗无人问，一举成名天下知"的观念，埋头于经书之中。徐霞客却卓尔不群，醉心于古今史籍及地志、山海图经的收集和研读。他发现此类书籍很少，记述简略且多有相互矛盾之处，于是他立下雄心壮志，要走遍天下，亲自考察。

朗读作品43号

（节选自《阅读大地的徐霞客》）

3. 结合下文进行内部表达技巧训练。

十渡游趣（节选）

刘延

仲夏，朋友相邀游十渡。在城里住久了，一旦进入山水之间，竟有一种生命复苏的快感。

下车后，我们舍弃了大路，挑选了一条半隐半现在庄稼地里的小径，弯弯绕绕地来到了十渡渡口。夕阳下的拒马河慷慨地撒出一片散金碎玉，对我们表示欢迎。

朗读作品29号

岸边山崖上刀斧痕犹存的崎岖小道，高低凸凹，虽没有"难于上青天"的险恶，却也有踏空了滚到拒马河洗澡的风险。狭窄处只能手扶岩石贴壁而行。当"东坡草堂"几个红漆大字赫然出现在前方岩壁时，一座镶嵌在岩崖间的石砌茅草屋同时跃进眼底。草屋被几级石梯托得高高的，屋下俯瞰着一湾河水，屋前顺山势辟出了一片空地，算是院落吧！右侧有一小小的蘑菇形的凉亭，内设石桌石凳，亭顶褐黄色的茅草像流苏般向下垂泻，把现实和童话串成了一体。草屋的构思者最精彩的一笔，是设在院落边沿的柴门和篱笆，走近这儿，便有了"花径不曾缘客扫，蓬门今始为君开"的意思。

当我们重登凉亭时，远处的蝙蝠山已在夜色下化为剪影，好像就要展翅扑来。拒马河趁人们看不清它的容貌时豁开了嗓门儿韵味十足地唱呢！偶有不安分的小鱼儿和青蛙蹦跳//成声，像是为了强化这夜曲的节奏。

（选自新版《纲要》普通话水平测试用朗读作品29号）

三、外部表达技巧训练

朗读要想获得成功，除了准确理解作品、重视内心感受、发挥联想想象之外，还依托于重音、停连、语速、语调等外部表达技巧，将作品的情感和意义用声音展现出来，从而使听众受到教育，获得美的享受。

 知识拓展

常用的朗读符号

朗读者在分析、体味文字作品的准备工作中，为了清楚、准确地表达作品的中心思想和更好地实现朗读目的，往往在文字中做些标记，以提醒自己注意。我们把这些标记称作"朗读符号"。朗读符号不像标点符号那样，有着统一的标准。常用的朗读符号如表3-2所示。

表3-2　常用的朗读符号

朗读符号	表示的意义
/	用于句子中没有标点的地方，短暂停顿，不换气
//	用于有标点的地方，较长时间的停顿，换气或不换气
∨	表示换气
···	表示重音，读的时候饱满有力
—	表示轻声，读的时候声音放慢、放低
<	渐强，读的时候声音逐渐增大、增强
>	渐弱，读的时候声音逐渐变小、减弱
⌒	连音，用于有标点的地方，缩短停顿，连贯而迅速
↗	上扬音，表示由低平转为高昂
↘	下沉音，表示由高昂转为低平
→	表示平稳，无显著高低变化
—	保持音，尾音拉长
▲	表示顿音，短促有力，富有弹跳性
～～	表示波音、颤音

（一）重音

朗读时是有轻重的，如词语的轻重格式，具有区别词意的作用，而语句中那些为了使听众更加迅速、准确地把握作品的内容和思想感情，突出强调的字、词、短语，叫重音。使用重音，可以使语意更加明晰、逻辑更加严密、感情更加鲜明。

1. 重音的分类

（1）语法重音：按句子的语法规律重读的音。其特点是：根据句子的语法结构确定；位置比较固定；无特别强调色彩。

一般来说，句子的主、谓、宾、定、状、补等语法成分要读重音。朗读时不必过分强调，只要读得重些就好。

你们瞧，春雨洒在桃树上，桃树红了！（突出谓语）

他去北京了。（突出宾语）

井冈山的竹子，是革命的竹子。（突出定语）

春天是多么美丽啊！（突出状语）

肥皂汽车把所有的道路擦洗得干干净净。（突出补语）

他什么都知道了。（突出主语）

幼儿园的大门口，有一颗痒痒树。（突出宾语）

那是我的书。（突出主语）

（2）逻辑重音：也称强调重音，根据朗读说话的内容和重点确定。其特点是：为了突出强调语意重点；无固定位置；随说话环境而变；由说话人的意愿而定。

读下面句子，体会重音位置的变化对语意的影响。

一只小鹿跑了过来。（是一只，不是两只、多只）

一只小鹿跑了过来。（是一只，不是一群）

一只小鹿跑了过来。（是小鹿，不是大鹿）

一只小鹿跑了过来。（是小鹿，不是小熊）

一只小鹿跑了过来。（跑过来，不是跳过来）

一只小鹿跑了过来。（是过来，不是过去）

所以，逻辑重音在语句中没有固定的格式，需要在理解感受文本内容和情感的基础上，根据语句目的确定位置，有时它与语法重音重合，有时又是不一致的。如果不一致，语法重音则要服从于逻辑重音。

燕子去了，有再来的时候；杨柳枯了，有再青的时候；桃花谢了，有再开的时候。（节选自朱自清《匆匆》）

于是，我还想从大山那里学习深刻，我还想从大海那里学习勇敢，我还想从大漠那里学习沉着，我还想从森林那里学习机敏。（节选自汪国真《我喜欢出发》）

从他们的房前屋后走过，你肯定会瞧见一只母鸡，率领一群小鸡，在竹林中觅食；或是瞧见竖着尾巴的雄鸡，在场地上大踏步地走来走去。（节选自陈醉云《乡下人家》）

我仿佛听见几只鸟扑翅的声音，但是等到我的眼睛注意地看那时，我却看不见一只鸟的影子。只有无数的树根立在地上，像许多根木桩。（节选自巴金《鸟的天堂》）

这个创造性的设计，不但节约了石料，减轻了桥身的重量，而且在河水暴涨的时候，还可以增加桥洞的过水量，减轻洪水对桥身的冲击。（节选自茅以升《中国石拱桥》）

一路从山脚往上爬，细看山景，我觉得挂在眼前的不是五岳独尊的泰山，却像一幅规模惊人的青绿山水画，从下面倒展开来。（节选自杨朔《泰山极顶》）

朗读作品37号

以上各句的重音位置，虽然不固定，但往往会强调对比、排比、并列、递进、转折、反复、夸张等逻辑关系或修辞手法，从而更加突出语句表达目的。

（3）感情重音：根据强烈的感情或细微的心理来安排。感情重音可以使朗读色彩丰富，充满生气，有较强的感染力，大部分出现在表现内心节奏强烈、情绪激动的地方。

你怎么这么糊涂！他只不过用笔写写文章，用嘴说说话，而他所写的，所说的，都无非是一个没有失掉良心的中国人的话！大家都有一支笔，有一张嘴，有什么理由拿出来讲啊！有事实拿出来说啊！（闻一多先生的声音很激动）

无论什么季节的雨，我都喜欢。（"无论……都"关联词语重读，表明这种喜欢是没有任何条件的）

而夏天，就更是别有一番风情了。（"更是"强调夏天的雨别有一番风情）

2. 重音的表达方式

重音是用改变音强和音长的方法来突出强调某些词语，但它并不是简单的"加重声音"。它可以有多种表达方式，重读慢读或拖长轻读，还可以快中有慢，虚实互转，前后顿歇，强弱互换，高低相间。总之，在对比中突出重音，起到强调的作用，同时处理好重音和次重音、非重音的关系。

（1）加大音量，重音重读。

狮子对狐狸说："你要好好干啊。"

我是一只小猪，还是一只不快乐的小猪。

（2）拖长音节，重音慢读。

明天可以睡个大懒觉。

小兔子穿上它，就像一个胖娃娃。

（3）一字一顿，前后停歇。

你还要出去？我——不——同——意！

小羊吃了一惊，温和地说："亲爱的狼先生，我怎么会把您喝的水弄脏呢？您站在上游，水是从您那儿流到我这儿来的，不是从我这儿流到您那儿去的。"

（4）夸大调值，重音高读。

大家晚上好！

（5）减小音量，重音轻念。

轻轻地我走了，正如我轻轻地来。

通常表现敬重、激愤、刚强、喜悦、惊慌、狂怒等情感，可用重音重读；表现慈爱、怀念、温柔、体贴、缠绵、幸福等情感，可用重音轻念。当然这并不绝对，几种表达方法是相互联系的，很少单独使用，往往依据思想感情的变化，自然而然地表现重音。同时，一句话中重音不宜过多，过多会伤害文意，破坏语言的自然流畅。

💡 同步训练

1. 确定下列句子的重音，并恰当表达。

   （1）霎时，潮头奔腾西去，可是余波还在漫天卷地般涌来，江面上依旧风号浪吼。

   （2）曾经的辉煌、骄傲、胜利，在踏入这间场馆的瞬间全部归零。

2. 对《我的"自白书"》进行重音设计，标注朗读符号并朗读。

我的"自白书"

陈然

任脚下响着沉重的脚镣，
任你把皮鞭举得高高，
我不需要什么自白，
哪怕胸口对着带血的刺刀！
人，不能低下高贵的头，
只有怕死鬼才祈求"自由"；
毒刑拷打算得了什么！
死亡也无法叫我开口！

对着死亡我放声大笑，
魔鬼的宫殿在笑声中动摇；
这就是我——
一个共产党员的自白，
高唱凯歌埋葬蒋家王朝。

（重音重读用"．"，轻读用"＿"，慢读用"⌒"）

（二）停连

朗读的时候，语言的层次之间、段落之间、语句之间、词组或词语之间，总有休止、中断的地方，时间有长有短，都属于停顿。那些不停、不中断的地方，特别是有标点符号也不停、不中断的地方，就是连接。

我国古人就明白语句停顿的重要性，留下这样一个故事：有位书生到亲戚家串门，顷刻间外面就下起了大雨，这时天色将晚，他打算住下来。但这位亲戚并不乐意，于是就在纸上写了一句话"下雨天留客天留我不留"。书生看了，立刻明白了亲戚的意思，却又不想明说，心想一不做二不休，干脆加几个标点，变成"下雨天，留客天，留我不？留！"亲戚一看，这句话的意思完全反了，但也无话可说，只好给书生安排了住宿。

所以，停连是调节气息的需要，也是表情达意的需要。声音中断处是停顿，声音延续处是连接。停连也不是机械任意的，往往是停中有连、连中有停，停在佳处、连在妙处。

1. 停顿

（1）语法停顿，又称自然停顿，是按照作品的结构，在标题、段落、层次、语句、词语之间进行的停顿。

一般情况下，标题后面要停顿得长一些；一个段落结束了，需要停顿；一层意思讲完了，需要停顿，段落＞层次＞句子＞词组＞字词；句子的主谓之间、动宾之间、修饰语和中心语之间都可以停顿。但一个词中间是不能停顿的，如"新疆代表团长途跋涉来到北京"，念成"新疆代表团长，途跋涉来到北京"，就把意思搞错了。还有一种是标点符号的停顿，顿号＜逗号＜分号、冒号、破折号＜句号、问号、惊叹号、省略号。

小猪/高兴极了，立刻跑回家。（主谓之间）

小雨点儿，从云娃娃的船上/一个跟着一个/勇敢地/跳下来。（状语和中心语之间）

高老鼠/和矮老鼠是一对好朋友。（并列成分之间）

句子内部的停顿一般能注意，容易忽略的是句子、段落、层次之间的距离，这很关键，尤其是段落之间的停顿，可以给人以回味、想象的空间，更好地传情达意。

【示例】

森林，是地球生态系统的主体，是大自然的总调度室，是地球的绿色之肺。//森林维护地球生态环境的这种"能吞能吐"的特殊功能/是其他任何物体都不能取代的。然而，由于地球上的燃烧物增多，二氧化碳的排放量急剧增加，使得地球生态环境急剧恶化，主要表现为全球气候变暖，水分蒸发加快，改变了气流的循环，使气候变化加剧，从而引发热浪、飓风、暴雨、洪涝及干旱。

朗读作品24号

（节选自《"能吞能吐"的森林》）

评析：这段的第一句是总述，停顿换气。第二句和第三句是转折关系，停顿不宜过长。

（2）逻辑停顿，为了强调某一事物或突出某种语意所做的停顿。逻辑停顿没有固定的位置，因文而异，因人而异，由说话人的意图而定；但要自然、合理、恰当，不能破坏意群的完整。

二乘以三加五等于多少。

我同意他也同意你怎么样。

最贵的一项值一千元。

（3）感情停顿，又称心理停顿，表示因微妙和复杂的心理感受而停顿。也就是说，逻辑停顿为理智服务，感情停顿为感情服务。

盼望着，盼望着，东风来了，春天的脚步/近了。

（节选自朱自清《春》）

朗读作品2号

虽然只有短短几个字，但在"近"的前面停顿，表达了一种"近乡情更怯"的急切而又害羞的心理。

第二天寒冷的早晨，这个穷苦的女孩坐在墙角里，两腮通红，嘴上带着微笑。她/死/了，在旧年的大年夜冻/死/了……

（节选自［丹麦］安徒生《卖火柴的小女孩》）

这句中增加的几处停顿，表达了一种特殊的语意和情感，是对小女孩之死的惋惜，也是对那个社会的憎恶。

除以上三种停顿外，还有一种诗词的节奏停顿。诵读古诗词，务必用停顿来表述音调，以提升韵律感。

北国/风光，千里/冰封，万里/雪飘。望/长城内外，惟余/莽莽；大河/上下，顿失/滔滔。山舞/银蛇，原驰/蜡像，欲与/天公/试比高。须/晴日，看/红装素裹，分外/妖娆。

（节选自毛泽东《沁园春·雪》）

2. 连接

运用停顿的时候，要声断、气不断、情不断。停顿不是中断，只是声音的消失，气流与感情是紧密联系的，有停就有连，而且激烈、紧张的情况下需要连接。所以，连接就是在书面上标有停顿的地方赶快连起来，不换气、不偷气，一气呵成。

可小鸟憔悴了，给水，⌒不喝，喂肉，⌒不吃！油亮的羽毛/失去了光泽。

桃树、杏树、梨树，你不让我，⌒我不让你，都开满了花赶趟儿。

狐狸先生，⌒狐狸先生，快打开你的口袋吧！

"每天的太阳是您的，晚霞是您的，⌒健康是您的，⌒安全/也是您的。"

倒不是四岁时/读母亲给我的/商务印书馆出版的/国文教科书第一册的/"天、⌒地、⌒日、⌒月、山、⌒水、⌒土、⌒木"以后的那几册，//而是七岁时开始自己读的/"话说天下大势，⌒分久必合，⌒合久必分……"的/《三国演义》。（节选自冰心《忆读书》）

朗读作品42号

最后一句比较长，要留有换气的时间，就要在句子中间停顿，但是"话说天下大势，分久必合，合久必分"作为一个修饰语则要连接上。

总之，为了准确表达语意和情感，在有标点的地方连接，在没有标点的地方停顿，停连才是有声语言真正的"标点符号"。

💡 同步训练

1. 为下列语句设计停连，并恰当表达。

（1）在闽西南和粤东北的崇山峻岭中，点缀着数以千计的圆形围屋或土楼，这就是被誉为"世界民居奇葩"的客家民居。（节选自张宇生《世界民居奇葩》）

朗读作品30号

（2）假山的堆叠，可以说是一项艺术而不仅是技术。或者是重峦叠嶂，或者是几座小山配合着竹子花木，全在乎设计者和匠师们生平多阅历，胸中有丘壑，才能使游览者攀登的时候忘却苏州城市，只觉得身在山间。（节选自叶圣陶《苏州园林》）

（3）春天，我将要住在杭州。二十年前，旧历的二月初，在西湖我看见了嫩柳与菜花，碧浪与翠竹。由我看到的那点儿春光，已经可以断定，杭州的春天必定会教人整天生活在诗与图画之中。所以，春天我的家应当是在杭州。（节选自老舍《"住"的梦》）

朗读作品48号

2. 为诗歌《在山的那边（节选）》设计停连，并朗读。

在山的那边（节选）

王家新

小时候，我常伏在窗口痴想——
山那边是什么呢？
妈妈给我说过：海
哦，山那边是海吗？
于是，怀着一种隐秘的想望
有一天我终于爬上了那个山顶
可是，我却几乎是哭着回来了——
在山的那边，依然是山
山那边的山啊，铁青着脸
给我的幻想打了一个零分！
妈妈，那个海呢？

（三）语速

有位意大利的音乐家，他上台不是唱歌，而是把数字有节奏的、有变化的从1数到100，结果感染了所有的观众，有的甚至感动得流下了眼泪，可见节奏在生活中是多么重要。

节奏与语速有关系，但又不是一回事，语速表示说话的快慢，节奏还包括起伏、强弱。而语速的快慢是语言节奏的主要标志。该快的时候快，该慢的时候慢，该起的时候起，这样有起伏、有快慢、有轻重，才形成了口语的乐感。

1. 语速的运用

（1）急剧变化发展的场面宜用快读；平静、严肃的场面宜用慢读。

【示例】

海在我们脚下沉吟着，诗人一般。那声音仿佛是朦胧的月光和玫瑰的晨雾那样温柔；又像是情人的蜜语那样芳醇；低低地，轻轻地，像微风指过琴弦；像落花飘零在水上。

海睡熟了。

大小的岛拥抱着，偎依着，也静静地恍惚入了梦乡。

……

海终于愤怒了。它咆哮着，猛烈地冲向岸边袭击过来，冲进了岩石的罅隙里，又拨刺着岩石的壁垒。

音响就越大了。战鼓声，金锣声，呐喊声，叫号声，啼哭声，马蹄声，车轮声，机翼声，掺杂在一起，像千军万马混战了起来。

（节选自鲁彦《听潮》）

评析：《听潮》选段前半段是平静、静谧的，语速缓慢，越来越慢，声音由实变虚；后半段急剧变化，声音坚实，语速越来越快，音量渐高，多用连接。

（2）紧张、焦急、慌乱、热烈、欢畅的心情快读；沉重、悲痛、缅怀、悼念、失望的心情慢读。

【示例】

她猛然喊了一声。脖子上的钻石项链没有了。

她丈夫已经脱了一半衣服，就问："什么事情？"

她吓昏了，转身向着他说："我……我……我丢了佛来思节夫人的项链了。"

他惊慌失措地直起身子，说："什么！怎么啦……哪儿会有这样的事！"

（节选自［法］莫泊桑《项链》）

评析：女主人公的"我……我……我丢了佛来思节夫人的项链了"的语速变化是断断续续的，这表明她非常惊慌，以致无法流畅地说出话来，整体语速快且短促；男主人公的"什么事情"语速正常，还没有慌乱，"什么！怎么啦……哪儿会有这样的事"的语速是先快后慢，一开始的"什么"显示了他瞬间的震惊和困惑，语速快而响亮，然后，他的语气转为疑惑和困惑，"怎么啦……哪儿会有这样的事"这部分的语速变慢，显示出他正在试图理解和消化这个突如其来的消息。

（3）辩论、争吵、急呼，宜用快读；闲谈、絮语，宜用慢读。

【示例】

周：梅家的一个年轻小姐，很贤惠，也很规矩。有一天夜里，突然地投水死了。后来，后来——你知道吗？（慢速。周朴园故做与鲁侍萍闲谈状，以便探听一些情况）

鲁：这个梅姑娘倒是有一天晚上跳的河，可是不是一个，她手里抱着一个刚生下三天的男孩，听人说她生前是不规矩的。（慢速，鲁侍萍回忆悲哀的往事，又想竭力抑制怨愤，以免周朴园认出）

鲁：我前几天还见着她！（中速）

周：什么？她就在这儿？此地？（快速。表现周朴园的吃惊与紧张）

鲁：老爷，您想见一见她么？（慢速。鲁侍萍成心试探）

周：不，不，不用。（快速。表现周朴园的慌乱与心虚）

周：我看过去的事不必再提了吧。（中速）

鲁：我要提，我要提，我闷了三十年了！（快速，表现鲁侍萍极度的悲愤以致几乎喊叫）

（节选自曹禺《雷雨》）

（4）抨击、斥责、控诉、雄辩，宜用快读；一般的记叙、说明、追忆，宜用中速。

【示例】

狼来到小溪边，看见小羊在那儿喝水。

狼很想吃小羊，就故意找碴儿，说："你把我喝的水弄脏了！你安的什么心？"

小羊吃了一惊，温和地说："亲爱的狼先生，我怎么会把您喝的水弄脏呢？您在上游，我在下游，水是不会倒流的呀！"

狼气冲冲地说："就算这样吧，你总是个坏家伙！我听说，去年你经常在背地里骂我，是不是？"

可怜的小羊喊道："啊，这是不可能的，去年我还没出生呢！"

狼不想再争辩了，大声喊道："你这个小坏蛋！骂我的不是你就是你爸爸，反正都一样！"说着，就往小羊身上扑去……

（寓言《狼和小羊》）

评析：狼初次出现低沉缓慢，但充满了威胁和恶意，"你安的什么心"；攻击小羊时，语速加快，显得更加凶狠和迫不及待，"就算这样吧，你总是个坏家伙"，再到"你这个小坏蛋"，语速更快，表现出狼的不耐烦。小羊初次出现时是平缓的，然后语速加快，带点颤抖，表现出小羊的惊慌和绝望。

2. 节奏的运用

节奏一般分为轻快型、凝重型、低沉型、高亢型、舒缓型、紧张型六种。

（1）轻快型——多扬少抑，轻巧明丽。轻快型节奏是最常见的，语速较快，多轻少重，有跳跃感，情感表现轻松、愉快，如朗读作品《北京的春节》《春》《我的老师》等。

朗读作品34号

（2）凝重型——多抑少扬，平稳有力。语速较慢，多重少轻，语势较平稳，声音适中，既不高亢也不显低沉，节奏听起来一字千钧，句句着力，如朗读作品《匆匆》《中国的牛》等。

（3）低沉型——多抑少扬，低缓暗沉。语势多为落潮下行，句尾落点多显沉重，语速缓慢，语气压抑，声音低缓、沉闷。多用于悲伤、怀念的情感，如朗读《一月的哀思》《卖火柴的小女孩》等。

（4）高亢型——多扬少抑，强劲有力。语势多为起潮上行，语速较快，语气昂扬积极，声音明亮高亢，强而有力，起伏较大。鼓动性强的演说、叙述一件重大的事件、宣布重要决定及使人激动的事都可以运用这种节奏型，如朗读《囚歌》《观潮》等。

朗读作品11号

（5）舒缓型——语势平缓，轻松舒展。语气较为舒展，语速较缓，气息深长，没有大起大伏，轻松明亮，音柔不着力，多描绘幽静场面、优美景色及舒展情怀，如朗读《大自然的语言》《十渡游趣》等。

朗读作品6号

（6）紧张型——多重少轻，气促声急。语势多扬少抑，多重少轻，语速快，语气较急促、迫切，声音不一定很高，但语流较快，不延长停顿，如朗读屠格涅夫的《麻雀》等。

语速的快慢、节奏的变化都服务于文本的基调，不能有任何随意性。而且，快与慢、扬与抑、轻与重都不是一成不变、简单机械的，充满了艺术性，需要在朗读实践中不断研究与总结。

💡 同步训练

朗读幼儿诗《我只能是一个小孩子吗》，注意语速节奏的变化。

我只能是一个小孩子吗

杜虹

妈妈，我只能是一个小孩子吗？
我要是一只小鸟，
就从海面上飞到雪山，
捧一朵浪花送给你。
捧一片雪花送给你。

我要是一棵小树，
就呼呼呼地长到天上，
摘一缕彩霞送给你，
摘一颗星星送给你。

我要是一朵金盏菊，
就一年四季开在你的书桌，
留一束阳光送给你，
留一个春天送给你。

可是，我只能是一个小孩子呀，
我只能每天对你说：
妈妈我爱你。

（四）语调

在汉语中，字有字调，句有句调。我们通常称字调为声调，指音节的高低升降。而语句上下升降的语流变化，称为句调，也称语调。

一句话的高低升降常常表现在最后一个音节上（句末如果是语气词或轻声字，就表现在倒数第二个音节上），一般可分为平直调、上扬调、降抑调、曲折调四类，简称平、升、降、曲。如：

你好。（→平调，表示客观的认可）

你好？（↗升调，表示怀疑）

你好！（↘降调，表示肯定、赞赏）

你好！（↘↗曲调，表示讽刺、挖苦）

（1）平直调（→），语势平稳舒缓，没有明显的升降变化，用于不带特殊感情的陈述和说明，还可表述庄重、严肃、回忆、思索的情形，表现平静、闲适、忍耐、犹豫等心理。

雨是最寻常的，一下就是三两天。（叙述，说明）

灵车缓缓地前进，牵动着千万人的心。（庄重）

你爱怎么干就怎么干吧。（冷淡）

这个问题，我再想想。（思索，迟疑）

（2）上扬调（↗），前低后高，句末语势上升。多用于疑问、反问，或某些感叹句。适用于提问、鼓动、号召、申斥等场合，表达激昂、亢奋、惊异、愤怒等情绪。

这个故事怎能不使我感动地流泪呢？（反问）

大家赶快行动起来吧！（号召）

都别动！（命令）

一谈到读书，我的话就多了！（兴奋）

（3）降抑调（↘），前高后低，语势渐降。多用于感叹，也可用于陈述句、祈使句，表示请求、命令、祝愿等内容，表现坚决、自信、肯定、夸奖、赞美、悲痛、沉重等情感。

勇士们，我将加入你们的队伍。（坚决）

孩子们是多么善于观察这一点啊。（感叹）

你就别说了！（请求）

只有徘徊罢了，只有匆匆罢了。（沉重）

蛤蟆小姐吓了一跳："原来我这么丑啊……"（伤心）

（4）曲折调（↗↘或↘↗）。全句语调弯曲，或先升后降，或先降后升，或升降升，或降升降，往往把句中需要突出的词语拖长念，用于语意双关、言外之意、幽默含蓄、意外惊奇、有意夸张等地方，表示反语、惊讶、怀疑、厌恶、嘲讽、轻蔑等语气。

苏州园林可绝不讲究对称，好像故意避免似的。（有意夸张）

只有怕死鬼才祈求"自由"！（申斥、愤怒）

你好，你比谁都好。（讽刺，怀疑）

啊，这次我又输了！（意外）

狮子嘲笑道："真是笑话，本大王力大无比，还会需要你的帮助？快滚吧，滚得远远儿的，别让我再看到你！"（轻蔑）

在朗读过程中，往往不只是句子末尾有变化，整句话的语调都会随着语情、语势而出现起伏，四种语调变化也不是孤立的，而是交错进行的，进而表现出整个语流的千差万别。如：

天冷极了，↗↘下着雪，↘↗又快黑了。↗↘

寥寥数语，营造了一个典型环境，为小女孩的悲惨命运埋下伏笔。朗读时，"冷""雪""黑"最能让人产生联想，透过这些词语，仿佛看到了雪花、天黑，产生冷的感觉，从而形成内心视觉形象。同时，为了突出环境的寒冷可怕，语调先扬后抑，波动很大，语速缓慢，声音低沉。

此外，语调还和语气息息相关。只有语气的千变万化，才有语调的丰富多彩。

知识拓展

提高朗读表现力的用气小技巧

用气技巧主要包括气音、抽气、喷口、托气、笑语、颤音、模拟等。

气音：一种有关"叹"的修饰用气。吸气时放慢速度，加强深度，吐字时，除实音外，可伴随一定的气音、虚音，将气很舒展地呼出。

抽气：一种表现人物异常激动心情的修饰用气。吸气时有意识地吸出声来，使听众有一种气息很重、很强的感觉。

喷口：一种无法控制而需要突然爆发的修饰用气。先将口腔里的气息蓄足，而后忽然很有力量地喷射而出。运用喷口技巧可大大加强言语的力度，强化感情色彩。

托气：一种极力控制某种情感的修饰用气。在吸气时，有意识将气息控制住，然后慢慢用气息将言语托出。

笑语：一种带有弹动的用气方法。口腔、喉、胸要放松，小腹膈肌来弹动，气息直射打软腭，随之发出"哈""哼""嘿"等笑语，以表示快乐或讥讽、嘲笑、鄙视、蔑视等。

颤音：一种带有颤抖的用气方法。吸气有如在抖气，呼气同样要颤抖，小腹软腭部位都痉挛。这种用气的方法可表现异常激动、十分悲痛、委屈、难过等心情。运用这种技巧时，既要注意情感的表达，也要注意言语的清晰度。不能只听到颤抖，而听不到声音。

模拟：就是以情带声地模仿各种音响和腔调。这样可以启发听众的联想，提高效果，增强生动性，给听众以形象逼真的感觉。但要注意保持自己的音色，即声音的个性；还要注意如要转述高声呼喊的话或一种动物可怕的叫喊声时，可用略带夸张的声音，不必完全逼真，传达出那种情境就行了。

同步训练

根据提示朗读《囚歌》，体会语气语调的变化。

囚歌

叶挺

为人进出的门/紧锁着，（→平调，冷眼相看）

为狗爬出的洞/敞开着（→曲调）

一个声音高叫着：（↘↗曲调，嘲讽）

——爬出来吧，给你自由！（↗↘）曲调，表面诱惑、内心憎恶）

我渴望自由，（→，庄严）
但我深深地知道——（→平调）
人的身躯怎能从狗洞子里爬出！（↗升调，蔑视、愤慨、还击）
我希望有一天（→平调）
地下的烈火，（↗稍向上扬，语意未完）
将我连这活棺材一齐烧掉（↗↘曲调，毫不犹豫）
我应该在烈火与热血中得到永生！（↘降调，沉着、坚毅、充满自信）

说到底，朗读，是把书面语言转化成有声语言的一种再创作，必须在理解书面语言的基础上进行。因此，必须重视书面语言本身的形象，以及语言含而不露的"内在语"的视像，然后掌握和运用各种技巧提升表达效果，为听众带来更加精彩和有感染力的朗读体验。

四、各种文体的朗读

明确了朗读的基本要求，掌握了朗读的基本技巧，这只是朗读的初级阶段；作为一名教师还须抓住各类不同文体的朗读特点，形成多样化的风格，以期达到朗读的高水准阶段。

（一）议论文体

议论文体，作者常常用精辟的理论和明白的事实，用严密的逻辑和凝练的语言，阐述个人的观点和主张。其态度鲜明，文笔犀利。朗读时，要把握文章内在的逻辑关系，理清作者的思路，读得从容、肯定、自然、平实，让听者能感受到字里行间的逻辑力量，以强化其雄辩及理性的感染力。

（二）抒情文体

抒情文体一般指散文和诗歌。
（1）诗歌的朗读要体现"诗言志"，把那些表现深邃意境和鲜明形象的字、词、句，通过有声语言的再创造，鲜活地展现在听者面前。还要注意体现诗歌所特有的韵律，各个诗行末尾的语调，要服从诗意和诗行的组织关系，合理安排升降调配。
幼儿教师主要接触的诗歌文体是儿歌和幼儿诗，在后面的章节再讨论。
（2）散文形式自由，其抒情方式有时是直接抒情，有时是间接抒情。朗读直接抒情的作品，要在把握全文感情基调的同时，突出重点语句。

【示例】

少年中国说（节选）
[清] 梁启超

故今日之责任，不在他人，而全在我少年。少年智则国智，少年富则国富，少年强则国强，少年独立则国独立，少年自由则国自由，少年进步则国进步，少年胜于欧洲，则国胜于欧洲，少年雄于地球，则国雄于地球。红日初升，其道大光；河出伏流，一泻汪洋；潜龙腾渊，鳞爪飞扬；乳虎啸谷，百兽震惶；鹰隼试翼，风尘翕张；奇花初胎，矞矞皇皇；干将发硎（gān jiāng fā xíng），有作其芒；天戴其苍，地履其黄；纵有千古，横有八荒；前途似海，来日方长。美哉，我少年中国，与天不老！壮哉，我中国少年，与国无疆！

评析：全文应以高亢激昂的语调为主，展现出对少年的热切期盼。重音多重读，有意夸张。首句总领，定下基调，重读"少年"；语调多扬少抑，节奏方面稍慢，排比句式用快慢相间、高低起伏的变化表现出情感的波澜，四字语句节奏由慢缓缓加快，到纵横放缓，"来日方长"拖长读；最后"美""壮"一虚一实，突出点题语句，将情感推向最高潮。

（三）记叙文体

记叙文体的朗读，要抓住文章脉络，突出语言的清晰明了、生动形象。人物语言，尤其是对话，要按人物性格、年龄、职业以及当时的心理状态等来再现典型环境中的典型人物性格。但不可改变自己的本来音色，刻意去扮演角色。一定要有分寸感，既不能过于呆板，又不能过于夸张。朗读描写部分，要注意运用形象感受，展开联想，对于那些能让人产生联想的实词，可以用重音加以突出，这样能让听者也受到感染，如临其境。

例如：《普通话水平测试用朗读作品》28号《人生如下棋》中，"我"和父亲的动作、语言、神态、心理等，都要求朗读者在朗读时认真体会，用生动形象的语言，再现出来。

朗读作品28号

（四）说明文体

说明文体的朗读，要突出其说明性、知识性、科学性、准确性，对作品中关键性的词语、句子主要运用停连、重音加以突出强调。

【示例】

我们知道，水是生物的重要组成部分，许多动物组织的含水量在百分之八十以上，而一些海洋生物的含水量高达百分之九十五。水是新陈代谢的重要媒介，没有它，体内的一系列生理和生物化学反应就无法进行，生命也就停止。因此，在短时期内动物缺水要比缺少食物更加危险。水对今天的生命是如此重要，它对脆弱的原始生命，更是举足轻重了。生命在海洋里诞生，就不会有缺水之忧。

朗读作品14号

（节选自童裳亮《海洋与生命》）

评析："水"是这段内容的主旨，所以"重要""高达""更加""如此重要""举足轻重"这些词语要重读，突出水重要的程度；数据要慢读，读得清晰不含糊；"一系列""脆弱"代表说明文用词的严谨，"就""也就""因此"等词表逻辑关系，要突出。

📝 思考与练习

1. 开始朗读前要做好哪些准备？
2. 说说有哪些朗读技巧。
3. 分析《普通话水平测试用朗读作品》的文体，讨论不同的朗读风格。
4. 熟读《普通话水平测试用朗读作品》，做到每一篇都发音规范、准确清晰、自然流畅，恰当地运用朗读的技能技巧。
5. 诗文训练。

将就酒

［唐］李白

君不见，黄河之水天上来，奔流到海不复回。
君不见，高堂明镜悲白发，朝如青丝暮成雪。
人生得意须尽欢，莫使金樽空对月。
天生我材必有用，千金散尽还复来。

烹羊宰牛且为乐，会须一饮三百杯。
岑夫子，丹丘生，将进酒，杯莫停。
与君歌一曲，请君为我倾耳听。
钟鼓馔玉不足贵，但愿长醉不复醒。
古来圣贤皆寂寞，惟有饮者留其名。
陈王昔时宴平乐，斗酒十千恣欢谑。
主人何为言少钱，径须沽取对君酌。
五花马，千金裘，呼儿将出换美酒，与尔同销万古愁。

捞月网

文/［美］谢尔·希尔弗斯坦　译/叶硕

我自己做了张捞月网，
准备今晚捉月亮。
我边跑边把它舞过头，
要抓那个大光球。

如果你明晚没看到
圆圆的月亮在天上。
那一定是我捉到了它
把它装进我的捞月网。

如果月亮还在放光明，
你瞧瞧月亮下面会看清，
我正在天空把秋千荡，
一颗星星进了我的捞月网。

猜名字

圣野

一次，我问一位小朋友："你叫啥？"
小朋友回答："我不告诉你。"
我说："你不说，我也能猜得出。"
小朋友奇怪地说："你说说。"
"你叫小弟弟。"
小朋友说："让你猜对了。你叫啥？"
"我也不告诉你。"
小朋友得意地说："不说我也能猜得出，你叫老公公！"
我说："让你猜对了！"
小朋友眼睛眨一眨，头一抬又说："我知道你有很多名字。"
我说："你说给我听听。"
"在妈妈怀里吃奶，你叫小宝宝；在幼儿园里，你叫小弟弟；上学了，叫小哥哥；做了爸爸，叫叔叔；长出胡子，叫老伯伯；到黑胡子变成白胡子，就叫老公公。"
啊哈，这个小弟弟真聪明，一下子说出了我所有的名字，全部的历史。

月光下的中国

欧震

我一直想为月光下的中国写一首诗
我喜欢她宁静的样子
喜欢她温柔中的强大力量
在夜色里她银装素裹
仿佛无数雪花的绽放,散发着
梅的清香

在我的故乡,在江南的古镇
我曾经生活的那个老街
就像一片茶叶
浸泡在如水的岁月里
即使到了子夜
在银色的月光下
青石板上依然有异乡的游客
用稀疏的脚步独自品尝

明月当空,其实无需举头仰望
只要透过柳树的发丝
看一看小桥下的流水
月亮就会与你脉脉对视
让你感到怦然心动
让你情不自禁、流连忘返

近处的长亭,远方的古道
那些美丽的传说,真挚的友情、纯贞的爱情
那些倾国倾城的美人
那些临别折柳、相逢一笑
就像一首无谱的音乐
在月光下随风起伏

我想为月光下的中国写一首诗
月光下的中国,大河奔流
白浪溅起满天的星星
月光下的中国,长城巍峨
绵延万里的巨龙
砖的鳞甲闪着银光

如果你站在城墙上
还依稀可以听得到遥远的回声
那些兵器的撞击
那些战马的嘶鸣

英雄逐鹿，万丈豪情快意人生
壮士报国，一腔热血化剑为犁
五千年，仿佛就是一夜之间
衰草枯杨淹没了多少王朝的背影
明月清风中走来的是家国的兴盛

再悠远的历史，折叠起来
不过就是一本线装的古书
不必红袖添香
因为在月光下会阅读得更加清晰
因为月亮还是那轮月亮
千年万年她都始终高悬天空

我一直想为月光下的中国写一首诗
这个夜晚
我在北京，在一家酒店的房间
凭窗眺望
我感觉到了中国的心跳
我看见了车水马龙流光溢彩
我看见了月白风清一扫阴霾
我看见了崛起的城市万家的灯火
在月光下
做着同一个晶莹的梦
我在憧憬着
一个纯净的崭新的黎明
诞生

这个夜晚，在北京
我为月光下的中国写着一首诗
窗外的月亮正在上升
如挂起的云帆
驶入我的心海

中编

幼儿教师一般口语训练

第四章 口语表达相关技能训练

学习目标

① 了解态势语的作用，掌握态势语运用的要领，初步养成运用态势语的良好习惯。

② 了解倾听和口语表达的要求，通过思维训练，切实提高口语表达能力。

③ 了解复述、描述、评述、解说等表达方式的特点和要求，能够把文字材料转换成口语叙述，条理清楚，表达流畅。

④ 了解演讲的特点、类型，掌握演讲的基本技巧，培养当众演讲的素养。

⑤ 在口语表达中弘扬传承优秀传统文化，提升语言品质，增强幼儿教师职业认同感，培育家国情怀。

第一节　态势语训练

💡 学习导入

黑猫警长，黑猫警长喵喵喵，（身体前倾，五指张开，放嘴边学猫叫）
开着警车，开着警车呜呜叫，（双臂向前伸直，双手做握方向盘状）
小小老鼠，小小老鼠哪里逃，（双手五指并拢放嘴边，做小老鼠状）
一枪一个，一枪一个消灭掉。（左手叉腰、右手做开枪动作）

表演这首儿歌时，加动作和不加动作对儿歌影响很大，前者绘声绘色、生动形象，仿佛化身为黑猫警长，把坏老鼠消灭光。所以，表情达意的时候，除了语言信息，还有一些非语言信息的作用也不容小视，如目光、表情、手势等。

一、态势语的定义

人们将能在一定程度上显示行为的意义、表达人的思想感情的人体动作，如表情、手势、体态等，称作态势语言，也称无声语言、人体语言或体态语言。

美国心理学家阿尔伯特·梅拉宾（A. Mehrabian）1971年提出一个公式：信息的效果=7%文字+38%的语调+55%的肢体动作。这就是梅拉宾法则，也称7/38/55定律、人脉定律。

在上述公式中：文字是说话用字的内容；语调包括了说话的高低音调、大小声量、快慢速度和语气；肢体动作则包括了面部表情、头与身躯的姿势和手势等。他的数值比例受到一些学者的争议，但这个公式一定意义上揭示了无声语言（态势语）的重要性，就像我们看见别人的表情通常会说"我看见你就知道你要说什么"，这就是"别人"在用无声语言传播信息。

所以，态势语就是用表情、手势和体态动作等来交流思想感情的语言辅助工具。

二、态势语的功能

（一）辅助有声语言，弥补不足

态势语信息含量丰富，又简洁直观，听者往往一"听"则明，如态势语对重要的词句进行加重处理，辅助有声语言更准确、更形象、更有效地表情达意。

"言之不足，故手之舞之，足之蹈之"。态势语还能弥补有声语言表达上的不足，把有声语言不便说、说不出的意思表达出来，或者帮助表达未尽之意。

在教育教学过程中，态势语能使语言表达更加直观形象、明白易懂。

【示例】

斯霞老师教"饱满"

著名特级教师斯霞指导学生用"饱满"一词造句：
师：哪位小朋友能用"饱满"来造个句子？
生：菜籽结得多饱满。
生：豆粒长得多饱满。
斯霞教师走到教室门口，突然转过身来，胸略微一挺，头微微昂起，面带微笑，两眼有神，问道：你们看，老师今天精神怎么样？

生：老师精神很饱满！

师：现在让老师来看一看，小朋友上课精神是不是饱满？

于是全班学生个个昂首挺胸，坐得端端正正，认真地听老师讲课。

评析：这个教学片段中，斯霞老师特意做的一个动作、说的一句话，使语言文字训练具有了很高的训练价值。

（二）交流传递情感，反映情绪

在面对面的交流中，说话者的身姿体态、举手投足，特别是面部神情等，始终传递着各种信息，不经意地流露着内心的情感、愿望等。听者也会不自觉地从对方的面部表情中捕捉信息。许多时候，只需一个眼神、一个表情、一个手势，我们就会明白对方要表达的意思，看似默默无语但沟通与交流却没有停止，这就是所谓的"此时无声胜有声"。

态势语还可以展示说话者的举止风度，得体的着装、热情的态度、友好的目光、真诚的笑容等态势语可以使人在很短时间内以自身形象获取对方的信任，有利于口语交际的展开。

在教育教学过程中，态势语也是教师传递各种信息、沟通师生间感情的有效手段。比如清晨，当幼儿来到幼儿园时，教师蹲下来轻轻抚摸一下幼儿或双手接过家长手中的幼儿，会让幼儿意识到"老师是喜欢我的，爱我的"由此获得幼儿的信任感，家长与教师间的距离也一下子拉近了许多。

（三）调控交际过程，提升效果

在口语交际中，态势语表达的情感信息往往具有暗示作用，可以化解交际过程中的尴尬、冷场等被动场面，进而影响交际双方的情绪，启发或引导对方思路，以达到调控整个交际过程、实现口语交际的目的。

例如，有些说话者由于心理素质的原因，在面对听众时心情会紧张，手握讲稿可以帮助稳定说话者的情绪；说话者可以从对方的反应中发现话题是否适当，从而转换沟通的方式或表达策略，以提高沟通效率。

在教育教学过程中，教师常用态势语来调节和控制课堂。教师的那种富有变化的表情、抑扬顿挫的语调、不断变换的节奏，配以指引性或加强性手势并变换身体姿态、视线、与幼儿的空间距离，可以悄悄地把幼儿的注意力吸引过来；幼儿如果开小差，教师的目光、轻轻地摇头、点点桌子等都可以传递信息，引起幼儿注意，又不影响教学；幼儿回答不出问题的时候，教师的微笑和注视可以缓解幼儿紧张的情绪，帮助他们增强自信。

三、态势语的基本要求

运用态势语应该得体、自然、适度、协调。

（1）得体，指态势语要与口语交际的场合、目的相符，要与交际双方的年龄、身份等相符，要恰如其分。比如面对幼儿，摸摸头可以交流感情，面对大学生则不妥。

（2）自然，指态势语的运用应当随情所致、自然大方，是内容情感的自然表达，是个性风格的自然流露，不应是僵化、统一的模式，也不应矫揉造作。态势语不是表演，动作要生活化，切忌舞蹈化、戏剧化。比如，给幼儿讲故事时要设计一些手势动作，有的年轻教师做得很生硬，或者过于柔美，显得突兀和不真实。

（3）适度，指运用态势语时，其幅度、力度、频率要把握分寸感。动作幅度切忌过于夸张，形式也不宜过于复杂。若动作幅度过大，可能会分散对方的注意力；形式过于复杂，则可能让人难以理解，甚至产生反感。力度过轻可能无法引起对方的注意，力度过重则让人觉得过于刻意；频率过高使人眼花缭乱，频率过低则可能无法与口语表达形成有效的配合。所以，口语交际或教育教学的态势语都应适度，它是口语表达的辅助工具，而不能成为主角或噱头。

（4）协调，指态势语应与内容、语调、节奏等相协调，与心态、情感等相吻合，与语境、目的等相统一。眼、手、语音要协调，不能手到眼不到，不能超前或滞后。教师态势语必须服从教学内容表达的需要，并与教学内容融为一体，切忌生搬硬套。

总而言之，无论是从审美的角度还是从表达的角度看，态势语的运用都要自然得体，既要符合美的原则，给人以美的享受，又要是内心情感的真实流露，与表达内容和谐一致。

四、态势语的运用

教师在教学中有效利用态势语，对准确、恰当地表达教学内容、渲染情感气氛等，具有语言所不可替代的作用。因此，态势语又被称为"第二教学语言"，教师须反复训练，才能逐渐掌握。具体需要训练以下五种类型的态势语：仪容、身姿、目光、表情、手势。

知识拓展

关于课堂教学中的态势语，著名教育家马卡连柯说："我认为，高等师范学校应当用其他的方法来培养我们的教师们。如怎样站、怎样坐、怎样从桌子旁边的椅子上站起来、怎样提高声调、怎样笑和怎样看等'细微末节'，在我的实际工作中，对于我和对于你们这些有许多经验的教师一样，是具有决定意义的……如果没有这些技巧，那就不能成为一个好教师。"那么怎样才能获得这些技巧呢？马卡连柯说："只有在学会用15种至20种声调来说'到这里来！'的时候，只有学会在脸色、姿态和声音的运用上能做出20种风格韵调的时候，我就变成一个真正有技巧的人了。"

（一）仪容

俗话说"不以貌取人"，但随着社会的发展，现代社会越来越重视人们在公共场合的仪容，它包括人的身材、外观、容貌、服饰等。仪容不仅反映了一个人的外在美，在某种程度上也反映了一个人的内在气质、思想修养和审美观念等多种信息。

成功的仪容修饰可以参考TPO原则。T（time）指着装要注意季节与时代；P（place）指着装要注意场所；O（object）指着装要注意交际对象和目的。

教师仪容的总原则是整洁得体，舒适大方。不花枝招展，也不能太灰暗，不穿奇装异服，也不能披头散发，不修边幅。

对于幼儿教师来说，其工作性质决定了大部分时间都在与幼儿的亲密接触中度过，因此着装的选择显得尤为重要。合适的服装不仅能够展现出教师的专业形象，更能在与幼儿互动的过程中，营造轻松、自在的氛围。颜色亮丽但又柔和不刺眼的运动装和休闲装，无疑是很好的选择。这样的着装不仅便于教师活动，让幼儿乐于亲近，更能与幼儿融为一体，共同参与各种活动和学习。而穿着过于时尚或过于花哨的服装，可能会带来不必要的困扰。例如：挂满小珠子的外套虽然看起来很漂亮，但却容易分散幼儿的注意力，甚至可能造成安全隐患；高跟鞋虽然能增添女性的魅力，但却可能不小心踩到幼儿的脚，造成不必要的伤害。同样，一身黑色装扮虽然显得干练，但易显沉闷，缺少朝气和活力。因此，幼儿教师在选择服装时，应充分考虑其实用性和舒适性，避免过于追求时尚或个性。

（二）身姿

身姿是通过人体的各种姿态传神、传情、传递信息的一种态势语，它包括站姿、坐姿、行姿等，是非语言交际中十分重要的方面，直接影响一个人的整体形象。古人云："站如松，坐如钟，行如风"，在当今依然适用。

1. 站姿

站姿分为两种，一种是自然式，一种是前进式。

自然式是两脚平行或略呈"八"字形，双距与肩同宽。前进式往往重心均衡分布在两脚之间，或根据表达需要落在前脚，可呈"丁"字步，也可为稍息式。

对于幼儿教师来说，无论哪种站姿，都要精神饱满，抬头、挺胸、收腹，上半身可略前倾。气息下沉，两肩放松，两腿挺直，手自然放于体侧，或在体前交握，不可摆弄衣角，不能弯腰驼背，让人感到精神不振。

另外，需要注意以下几点。

（1）如果站累了，可以把重心移到某只脚上，做稍息站姿。但上身仍需挺直，脚不可伸得太远，双腿不可叉开过大，腿不要抖动，重心变换也不能过于频繁。

（2）教师的站位不能呆板地固定在一点，应适当地移动位置，或到幼儿座位间巡视。但忌"打游击"式左右来回移动，或者在幼儿座位行间踱来踱去。

（3）忌侧身和背身而站，要正对幼儿讲话。忌双手交叉抱在胸前或背在身后，或手插兜内，会给幼儿傲慢、懒散的感觉。

2. 坐姿

坐姿也分为两种，一种是严肃坐姿，一种是随意坐姿。

在严肃庄重的场合，要"正襟危坐"，即落座在座位的前半部，两腿平行垂直，两脚落地，立腰直背。一般的场合，坐姿可放松一些，脸朝向说话者，双脚自然下垂，女士两膝并拢，或脚踝交叉；男士两膝分开，但不超肩宽。不管是哪种，坐时应讲究力度，不可猛坐，不可将凳子坐满，只坐凳子的三分之二。

幼儿教师有时是坐着上课的，要避免一些不良坐姿，如：抬头仰身靠在座位上——倨傲不恭；上身后仰并把脚放在前面桌子上——放纵失礼；跷二郎腿不时晃动——心不在焉；频繁变换坐姿——不耐烦；欠身侧坐椅子一角——谦恭或拘谨等。

3. 行姿

行姿的一般要求是自然、轻盈、矫健。走路时，抬头挺胸，手臂自然摆动，脚步自然而不别扭，轻盈而不鲁莽，稳健而不笨拙。不要摇摇晃晃，慌慌张张，扭肢摆腰。

4. 蹲姿

在与幼儿交往中，教师常常采用蹲姿与幼儿平等对话。照相、拾物时也会使用蹲姿。如果蹲着时双腿同时屈膝，或者臀部高高抬起，就显得不够得体和文明。可采用高低式蹲姿，左右脚一脚在前，一脚在后，前脚着地，后脚脚跟抬起，双腿靠紧，臀部向下，重心要稳。

（三）目光

眼睛是心灵的窗户。嘴巴可以说话，眼睛不能说话，但眼睛的奥妙在于它是真实的。

1. 目光语的类型

常用的目光语有以下三种。

（1）凝视。也称点视，就是集中目光看对方，与之进行视线交流。凝视主要用于人数不多的场合，凝视时目光应自然、亲切、专注。教室里常用凝视，教师的目光在与幼儿对视中游走，不断地和幼儿进行心灵对话。

（2）环视。也称扫视，眼睛向前然后有目的地扫一下，好处是使所有听众都注意到了说话者，不觉得他在和个别听众交流，能较全面地了解听众的心理反映，而且可根据环视随时调整说话的节奏、内容、语调，把握说话的主动权。

（3）虚视。就是似视非视，目光散成一片，不集中在某一点上，通常把视线散在听众的中部和后部。演讲时就需要这种虚与实的目光交替，"实"看某一部分人，"非"看所有人，做到"目中无人，心中有人"。但这是一种转换性目光，不可常用。

2. 目光语运用的要求

（1）控制好目光接触停留的时间。心理学家通过实验表明，人们视线相互接触的时间，通常占交往时间的30%~60%。如果超60%，表示彼此对对方的兴趣大于交谈的话题；低于30%，表明对谈话没有兴趣。

（2）控制好目光的方向和角度。一般来说，与人交谈时应大部分时间看着对方的眼睛和面部区域，以示尊重他人。在公关学中，眼睛的注视区域分为三种：一是公事公办的注视区域，即双眼到额头的正三角区域，通常用于谈判、上级找下级谈话时；二是社会交往的注视区域，即双眼到下巴的倒三角区域，这既不会给人造成压力，又给予了对方足够的尊重；三是亲密的注视区域，即双眼到胸口的大三角形区，只有较亲密的人或伴侣关系才可看这一区域。初次见面，应看对方的肩部以上，特别是男士看女士，更不应看对方脖子以下区域。

（3）注意目光表示的态度。教育教学过程中，教师的目光要保持神采，用丰富明快的眼神使口语表达更加生动传神。通过目光，可以让幼儿读懂教师的赞赏、好奇、鼓励、难过、制止等情绪。讲课时要扩大目光的视区，始终将全体幼儿置于自己的视野之中，并用广角度的环视表达对每个幼儿的关注，目光自然、亲切。与幼儿交谈，视线应接触幼儿的脸部，投以真诚柔和的目光，不能左顾右盼，视角飘忽不定。同时还要努力克服一些不良习惯：眼神黯淡无光；长时间盯住某一幼儿，或窗外、屏幕；眼球滴溜溜乱转或眼动头不动；边想边说时频繁眨眼或闭目思索等。

💡 同步训练

1. 判断下面的神态可能透露了什么。
   听着听着，目光凝滞住了。
   听着听着，眼睛忽然湿润了。
   听着听着，身子不停地扭动起来。
   听着听着，忽然眼睛闪动了一下，向别处看去。
   听着听着，眼珠转动，不自觉地搓着双手。
   听着听着，一面点头，一面打起哈欠来。
2. 结合下面段落，用眼神来"说话"。

老师的眼睛会说话

在课堂上，老师的眼睛总是那么专注而明亮。每当我困惑不解时，老师的眼睛就像一道明灯，照亮我前行的道路，它们说："孩子，不要怕困难，相信自己，你一定能够成功。"

课下，老师的眼睛也发挥着重要的作用。当我犯错时，老师的眼神充满了宽容和教诲，仿佛在说："孩子，每个人都会犯错，但关键是从错误中吸取教训，下次不要再犯。"

老师的眼睛还是传递关爱的最好方式。当我生病或受伤时，老师的眼睛里充满了关切和温暖："孩子，你还好吗？需要我帮你做些什么吗？"

老师的眼睛，是会说话的。它们用无声的语言，向我们传递着知识、关爱和期望。

（四）表情

每个人都有面部表情，脸上的每个细胞、每个皱纹、每条神经都表达某种意愿、情感和倾向，可以说，面部表情是人的内心世界最准确、最微妙的"晴雨表"。而中华文化讲究含蓄，凡事不动声色，不太善于用表情来"说话"。作为教师，应加强这方面的训练，学会运用面部表情来表达自己的思想情感，把内心的喜怒哀乐清晰地呈现出来。

1. 表情的类型

在众多表情中，喜和怒是最基本的两种表情，其他表情都是在此基础上衍生出来的，而且，表情与目光往往是关联在一起的。

开心：面部肌肉放松，嘴角上扬，目光有神。
生气：面部肌肉收缩，嘴角低垂，横眉怒目。
伤心：面部肌肉放松，嘴唇微张，眼角下坠。
兴奋：面部肌肉放松，嘴唇微开，眉开眼笑。
吃惊：面部肌肉收缩，嘴唇大开，目瞪口呆。
坚毅：面部肌肉收缩，嘴唇紧闭，目光坚定。

2. 最基本的表情——微笑

日常交际中，微笑是最基本的表情，甚至可以说是交际的灵魂，眼神则是沟通的桥梁。就像达·芬奇（L. da. Vinci）的名画《蒙娜丽莎》，让人印象深刻的就是蒙娜丽莎那永恒的微笑，还有目光里传递出来的复杂情绪。

微笑的训练可从面呈"王"字开始：对着镜子，展开眉头，眼角向两边拉一横；腮向两边拉一横；嘴角向两边拉一横，鼻子是一竖，然后放松脸部肌肉。微笑应发自内心，训练时想着快乐的事情，或者配上优美的乐曲，还可以用嘴咬一根筷子，眼睛盯着一个点尽量不动坚持一分钟；还可以反复耳语念"引"字。通过一段时间的训练，面部表情就会很自然。

除此之外，微笑还讲求"三结合"：一是和眼睛的结合，微笑的时候，眼睛也要"微笑"，至少是眼睛微眯，否则给人的感觉只能是更糟糕的"皮笑肉不笑"；二是和语言的结合，微笑着说"您好""是啊""我同意"等礼貌用语会让说话者更有亲和力；三是和身体的结合，决不应该在微笑时还表现出一种消极的身体语言。

3. 教师的表情

教师的表情语可分为两种：一种是常规的表情，包括和蔼、亲切、热情、开朗，要始终面带微笑；另一种是变化性的面部表情，随教学内容而产生相应的、适度的喜怒哀乐。

幼儿教师对待幼儿应面带微笑，对待家长应和蔼可亲。在开展各种教学活动时更应该精神饱满，用有声的语言和无声的面部表情来吸引幼儿、感染幼儿，激发幼儿的学习兴趣，这样才能收到良好的教学效果，才能得到幼儿的喜欢和幼儿家长的信任。

💡 同步训练

1. 朗读下列诗句，表现出括号中提示的表情。

    我，常常望着天真的儿童。（微笑）
    素不相识，我也抚抚红润的小脸。（亲切）
    他们陌生地瞅着我，歪着头。（陌生）
    像一群小鸟打量着一个恐龙蛋。（惊奇）
    他们走了，走远了……（失望）

2. 观看王景愚的哑剧《吃鸡》，注意他的表情，然后模拟相关表情表演哑剧《迟到》。

（五）手势

手势语是人们运用手掌、手指、拳和手臂的运动变化来表达情感的一种态势语。它在态势语中动作最明显、表现最自由，所以被誉为人的第二张"脸"。

1. 手势动作的方式

手势语常用手指、手掌、手臂来完成。

（1）手指语言："大拇指"动作一般表夸奖，但有时也表高傲的情绪；"十指交叉"一般表自信、感兴趣；伸出食指靠近嘴唇表示"请安静"；"抓指式"一般表控制全场之势；"背手"可给自己壮胆，也表自信，但对有的人是狂妄；"手啄式"表示不礼貌的动作，本身就有一种挑衅、针对和强制性。怎么解读手指语言具体要看当时的环境和讲话者的面部表情。

（2）手掌语言："向上"表诚恳、贡献、请求、喜爱等感情；"向下"表压抑、提醒、制止等；"紧握伸食指"带有一种镇压性；"搓掌"表期待，慢搓表有疑虑；"手掌向前"表拒绝、回避；"手掌由内向外推"表安慰、把所有的问题概括起来；"劈掌"表果断、决心。此外，还有合手、分手、心手、挥手，不一而足。

（3）手臂语言："手臂交叉"表防御；"握拳相对"表敌对；"交叉收拢"表有点紧张并在努力控制情绪；"一只手握另一只手上臂，另外一只手下垂"表缺乏自信。

2. 手势活动的区域

手势在不同的区域活动，往往代表不同的含义。可分为上、中、下三种区域。

（1）上区：肩部以上，多表示积极、振奋、赞扬的情意。

祖国啊，我亲爱的祖国！

（2）中区：肩至腰部，多表示平静、严肃、和气等。

我们静静地坐在湖滨，听燕子给我们讲南方的静夜。

（3）下区：腰部以下，多表示否定、压抑、鄙视等。

这个讨厌的坏狐狸！

3. 手势表达的含义

手势表达的含义很丰富，大致可分为以下四种。

（1）情意手势——表达说话时的情感。

这次比赛，我们必须全力以赴。（表决心）

请注意，这是非常关键的一次。（表强调）

小朋友，你表现很棒！（表肯定）

（2）指示手势——表示数目，或者表示方向，指示对象。

一个蛤蟆一张嘴，两只眼睛四条腿，扑通一声跳下水。

（3）象形手势——模拟事物形状。

比如两个食指相对并拢放在嘴边，并发出"叽叽叽"的声音，幼儿一看就知道是小鸡。

森林里有一座大大的房子，就像一个心形的大蛋糕。

他的肚子已经胖得像一个大西瓜了！

（4）象征性手势——表达抽象概念。

祖国的未来前程似锦。

什么是爱？爱不是索取，而是奉献！

嗯，我该做什么好呢？

4. 手势运用的原则

在口语交际中，手势的运用要和目光、表情相协调；要注意场合，场面大手势大，场面小手势小；要注意动作的起势，肩发力表示力量，肘发力表示亲切；还应该有适度的保持时长，出势稳，停势准，收势慢，才能与语言完美融合。

教师在教学中也要"手势助说话"，面对幼儿，手势可以适当夸张，但要目的鲜明，克服随意性；手势要大方、简洁、明快，多在"中区"范围活动。诸如抠鼻子，手沾唾沫翻书，用手敲击讲台，对着幼儿指指点点，手势动作过于复杂或基本上没有手势等都要注意避免。

知识拓展

幼儿教师最优化体态语

1. 亲情式体态：师幼零距离

特征：教师面带微笑，伴有与幼儿拥抱、抚摸、拉手、拍背、梳头、理衣服等动作。

作用：教师与幼儿关系亲密，能让幼儿在教师的亲密区内尽情互动，感受亲人般的情感互动体验，达到师幼心理零距离的效果。

2. 平等式体态：师幼"一样高"

特征：教师与幼儿交流时弯腰、低头、下蹲、上身前倾、眼神注视、微笑。

作用：平等式体态给幼儿的感觉是亲切、平等，丝毫没有教师高高在上的感觉，师生交往俨然是同伴与同伴的交流，能使幼儿敞开心怀，自然不拘谨。

3. 感染式体态：师幼更投入

特征：教师用积极的情绪（面部表情）、夸张的动作感染幼儿，让幼儿得到心灵上的感应，形成积极向上的心理情绪。

作用：感染式体态有较强的感染力，能产生涟漪式的情感效应、浸入式的渐进效果，使师幼达到双向投入的境界。

4. 回应式体态：师幼更融洽

简单、便捷、面广、量多而有效，使教师与幼儿在交流的刹那间达到心灵的会意与沟通。

5. 示意式体态：师幼更默契

特征：师幼达到默契无须解释的手势语，如招手、食指掩口等。

作用：简单、快捷，能使幼儿在看见的第一反应内心领神会，减少了语言语意差。

6. 巡视式体态：师幼更了解

特征：教师用目光巡视或来回走动，表情肯定或否定或动作辅助，使用于一日活动中对幼儿的体态进行观察。

作用：以教师观察为主，教师对在自然状态下的幼儿体态进行观察、记录、分析，以获得发起体态互动的第一手资料。

7. 鼓励式体态：师幼常激励

特征：教师对幼儿竖大拇指、微笑、点头、拍手等。

作用：对幼儿有极大的鼓励作用，能让幼儿产生成功感，提高自信心。

8. 仰视式体态：师幼更贴近

特征：在与幼儿交流时，教师略低于幼儿脸部，仰视幼儿，幼儿俯视教师。

作用：教师略低的身体、仰视的神态，让幼儿心理上产生一种老师在乎我的感觉，从而放松自己的心理。

综上所述，态势语是有声语言的辅助手段，应恰当和谐，配合默契，不能喧宾夺主。训练中要以口语训练为载体，由模仿、创造到自然运用，多多实践，才能熟能生巧。

📝 思考与练习

1. 什么是态势语？它的作用有哪些？有哪些要求？
2. 设想你第一次登上讲台时的服饰，并说明你想向幼儿传递的信息。
3. 模拟师生问好的情景，从教室门口走到讲台前，扫视全班幼儿，然后和全班幼儿互致问候，并用三言两语介绍自己。
4. 体会下列词语，尝试通过面部表情的细微变化来传情达意。

    痛苦　思索　发怒　惊讶　害羞　高兴
5. 观看幼儿园优秀活动录像，注意观察幼儿教师开展活动时的态势语，对其身姿、手势、表情、目光等进行模仿训练。
6. 根据提示，练习手势语的运用。

0 的断想
佚名

0 是谦虚者的起点，（中区，小臂微伸，单手掌心向上）

是骄傲者的终点。（翻转手掌，掌心向下）

0 的负担最轻，（手搭肩）

但任务最重。（小臂屈肘直立，握拳，掌心向内）

0 是一面镜子，（单手直立，掌心向内）

让你认识你自己。（手置于胸前）

0 是一只救生圈，（中区，双手手指画圆）

让弱者随波逐流。（手掌由内而外渐渐推开）

0 是一面敲响的战鼓，（中区，右手握拳，掌心向下）

叫强者奋勇进取。（手略高于肩，向上伸展）

7. 给下列儿歌设计手势语，并表演。

数数歌
郭明志

"1"像铅笔细长条，"2"像小鸭水上漂。

"3"像耳朵听声音，"4"像小旗随风摇。

"5"像秤钩来称菜，"6"像豆芽咧嘴笑。

"7"像镰刀割青草，"8"像麻花拧一遭。

"9"像勺子能吃饭，"0"像鸡蛋做蛋糕。

8. 讲故事，注意态势语的运用。

胆小先生

有一位先生，住在一座漂亮的房子里。因为他的胆子很小，大家都叫他胆小先生。

一天，一只大老鼠闯进了他的房子。胆小先生马上去捉，结果在地下室捉住了它。

"你放了我！"大老鼠挣扎着说，"我要是一跺脚，整个房子就塌了。"胆小先生害怕了，连忙放开了它，还允许它住在地下室里。地下室里吃的东西真多，大老鼠吃呀，喝呀，真开心。后来，大老鼠生了一窝小老鼠，小老鼠又长成大老鼠……很快，地下室里住满老鼠。

"不行，不行！"大老鼠冲着胆小先生嚷嚷："这么多老鼠住这么一个小小的地下室，而你一个人住那么多房间，太不合理了，得换房子。""换房子？"胆小先生大吃一惊。"对，换房子！"老鼠们齐声说。胆小先生又害怕了。

它们很快换了房子。胆小先生住在地下室，老鼠们住进各个房间，它们在宽大的客厅里唱呀跳呀，在喷香的厨房里喝呀吃呀，每天都像过节一样。

"你应该搬出去！"大老鼠又冲着胆小先生嚷嚷，"你干嘛住在地下室？这么好的地下室，你配住吗？""什么？"胆小先生气愤得跺了一下右脚，"咚——"老鼠们害怕了，它们个个抱头乱窜，以为地震了。

"哦，原来我是很有力量的！"胆小先生抓起旧扫帚，这儿一扑，那儿一打，这儿一戳，那儿一捣，老鼠被打得"吱吱"叫，全逃走了。

第二节　口语表达基本能力训练

💡 学习导入

一个幼儿园小班幼儿问："老师，为什么孙悟空会腾云驾雾呀？"

教师答道："这是假的。人不是鸟，怎么能飞呢？"或："孙悟空只是个神话人物，腾云驾雾只不过是古人想飞向天空的愿望而已。"

这种回答太糟糕了，这是听话的失败。幼儿的问题并不是寻找答案，而是表达愿望与情感。这位教师的回答不但使幼儿莫名其妙，而且破坏了他们心目中孙悟空的形象，使他们大为扫兴。

口语表达是一个复杂的过程，它与"听""读""写"都有着密不可分的关系。发声能力、理解能力、思维能力、表达能力、记忆能力、应变能力等，都影响着口语表达的水平。其中，倾听能力、思维能力和表达能力是口语表达的核心能力。

一、倾听能力训练

倾听是一种重要的沟通技巧，它可以帮助我们更好地理解他人的观点和感受，并建立更好的人际关系。不管是在人际交往，还是在教育教学过程中，倾听都发挥着至关重要的作用。

（一）倾听的作用

1. 在人际交往过程中，倾听是人们进行日常交际活动的重要手段，是沟通的基础和前提

有关资料表明，在一般的语言活动中，听占45%，说占30%，读占16%，写占9%。由此来看，一定程度上"会听"比"会说"更重要。倾听可以建立信任与亲密关系，当他人感受到被倾听和理解时，他们会感到被尊重和接纳，从而帮助我们与他人建立更加亲密和稳固的关系。倾听有助于我们更好地理解对方的观点和需求，从而更准确地回应，这不仅可以减少误解和冲突，还可以提高沟通效率，避免误解和偏见，使双方更快地达成共识。

2. 在教育教学过程中，倾听更是获取知识的重要途径，也是教师开启幼儿心扉的"钥匙"

教师不仅要说，要传授，也要倾听幼儿的信息反馈，倾听幼儿的内心世界，才能成为幼儿心灵的引路人，才能因材施教，对症下药。倾听还能帮助教师反思自己的教育教学方法，从而不断完善自己的教育理念和技能。因此，学会倾听对于教师来说至关重要。它不仅是一种教育技能，更是一种教育态度和人文关怀的体现。

【示例】

五岁的布鲁诺第一次跟妈妈进幼儿园，看见墙上贴着许多儿童画，大声问道："是谁画的？

这么难看!"妈妈感到很难堪,对儿子说:"这些图画画得多好呀!你偏说难看,这不对。"老师却听懂了布鲁诺的意思,她微笑着说:"在这儿不一定要画多么好看的画,你可以随便画你喜欢画的东西。"于是,一个真正的微笑出现在布鲁诺的小脸上,因为老师解决了他的问题,他知道即使画了难看的画,老师也不会生气,可以安心待在这儿了。

(资料来源:易琳. 幼儿教师语言技能[M]. 北京:高等教育出版社,2017.)

评析:这个例子出自美国心理学家金诺特(H. G. Ginott)所著的《父母子女之间》一书。对于儿子布鲁诺的问话,妈妈仅是听懂了其表层意思,回答的话没有把握住儿子的真正意图。幼儿园的老师则听懂了布鲁诺问话的深层含义,她根据儿童初次入学时的心理而答,说话有的放矢,再辅以"微笑"的态势语言,消除了布鲁诺的后顾之忧。

(二)倾听的要求

1. 耐心宽容

倾听必须要有宽容大度的心态,意见一致的观点要听,意见相左的观点也要听。同时,每个人说话都有不同的表达方式和自己独特的情感态度,比如有的人表达很慢,这就要听者克制自己的情绪,耐心适应听话的需要。同时,对讲话者给予微笑和鼓励,或主动引导,如用点头表示"我明白""请多讲一点"等意思,进而从中获取有价值的材料。

在教育教学活动中,由于幼儿的语言水平还不高,他们说话时有断续、表达不清,有的教师会表现不耐烦,打断幼儿的话,或者对幼儿的话急于发表意见或下判断,往往会伤害幼儿沟通的意愿,甚至拒绝沟通。

2. 集中专注

集中专注就是要在听讲过程中集中注意力,指向对方和对方讲话的内容:一是表达自己愿意聆听及接纳对方,交谈中与对方保持良好的视线接触和交流;二是集中专注,排除干扰,才能及时捕捉对方的核心话语信息,准确理解说话内容。

这一点对教师来说很重要。因为教室里不只有一个说话者,也不只有一个幼儿,如何提高倾听的集中度,同时科学、合理地分配注意力,需要不断训练,以适应教育教学的需要。

3. 运用技巧

声音转瞬即逝,带有不可反复的明显局限。倾听者要通过分析归纳,对倾听获得的信息进行处理,在极短的时间内排除冗余信息,抓住关键词句,还要边听边回忆联想,把听到的内容与前后材料间的关系理清楚,从而理解对方说话的内容。因此,倾听也需要技巧,如对说话中的序数词或"首先、其次"等做标记,可以厘清话语的层次和条理。有时说话者不直接、正面表明自己的态度,而是隐含在字里行间,倾听者就不仅要听对方的言语,还要注意对方所有的信息(面部表情、与倾听者的距离、身体姿势、当时的语境等),读懂对方的深层意思。

【示例】

午睡时间,别的小朋友都按老师的要求躺下了,可贝贝说什么也不肯午睡,坐在床上,一言不发。老师只好耐下心来,问:"贝贝,你怎么了?不舒服?"贝贝摇摇头。老师又说:"想妈妈了?一觉醒来,妈妈马上就来接你回家了。"贝贝突然说:"我怕,怕有魔鬼。"老师笑了:"哪有魔鬼?那是书上写的,不用怕。你看,小朋友都和你在一起,快点躺下吧。"贝贝还是不肯躺下。

这时,正好园长过来检查小朋友午睡的情况,听了这件事,走到贝贝的床前,搂着她,在她耳边说:"你能不能告诉老师,你是在哪儿见到魔鬼的?""书上,昨天小玲借给我的。""那魔鬼长得怎么样?""他很丑,头发很长,遮住了脸,就露出一只眼,心肠特坏……""噢,真是个坏家伙!现在咱躺下了,好吗?"贝贝随即就躺下了,很快她就甜甜地入睡了。

(资料来源:钱维亚. 幼儿教师口语[M]. 北京:高等教育出版社,2008.)

评析：这个例子中，老师首先安慰贝贝，接着用自己的经验努力说服贝贝，但并不能消除贝贝内心的恐惧；而园长听懂了贝贝的言下之意，鼓励贝贝把话说出来，让贝贝知道，老师愿意听她讲话，老师理解她，因而稳定了贝贝的情绪，使其紧张、害怕的情绪得以释放。

4. 及时反馈

倾听者的反馈必须是及时的，了解对方说话的意思后，用简洁扼要的语言把对方的主要观点和对它们的理解简要、概括地复述出来，这样便于对方及时进行调整，让对方感觉到他是被接纳的，从而增加彼此的信任。反馈时要注意：一是不能打断对方的思路，抢夺话语权；二是不能长篇大论，要求或暗示对方改变话题来顺着自己的思路；三是可以用简单的语词或态势语鼓励引导对方，使他努力把话说完。面对幼儿，教师尤其要注意及时反馈，当幼儿得不到及时反馈的时候，情绪往往会很受影响，以为老师不喜欢他或怀疑自己是否犯了错误。

（三）倾听能力训练

口语表达具有转瞬即逝的特点，因此，听话时要具有注意能力和瞬间接受能力，能及时抓住说话者话语中的关键信息，才能获得知识，并能在交际中应对对方的问题。

1. 听记训练

倾听能力可以先从听记训练开始，按照听读、听记、听改的步骤进行训练，先听读了解大意，然后听记，再听读校对，反复训练以提高听记水平。把听到的话语迅速而准确地记录下来，最根本的问题是速度，这就要求"记"的技巧，如记字头、记中心词、记缩略词、记关键句等，个人根据习惯处理。

2. 听后复述训练

听后复述训练可以使因刚刚接收信息而引起的暂时神经联系得到强化，加深印象，防止遗忘；同时也可以调动人们有意识听记的积极性，提高倾听素质，这是训练倾听注意力、听觉记忆力及检测倾听效果的有效方式之一。

3. 听答训练

听答训练不仅仅是听，还需要学会如何准确地回答问题。听者需要掌握抓关键词、理解语境、推理判断等技巧，以提高答题的准确性和效率。听答训练需要听者具备积极的思维能力，能够迅速反应、主动思考。

二、思维能力训练

语言是思维的外壳，思维是语言的内核，二者相互依存，联系密切。口语表达的过程就是把内部思维转化为外部语言的过程，也就是把思维的结果用语言表述出来。因此，一个人的思维能力直接影响他的语言表达能力。所以，我们必须进行思维能力训练。思维的训练，同时适用于幼儿，在教育教学过程中，教师也要重视对幼儿思维能力的训练。

（一）思维模式训练

1. 发散思维与集中思维

发散思维，又称辐射思维、扩散思维或求异思维，是人们对思维定式的一种突破，即不按常规，让大脑"飞"起来，从多角度、多层次、多方向来观察同一问题，从而发掘出更多可能的方案、设想或解决办法，如"一题多解""一事多写""一物多用"等方式，就是培养发散思维能力。

联想，是发散思维的基础。训练发散思维的一个要点就是自由联想，可以从材料发散、功能发散、结构发散、关系发散、形态发散、组合发散、方法发散、因果发散等方式入手。

集中思维，又称收敛思维、聚合思维或求同思维，指人们解决问题的思路朝一个方向聚敛前进，从而形成唯一、确定的答案，即将许多信息围绕中心进行选择、归纳和重新组合。

发散思维与集中思维是辩证统一的关系，只有集中了才能发散，只有发散了才能进一步集中，所以二者应相互配合使用，发散为集中提供广泛的依据，集中使发散所得的成果提高、升华。二者也可同时训练，训练发散思维使说话者思路流畅、有话可说，训练集中思维使说话者目的明确、善于归纳。二者结合，使得口语表达既能围绕中心又能洋洋洒洒，既重点突出又妙趣横生。

【示例】

"牛"的联想

1. 牛踏实苦干，任劳任怨。
2. 牛奶、牛肉富有营养。
3. 牛吃的是草，挤出的是奶。
4. 牛吃草之后会反刍，这就好比我们的学习，要经常"咀嚼"，经常复习才会消化吸收。
5. 牛活着出力，死后捐躯——牛肉、牛皮、牛黄、牛毛、牛粪都有用，真可谓鞠躬尽瘁，死而后已。
6. 牛奶供应紧张，养牛业前景看好。
7. 牛总是让人牵着鼻子走，缺乏自主意识和主动精神。
8. 牛一旦发起脾气，很难制服。

（资料来源：国家教育委员会师范教育司. 教师口语（试用本）[M]. 北京：北京师范大学出版社，1996.）

评析：以上是发散思维的结果，我们可以针对这些联想进行集中思维，把这些内容归纳为："养牛好处多。""牛全身都是宝。"也可以"谈谈牛脾气"说一段话："牛是非常固执和有主见的动物。牛在拉重物时，如果它不想走，即使再用力拉，它也不会轻易改变方向。牛也是非常有耐心的动物。它们可以长时间地工作而不感到疲倦，即使面对困难或挑战，也会坚持不懈地完成任务。"

2. 正向思维与逆向思维

正向思维，是沿袭习惯性路线去分析问题，按事物发展的进程去思考、推测，通过已知来揭示事物本质的思维方式。逆向思维，是打破常规，从对立的角度对似乎已成定论的现象或观点进行思考和探索，从而提出新见解、新思想的思维方式。

不同的思维会产生不同的观念和态度，不同的观念和态度产生不同的行动，不同的行动产生不同的结果。人们习惯于沿着事物发展的正方向去思考问题并寻求解决办法，而逆向思维敢于"反其道而思之"。司马光砸缸的故事就是个典型的运用逆向思维的案例。"塞翁失马，焉知非福"也是逆向思维的验证。

【示例】

孩子不愿意做爸爸留的课外作业，于是爸爸灵机一动说："儿子，我来做作业，你来检查如何？"孩子高兴地答应了，并且把爸爸的"作业"认真地检查了一遍，还列出算式给爸爸讲解了一遍，只是他可能不明白为什么爸爸所有作业都做错了。

评析：案例中的爸爸没有按常规思路去要求孩子，因为强制性的命令会让孩子产生逆反心理，而利用逆向思维，孩子不仅完成了作业，还获得满足感，增强自信，父子间的距离也更近了。

平时常说的换位思考，也可以说是一种逆向思维。在人际交往和教育教学活动中，我们应多站在对方的立场想问题,将我们自己的体验与对方的感受联系起来,从而与对方在情感上建立沟通,为增进理解奠定基础。

(二)思维品质训练

高质量的口语表达能力,还需要良好的思维品质支撑。思维品质反映了每个个体智力和思维水平的差异,主要包括深刻性、条理性、开阔性、敏捷性、灵活性、新颖性等方面。

1. 思维的深刻性

思维的深刻性指一个人善于从纷繁复杂的表面现象中发现最本质、最核心的问题;善于钻研问题,并达到对事物的深刻理解。思维的深刻与学识、素养有关,只有深刻的思维才能使语言具有思辨性、逻辑性,才能使语言有深度、有力度。

2. 思维的条理性

思维的条理性指思维的逻辑顺序,是思维品质最基本的要求。它要求说话者对杂乱的信息进行梳理和排序,使表达有先后、有主次、有层次,便于听者接受和牢记。例如:议论要有论点、论据,论证过程明晰;叙事要主线明确,层次分明,衔接严密。可以采用"思维路标"的方式呈现条理,如加上"第一""第二"等序数词,或用"总体而言""综上所述"等概括性词语,或使用"因为……所以""虽然……但是"等关联词。

【示例】

下面是某校长在开学典礼上所做的讲话《根深叶茂》的部分内容。

中国有句成语,叫作"根深叶茂"。一棵参天大树,绿阴如盖,归功于它的根。参天大树的根有什么特性呢?我以为它有两个特性。

沉默性,是它的第一个特性。根都是扎在地下的,它沉寂,它默然,人们看到冲天的树干,如伞的绿荫,却不能看到根在地下默默地广吸博收。刚表扬的5名同学"一鸣惊人",正是"沉默是金"的根的特性的反映。

坚定性,是它的又一个特性。根在地下,地下很可能是瘠土一片,也很可能是岩石成堆;但是,根从不退缩,曲折延伸,去达到吸收水分、摄取养料的目的。它为了滋养树干、绿叶,为了培养参天大树,真正做到了百折不回。清朝书画家郑板桥有诗云:"咬定青山不放松,立根原在乱岩中。"在乱岩中还要立根,根的坚定性多么令人钦佩啊!

(资料来源:李次授. 演讲艺术品评[M]. 武汉:华中理工大学出版社,1997.)

评析:这段讲话开门见山,直接提出了根的两个特性,然后从"沉默性"和"坚定性"两方面论述,"第一个特性"和"又一个特性"对层次做出路标提示,读起来条理清晰、逻辑分明。

3. 思维的开阔性

思维的开阔性也就是思维的广度,指一个人在思维过程中,能够全面地看问题,着眼于事物之间的联系和关系,从多方面去分析研究,找出问题的本质。在口语交际中,开阔的思维让我们全面地看问题,辩证地解决问题,防止片面,只见树木不见森林。"盲人摸象"就是思维片面的典型案例,"横看成岭侧成峰,远近高低各不同"则是思维开阔性的写照。要思维开阔,必须多听、多看、多读,积累丰厚的素材;必须善于联想、想象,进行各种比较、对照。

4. 思维的敏捷性

思维的敏捷性指思维活动的速度,它要求思维向言语快速转化,是最重要的思维品质,也是衡量一个人口语能力的重要标志之一。思维敏捷的人,能在没有准备的情况下瞬间根据情况做出决定,并诉诸语言解决问题。如果反应迟钝、选词犹豫,必将语词梗阻,影响信息的顺利传达。

5. 思维的灵活性

思维的灵活性即思维的变通性，指一个人的思维活动能根据客观条件的变化而变化，及时修改自己原定的计划、方法和观点，采用其他更加有效的方案。灵活性反映了智力的"迁移"，如"举一反三""运用自如"等。反之则是思想僵化，跟不上变化，有时表现为固执己见、因循守旧、钻牛角尖等。

【示例】

甲去买烟，烟29元，但他没火柴，跟店员说："顺便送一盒火柴吧。"店员没给。乙去买烟，烟29元，他也没火柴，跟店员说："便宜一毛吧。"他用这一毛买了一盒火柴。

评析：上例中乙表现出来的就是思维的灵活性，通常很多事情换一种做法，结果就不同了。人生道路上，改善思维方式是很重要的。

6. 思维的新颖性

思维的新颖性即独创性，不"吃别人已经嚼过的馍"，而有与众不同的见解和独特的表达方式，要求个体能够打破常规，跳出传统的思维模式，寻找出与众不同的解决方案。在口语交际中，新颖性主要表现为立意新颖、构思奇特、角度别致、用语巧妙和由此而呈现出的语言个性。在教育领域，新颖性思维的培养对于提高学生的创新能力和创造力至关重要。

【示例】

只有认识人性本恶，才能调动一切社会教化的手段来扬善避恶。光阴荏苒，逝者如斯，在物质和科学技术突飞猛进的同时，人类的精神家园可谓是花果飘零。在这个时候，我们要警惕，人性本恶这个基本的命题。可喜的是，在东方的大地上，传统文化的发扬光大，已经从一阳来复开始走向了新的春天。我们也相信，通过传统文化的精华，必将使人类从无节制的欲望中合理地扼制并加以引导，从他律走向自律，从执法走向立法。人类才可能挽狂澜于既倒，扶大厦于将倾。"黑夜给了我黑色的眼睛，而我注定要用它来寻找光明！"

（资料来源：王沪宁，俞吾金. 狮城舌战：首届国际大专辩论会纪实与评析[M]. 上海：复旦大学出版社，1994.）

评析：1993年，新加坡狮城舌战辩论赛上，蒋昌建引用了顾城《一代人》的一句"黑夜给了我黑色的眼睛，我却用它寻找光明"作为《人性本恶》陈词的结尾，给人带来的是独创和震撼。"人性本恶，所以我有黑色的眼睛，但我向善，因此尽管我的眼睛是黑色的，我依然用它寻找善的光明。"顾城的诗与辩论主题浑然一体，人性善恶与光明黑暗巧妙相连，诗意与哲理的新颖结合，使得这篇结辩陈词获得了绝无仅有的魅力。

三、表达能力训练

表达能力在本书中专指口语表达能力，是用口头语言来表达自己的思想、情感，以达到与人交流目的的一种能力。在日常生活中，口头语言比书面语言起着更直接、更广泛的交际作用。对于教师来说，口语表达能力，更是合格教师必备的基本素质，直接影响"传道授业解惑"的质量。前面语音训练、朗读训练、态势语训练中已有相关练习内容，这里重点介绍口语表达的要求、影响口语表达的因素和口语表达的技巧。

（一）口语表达的要求

教师口语不同于一般的口语。教师要在有限的时间里完成一定数量和一定质量要求的教学任务，就要求教师对使用的语言进行设计和优化，使之言之有物、言之有理、言之有序、言之有情、言之有趣。

1. 语音标准，用语规范

一方面，教师口语要做到语音准确规范。幼儿正处于语言发展的关键时期，教师是他们语言学习的主要模仿对象，所以幼儿教师必须要有良好的语言素养，力求发音准确、吐字清晰、语流畅通。

另一方面，内容要语意明白，科学合理。教师为人师表，在课堂上所使用的语言比一般的口语交际要求更为严格，语言表述内容要准确得体，能正确分析和传授知识。模棱两可的判断或模糊不清的表述，会使幼儿思维混乱，达不到教育教学的目的。

2. 思路清晰，层次分明

语言是用于表达内容的，说话的内容应能抓住关键性的概念和词语，围绕中心展开，重点突出，观点明朗，思路清晰，逻辑严谨，层次分明。而说话的中心是否明确，条理是否清楚，体现了说话者思维的素质。

在教学活动中，教师要对所讲述的内容有充分的把握，明确重点是什么、难点是什么，并思考采用怎样的方式进行表达能使重点得以体现、难点得以突破。同时，还要做到语言简洁、逻辑性强，前后内容组织安排合理，前言后语联系紧密。

3. 语言生动，表现力强

说话者需要把握语言的节奏、高低、强弱，决不可用一种声调、一种频率去说。有时需要洪亮、有时需要细微，有时需要浑厚、有时需要清脆，有时需要豪言壮语、有时需要低声细语。语言波澜壮阔、高低起伏，才有冲击力、吸引力，才能有效对话，提升交流的效能。

教师要掌握一定的声音技巧和态势语技巧，使语言充满艺术的魅力。教师生动形象、幽默风趣、富有感染力的声音，能够给幼儿以美的感受，激发幼儿的兴趣，提高他们的注意力。眼神、表情、手势等的巧妙运用，能极大增强语言的表现力，促进幼儿对语意的理解和把握，提高表达的效果。

（二）影响口语表达的因素

1. 思维

思维是影响口语表达最重要的因素。如何提高思维的质量？参见前文思维能力的训练，同时注意知识的积累。

2. 语汇语法

语汇语法是内容的主干，而口语表达中遣词造句的过程非常短暂，生活中就要注意语汇的丰富、语法的畅达。

3. 心理素质

心理素质也是影响口语表达的一个因素。有些说话者平时跟家人、朋友交流都是畅通的，一到公众场合，尤其是比较重要的场合讲话就结巴，这就是"怯场"。克服心理障碍，具备健全的心理素质，是人际交往和师生口语交际获得成功的前提条件。当众怯场、紧张的现象不是个人独有，大多数人都有这样的心态，所以要在战术上重视，战略上藐视，多练习，进行充分准备，就能信心倍增，走出心理误区。

（三）口语表达的技巧

口语表达的技巧前面已经阐述过一些，包括清晰发音、精选词汇、肢体辅助、有效倾听、逻辑性与条理性等，这里强调口语表达的艺术。

1. 幽默

幽默，就像人际关系中的那瓶"万能油"，总是能轻易地点亮四周的氛围，使交流更加轻松愉快。人们普遍钟情于那些能言善道、妙语连珠的交谈者，他们的每一句话都仿佛带着笑点和智慧的火花，让人忍不住捧腹大笑，同时又深感敬佩。

当一位充满幽默感的教师走进教室，那份轻松愉悦的气氛瞬间就弥漫开来，幼儿的脸上都洋溢着开心的笑容。但幽默并不意味着可以随意使用低俗、油滑、刻薄的语言。真正的幽默应该是智慧与善良的结晶，既能让人捧腹大笑，又能让人感受到温暖和尊重。

【示例】

一位幼儿园教师刚走上讲台，孩子们忽然大笑起来，教师感到莫名其妙。坐在前面的一个小朋友小声说："老师，你的扣子扣错了。"教师一看，果真第四颗扣子扣在了第五个扣眼里。局面有些尴尬。这位教师立刻笑着说："老师想你们了，急急忙忙赶着来见你们，都没顾上检查。就像昨天，有的小朋友也跟老师一样，给玩具找家时犯了同样的错误哦！"

评析：这位教师先用幽默风趣的语言为自己解了围，接着又顺势把扣错扣子的意外情况和幼儿的活动情况联系起来，借此作比，既显得自然顺畅，又很有说服力，可谓机敏智慧。

2. 委婉

委婉表达，是一种巧妙的语言艺术，它通过对语气、语态、用词和句式的精心调整，使得原本可能显得生硬或直接的话语变得更为温和、含蓄。

在师生之间的交流中，有时尽管教师句句在理，但可能表达过于直接，学生情感上就难以认同。特别是在向幼儿提出否定性意见时，为了保护他们幼小的心灵，可以用间接提醒代替直接批评，如寻找好的榜样进行对比鼓励，委婉地表达对幼儿的要求。

当然，使用委婉语并不是一件简单的事情。教师需要精心选取幼儿最可能接受的角度来表达自己的意思，同时还需要充分考虑到幼儿的特点，因材施教。

3. 模糊

在日常的言语交流中，有时由于某些特定的原因，我们可能不能直接、明确地表达出自己的意见。这时，模糊的口语技巧就派上用场，它可以帮助我们将输出的信息变得不那么明晰，从而为沟通留下更多的空间。

对于教师而言，当遇到某些事情尚未完全弄清楚，尤其是对突发事件的来龙去脉还不明了时，运用模糊语能够确保自己在处理问题时保持足够的主动性和灵活性。这样既能避免因信息不全而导致的误判，又能为学生和自己留下足够的思考和处理的空间。

不过，大多数沟通场合中，使用明确、清晰的语言仍然是首选。模糊语的使用只是一种特殊情境下的权宜之计，我们要谨慎权衡，确保它既能达到预期的沟通效果，又不会给双方带来不必要的误解和困扰。

思考与练习

1. 倾听与口语表达的关系如何？
2. 什么是发散思维与集中思维？它们各自的特点是什么？
3. 要获得良好的口语表达能力，思维应具备哪些品质？
4. 口语表达的基本要求是什么？
5. 下面是某毕业生向老师祝寿发言的一个片段，其中有4处不得体，请找出来并加以改正。

这次我们专程从全国各地光临母校,给我们至今健在的恩师俞老师做寿。俞老师视名利淡如水,看事业重如山。俞老师又把最近出版的大作赠送给我们几个高足,我们都感到十分欣慰……

6. 尽可能多地设想利用绿色可做什么或办什么事,尽可能多地说出造成手机损坏的各种可能的原因,然后各归纳一段话。

7. 成语新解:狐假虎威、人定胜天、守株待兔、井底之蛙。

8. 几名幼儿在争论怎样对待坏人坏事。请你做2分钟小结,讲清楚该怎样做、不该怎样做、为什么等。

  甲:跟坏人坏事斗争是公安局的事,跟我们小朋友有什么关系?

  乙:跟坏人坏事斗争只要胆子大,不怕死就行了。

  丙:小孩子总斗不过大人,弄不好被坏人杀死,还是少管闲事好。

  丁:胳膊总是朝里弯。要是自己家里人干坏事,我才不管呢。

9. 某学校一宿舍住着甲、乙、丙、丁四人。住宿规定:每晚由最后一个回宿舍的人关灯。有一次宿舍的灯亮了一夜,不知是谁忘了关灯。总务处来查问此事。丙说:"我比乙先进宿舍。"甲说:"我进宿舍时看见乙正在铺床。"乙说:"我进宿舍时丙跟丁都睡了。"丁说:"我很疲倦,一上床就睡着了,什么都不知道。"请说说,是谁忘了关电灯。

10. 根据下列条件,构思不同的故事。

  题目:在森林里

  时间:午后

  地点:小木屋

  人物:小女孩、兔子、大熊

  道具:扇子、瓶子

  要求:各组合理使用上述所有条件,时长3分钟,语言生动形象,情节不能雷同。

第三节　口语表达基本形式训练

学习导入

狐狸和葡萄
《伊索寓言》

  狐狸饥饿,看见架子上挂着一串串的葡萄,想摘,又摘不到。临走时,自言自语地说:"还是酸的。"

狐狸和葡萄
文/[俄]克雷洛夫　译/屈洪　岳岩

  一只饥饿的狐狸钻进了果园,果园里一串串葡萄已经成熟。狐狸见了眼睛发红,口水直流,水灵灵的葡萄像红宝石一样晶莹剔透。可惜的是,它们都挂得太高,狐狸无论如何也够不到,虽然眼睛看得见,可是牙齿碰不着。

  狐狸白白折腾了整整一个钟头,最后还是不得不悻悻地溜走。它懊丧地说:"算了!这葡萄看上去挺好,其实酸酸的——果实还未熟:吃一口定会倒牙,涩得难受。"

  同一个故事,不同的表达,如果你是幼儿教师,你会怎么给幼儿讲这个故事呢?

  口语表达的形式多种多样,根据表达主体和对象关系的不同,可分为独白体和会话体;根据交际环境的不同，可分为日常谈话语体、演讲语体、教学语体、广播语体等；根据语言特点的不同，可分为述评、讲故事、演讲、戏剧对白等；根据有无文字凭借材料来分，复述、解说、讲故事、命题演讲等是有文字凭借材料的，描述、评述、交谈、即兴演讲、辩论等是无文字凭借的。幼儿教师需要综合运用这些口语表达形式来完成教育教学活动。比如在语言活动中，教师可以先讲故事，然后让幼儿复述，教师评述。这里，我们重点训练口语表达的四种基本形式，即复述、描述、解说、评述，其他形式在后面的章节中再详细阐述。

一、复述

复述就是重复述说，把听过、读过的文字材料再讲一遍。但复述又不等同于简单重复，有别于背诵，它必须要对文字材料加以整理，有重点、有条理、有感情地把内容再现给学生。它融理解、记忆、归纳、表达于一体，是教师在教学中常用的一种表达形式，对于积累词汇、培养语感、熟悉语脉、提高口语表达的条理性等都有非常重要的作用。

（一）复述的类型

1. 详细复述

详细复述又称一般性复述，是按照原材料的内容、结构、顺序，把事情原原本本地叙述出来。这是最基本的复述方式，有助于教师职业口语风格的形成。详细复述过程中，可以长句化短句、复杂句变简单句，可以调整句式，将书面语转化为口语，以达到通俗易懂的目的。

2. 简要复述

简要复述又称概要复述，就是用简明扼要的语言把原材料的内容讲述清楚。它类似于缩写，要求在整体把握材料的前提下，理清线索，浓缩、选择和概括，保留主要情节，舍弃旁枝侧叶。但要防止取舍不当，偏离中心。

3. 扩展复述

扩展复述是在原材料的基础上，对内容加以丰富、补充的一种重复性叙述，类似于扩写，又称创造性复述。它要求对原材料合理加工，在不偏离中心、不改变主题的情况下，对细节、情节做适当的扩充，使得内容更充实、更生动。幼儿园里讲故事，常采用这种形式。

（二）复述的要求

1. 忠于原文，准确完整

教师必须在理解和熟悉原材料的基础上进行复述，内容完整，原材料中的人物、事件、环境、中心思想等都不得随意更改。

2. 思路清晰，线索明了

教师要在分析、理解的基础上弄清原材料的结构层次，复述时前后连贯，脉络分明。

3. 语言通俗，表达流畅

复述时注意把书面语转换成口语，浅显易懂，并辅以适当的态势语，增强表达的生动性、形象性。

二、描述

描述是用生动形象的语言，具体细致地描绘人、事、物、景等的形态特征，或再现某种场景的一种口语表达方式。描述不同于复述，没有现成的依据，它以观察为基础，通过丰富的联想，迅速、准确地用自己的语言再现各种形象，可以说是口语表达中的"画笔"，使人产生如临其境、如见其人、如闻其声的真实感受。描述训练可以很好地培养细致的观察力、丰富的想象力和敏捷的思维力。

（一）描述的类型

1. 人物描述、物体描述和环境描述（按描述对象分类）

人物描述要抓住人物的特征，对人物的外貌、语言、动作、心理活动等，按照一定的顺序绘声绘色地再现；物体描述是对物体形态、色彩、功用、特性的描述；环境描述是对人物活动或事件发生的场所、背景、氛围的描述，包括对自然环境和社会环境的描述。

2. 直接描述和间接描述（按描述角度分类）

直接描述又称正面描述，描绘人物的外貌、心理、语言和动作，还有景物和场景；间接描述是用烘托或旁敲侧击的方法，从侧面对对象进行描述。

3. 细致描述和简朴描述（按描述方法分类）

细致描述是采用生动细致的表达进行描述，如同工笔画中的细描；简朴描述是采用画轮廓说大概的方式对对象进行描述，用粗犷的线条勾勒人、事、物。

（二）描述的要求

1. 真实准确

描述要符合生活的真实性，不要随意夸张渲染，更不能毫无根据地胡拼乱凑。

2. 鲜明形象

描述得像不像，关键在于特征抓得准不准，用声、色、形进行逼真的描摹。

3. 优美生动

描述不仅要准确地选择形容词，还要注意语调的起伏多变、语言的流畅自然，做到语中有画、话中含情，在声音上给人以美感。

三、解说

解说是对抽象事理和具体事物做准确的说明或解释，是人们获得知识的重要途径。说明事物，语言要平实、准确、客观；解释事理，语言要通俗易懂、深入浅出、条理清楚。

解说的特点是实用性强。在日常生活中，新产品的说明、大型科普展的讲解、导游员的讲解、体育比赛的解说等，都要运用解说这种表达形式。在大中小学以及幼儿园教学中，教师讲授科学文化知识，解说也是一种主要的表达方式。

（一）解说的类型

1. 简约性解说和详细性解说

简约性解说使用比较凝练、概括的语言说明事物、解释事理，主要采用下定义的方法；详细性解说，要求解说者对内容做具体细致的讲解，对细节做详尽的阐述，可采用举例子、打比方等方法。教学释疑常常是详细性解说方式，把疑难问题解释清楚。

2. 平实性解说、形象性解说和谐趣性解说

平实性解说是用朴实的、生活化的口语把事物、事理解说清楚，语言少修饰，不讲究文采；形象性解说指运用形象化的手段进行表述，使解说更具体、生动、可感，可运用比喻、描摹、拟人、借代等修辞方法；谐趣性解说突破常规思维的限制，用诙谐、幽默的语言介绍人、事、物，

使听众获得愉快、轻松的心理感受。看图说话往往采用形象性解说。

（二）解说的要求

1. 条理清晰，重点突出

解说的中心一般只有一个，一个语段只讲一个意思，按照事物本身的条理和人们认识事物的规律精心安排解说的顺序，让人听得明白。

2. 语言简洁，通俗易懂

解说的语言要简明，避免用方言词、文言词和生僻词，善用数字，巧做比较，让内容具体可感。当然，对于不同的解说场合，解说的语言要做适当调整，如幼儿教师的解说应符合幼儿的年龄特点，使用"儿童化"的语言。

3. 语速宜慢，适当重复

解说语速不宜太快，讲到重点字词、关键的地方或难懂的术语时，要说得慢一些，必要时还可以重复内容，使听众有充裕的时间理解。幼儿教师在向幼儿解说游戏规则、生活常识的时候，尤其要注意这一点。

四、评述

评述是对一定的人物、事件或立场、观点发表自己的见解，其核心是"评"，"述"是"评"的依据。它不仅以听到、读到的材料为表达对象，更要把自己的见解和感受表达出来。在日常生活和教育教学活动中，经常用到评述，如幼儿园教育教学中的各种评价，要肯定幼儿正确的思想和行为，及时纠正他们的不当之处。

（一）评述的类型

1. 先述后评

先述后评指先复述或描述，把要评论的内容介绍出来，再进行全面或重点评论。这种评述，"述"多、"评"少，"述""评"明显分为两部分。

2. 边述边评

边述边评指一边叙述、一边评论，"评"在"述"的过程中随机进行，如果有全面评价，就放在开头或结尾。教师上课串讲课文、点评作文常用这种方法。

3. 先评后述

先评后述指先提出自己的观点，稍做阐述，然后再叙述材料以证明自己观点的正确性。这种评述方法，引述事实不求具体，也不限于一个材料，可以广泛论证。

（二）评述的要求

评述的要求包括：述要真实准确，评要客观；评述观点鲜明，理由充分；论证合乎逻辑，语言精当。

"述"要浅显易懂，简练明快；"评"要言辞达意，提纲挈领。"述"的语速可稍快一些，"评"的语气要坚定、轻重分明，可用语调的抑扬来展示语言链条的逻辑关系，增强整个议论的气势。在幼儿园教育教学过程中，评述有时是商量的语气，有时是无可置疑，有时可略带感情色彩。

总而言之，复述、描述、解说、评述这四种形式对于提高口语表达能力具有重要的作用，每种形式都有其特点和要求。幼儿教师必须不断地训练和实践，以逐步提高口语表达能力。

思考与练习

1. 复述的类型及方法有哪些?
2. 复述和描述有什么异同?
3. 解说的类型有几种,有什么要求?
4. 评述的要求是什么?
5. 以最近看过的电影或电视剧的情节为内容,进行简要复述。
6. 详细地讲述一则完整的故事,其他人听后进行详细复述。

小河马的大口罩

有一天,小河马得了重感冒,不停地打喷嚏。

它去医院看病,大熊医生给它一包药和一只大口罩。

小河马戴着大口罩,捧着药回家去,半路上,它忍不住又打了个大喷嚏。"阿嚏"这个大喷嚏可了不得,让小河马蹦得老高,口水满地淌。戴在小河马嘴上的大口罩呢,飞过了大树梢不见了。

小河马摸摸嘴巴,看看大树,大声地叫道:"啊!我的口罩不见了!"

小白兔正在采蘑菇,看见落在草地上的大口罩,说:"这不是一个很好的菜篮子吗?"

于是小白兔捡起大口罩,用它来装蘑菇,拎着一包蘑菇回家去。

路上小白兔遇到了小羊和小鹿。小羊和小鹿说:"小白兔,你好。"

"小羊和小鹿你们好,这两个大蘑菇送给你们吃吧!"

小羊和小鹿说:"谢谢你,小白兔!"

小白兔回到家,把大蘑菇倒进盆里,把大口罩往窗外一扔。

树上的小松鼠看到了,说:"咦,这不是一个很好的吊床吗?"

小松鼠下来捡起大口罩,带回到树上,欢欢喜喜地扎了一个吊床。"哈哈,真舒服!"

第二天早晨,森林医院门口的病人可真多,"阿……阿嚏!阿……阿嚏!"一个个喷嚏打得可响了!

大熊医生开门一看,傻了眼。

7. 对成语典故——买椟还珠做扩展复述。

楚人有卖其珠于郑者,为木兰之柜,薰以桂椒,缀以珠玉,饰以玫瑰,辑以翡翠。郑人买其椟而还其珠。此可谓善卖椟矣,未可谓善鬻珠也。

8. 描述本班一位同学,要做到不说姓名就能让同学们猜到是谁。
9. 描述"食堂打饭的场景"。
10. 请用形象性解说方式介绍你的家乡。
11. 以"趣说自己"为题,做谐趣性解说。
12. 有人说,"上幼儿园后,把天真弄丢了;上小学后,把童年弄丢了;上初中后,把快乐弄丢了;上高中后,把思想弄丢了;上大学后把追求弄丢了;毕业后,把专业弄丢了;工作后,把锋芒弄丢了",请你就这句话做评述练习。

第四节 演讲训练

学习导入

古希腊最伟大的演说家德摩西尼在年轻的时候就非常热爱演讲艺术,他虚心地学习,梦想有一天自己也能成为一个非常成功的演说家。然而，当他第一次登台演讲的时候，演讲还没有结束，他就被听众轰下了讲台，耳边回荡着铺天盖地的嘲笑和讥讽之声。他无比羞愤地离开人群，并暗暗发誓今后再也不碰演讲这"玩意"。

就在这时，一个人走到德摩西尼的跟前对他说："我是你刚才的一名听众，我知道大家没有公平地对待你的演讲。其实，你在演讲方面很有天分和潜质，你的眼界很开阔，思想底蕴也非常丰厚。不要害怕听众的嘲讽，只要你继续努力、不断地开拓自己，终有一天他们会重新评定你的。"对他说话的是一个叫塞特洛斯的演员。从此他们成了一对非常好的朋友。在塞特洛斯的鼓励下，德摩西尼不但没有放弃演讲这"玩意"，还针对自己的不足，更加刻意挖掘自己的潜质和潜能。许多年以后，他终于成了一名伟大的演说家。每每提到自己的这一经历，他都一再告诫年轻人："只要还有一个人在为你喝彩，你追求的那'玩意'就存在值得你去为之奋斗的价值！一个人的喝彩，往往就是吹开你失败坚冰的春风！"

（资料来源：马宏. 幼儿教师口语［M］. 北京：北京师范大学出版社，2011.）

"一言之辩重于九鼎之宝，三寸之舌强于百万之师"，演讲的影响力可以成为勇者手中的利剑，也可以成为抚慰人心的清泉。对于幼儿教师来说，好口才也是竞聘上岗、能力展示、事业成功的有力武器。

一、演讲概述

（一）演讲的定义

演讲又称讲演或演说，"演"指态势语，"讲"指口语，演讲是在特定的场合下，以有声语言为主要手段，以态势语为辅助手段，针对某个具体问题，鲜明、完整地发表自己的见解和主张，阐明事理或抒发情感，进行宣传鼓动的一种语言交际活动。

演讲是口语表达的高级形式，是生活中最普及、最广泛的社会活动之一。

（二）演讲的目的

为什么要演讲？可以概括为三个层级。

基础层级（传递信息）：使听众完整、清楚地理解要传达的信息。

中级层级（影响行动）：使听众能够按照既定想法做指定事情。

高级层级（塑造感情）：使听众对演讲者或某个传递的主体建立信任。

演讲的三层目的就是演讲的三个境界。

（三）演讲的特征

1. 鼓动性

演讲的目的和作用就在于打动听众，使听众对讲话者的观点或态度产生认可或同情。因此，鼓动性是演讲的主要特征，是演讲取得成功的关键，也是检验一次演讲成功与否的重要标志。

2. 现实性

演讲是一种现实性很强的社会实践活动。演讲内容必须联系实际，讨论现实生活中存在并为人们所关心的问题。演讲还应该有针对性，与特定情景、特定对象相适应。

3. 逻辑性

演讲能否令人信服，取决于演讲者所揭示的思想是否合乎逻辑，提出的主张是否有充分的科学根据。所以，演讲内容必须观点明确，条理清晰，层次分明，有很强的逻辑性。

4. 艺术性

演讲还是一门综合性的艺术。著名演说家李燕杰说："在演讲开始几分钟内，就要有相声般的幽默；演讲过程中，要有小说般的形象；演讲高潮时，必须有戏剧般的冲突；演讲结束前，要有诗歌般的激情。"有才能、有经验的演说家总是将思想、知识、文采、情感融为一体，用生动形象的口语表达自己鲜明的观点和深邃的思想，用恰到好处的面部表情、手势等肢体动作来辅助表情达意。有声语言和无声语言自然和谐、巧妙搭配，让听众在得到教育、受到启迪的同时，得到美的享受。

二、演讲分类

（一）从功能上划分

从功能上划分，演讲可分为"使人知""使人信""使人激""使人动""使人乐"五种类型。

（1）"使人知"演讲，其目的在于帮助听众获取知识，理解某一主题或概念，明了某一现象、事件背后的原因和原理。

（2）"使人信"演讲，其核心在于通过演讲者的言辞、论据和逻辑，使听众对某一观点产生认同和信任，从而改变或加强他们的态度和行为。

（3）"使人激"演讲，意在使听众激动起来，在思想感情上与演讲者产生共鸣。这种演讲方式要求演讲者不仅要"晓之以理"，更要"动之以情"。如马丁·路德·金的《我有一个梦想》，表达了黑人群体所遭受的不公与痛苦，用几个"梦想"迅速点燃黑人听众的热情。

（4）"使人动"演讲，目的是激起听众的行动欲望，使之付诸实践。同样是马丁·路德·金的《我有一个梦想》，他用充满诗意的语言描绘了黑人的梦想，激发广大黑人听众的自尊感和自强感，促使他们积极投身于争取平等权益的斗争中。

（5）"使人乐"演讲，是以娱乐和愉悦为主要目的的演讲。比如一些喜剧演员或脱口秀主持人的演讲，他们通过讲述幽默的故事、分享有趣的经历或发表犀利的观点，让听众在轻松愉快的氛围中感受到快乐和愉悦。

（二）从表达形式上划分

从表达形式上划分，演讲可分为命题演讲、即兴演讲、论辩演讲。

（1）命题演讲，是由他人拟定题目或演讲范围，并经过准备后所做的演讲。一般包含两种形式：全命题演讲和半命题演讲。其特点是主题鲜明、针对性强、内容稳定、结构完整。

（2）即兴演讲，是演讲者在事先无准备的情况下，根据现场场面、情境、事情、人物等临时总结演讲，如欢迎致辞、聚会发言、婚礼祝词等。其特点是有感而发、篇幅短小、距离感近，要求演讲者紧扣主题、言简意赅、迅速组织语言。

（3）论辩演讲，是由双方或两方以上的人们针对某个问题产生不同意见而展开的面对面的语言交锋。其目的是坚持真理、批驳谬误、明辨是非。其特点是针锋相对、短兵相接。这种演讲对演讲者的要求更高，需要有正确的思想、严密的逻辑和较强的应变能力。

（三）从内容上划分

从内容上划分，演讲可分为政治演讲、生活演讲、学术演讲、法律演讲、宗教演讲等。

 知识拓展

演讲的准备方法

演讲的准备方法多种多样，但是无论哪种方法我们都可以把它归为"五步"，称为"演讲的

准备五步"。

步骤一：拟定讲题。
步骤二：设计标题类型。
（1）提要型，如《男子汉的风度》。
（2）象征型，如《扬起生命的风帆》。
（3）含蓄型，如《沉重的翅膀》。
（4）警醒型，如《前进，东方的巨人》。
（5）设问型，如《人才在哪里？》。
（6）抒情型，如《党啊，亲爱的妈妈》。
步骤三：写好讲稿。

无论什么演讲内容，无论对象是谁，所有的演讲稿一定要事、理、情皆有，即事实、道理、感情有机结合。如果评价"稿子太实了"，就是缺"情"；如果评价"稿子太虚了"，就是没有"事实"。没有事实的议论和抒情是苍白的，没有抒情和议论的事实是呆板的。

步骤四：熟记讲稿。
演讲一定要在进一步深入理解稿件、整理好稿件的思维线索的基础上记熟讲稿。
步骤五：自我讲练。
不断地体验讲稿内容，进而设计好得体、合理的演讲态势语。

（资料来源：章晓琴. 教师口语实用技能训练教程［M］. 2版. 北京：北京师范大学出版社，2013.）

三、演讲稿写作

演讲稿，也称演讲词，它以书面语言的形式存在，是进行口头演讲的文字依据。演讲稿的质量直接影响和决定了演讲的质量。

（一）立意新颖，结构清晰

演讲稿的结构通常包括标题、开场白、正文、结尾四部分。

1. 标题醒目，主题深刻

人们常把标题比作文章的眼睛。标题准确形象、富有魅力，就能给人新鲜的感觉和深刻的印象，唤起听众的兴趣。演说家李燕杰给演讲标题的选择定了四条原则："一是文题相符，二是大小适度，三是遣词得体，四是合乎身份"。也就是说，定题角度要新，又要贴切自然、富有启发性，切忌单纯怪僻或大而空泛，同时还要考虑一篇演讲稿着重谈一个问题，切忌面面俱到、包罗万物。例如，"恶语伤人六月寒"比喻贴切自然，不仅揭示了演讲稿的主题，而且饱含诗意，很吸引人。

【示例】

理解是需要条件的，有时还需要时空。哥白尼的日心说，当时被理解了吗？屈原的爱国赤诚当时被理解了吗？但是他们并没有因不被理解而放弃自己的理想和追求。哥白尼不怕被烧死，屈原不怕被流放。他们这种不被理解但仍然坚持真理的精神，难道不应该让我们高呼万岁吗？作为一名军人，肩负祖国和人民赋予的重任，为了忠于军人的职责，可能不被家人、朋友理解，有时为了坚持正义、谨守职责，可能还不被同事甚至领导理解，那么这时你该怎么办呢？答案只有一个：不理解万岁。

评析：在一次军人"理解万岁"演讲颁奖大会上，一位军队领导被邀请点评总结，其发言题目是《不理解万岁》，新颖的角度和观点起到了一石激起千层浪的特殊效果。

2. 开场要"响"，匠心独运

开场白是演讲稿中很重要的部分。应该用最简洁的语言、最经济的时间，把听众的注意力和兴奋点吸引过来。好的开场白应该既能让听众了解演讲主题，又能激发听众兴趣、引起思考，为整场演讲的成功打下基础。

（1）开门见山。

【示例】

当球王贝利踢进第一千个球时，有位记者问他，"哪一个最精彩？"贝利回答说："下一个！努力追求下一个"，这是优秀运动员和各行各业先进人物的共同品格。

（节选自钱继军《下一个》）

评析：开篇就交代主旨，呼应题目。

（2）巧设悬念。

【示例】

在一百四十年前，伦敦出版了一本被公认为不朽的小说杰作，很多人都称它为"全球最伟大的一本小说"。当小说出版之时，市民在街头巷尾与朋友见面，都要彼此问一声："你读过这本书吗？"答案几乎都是"是的，我已经读过了"。这本书出版的第一天，便销售了一千本，两周内销售了一万五千本。以后又出版了不知多少次，世界各国都有了译本。几年前，银行家以连城的价值，买到了这本书的手稿，现在这本书的原稿陈列在纽约市美术馆。这部世界名著是什么？

——就是狄更斯十九世纪四十年代写的《圣诞欢歌》。

评析：前面设置的一连串悬念吊足了听众的胃口，让听众迫切想知道这部书到底是什么，希望演讲者说出下文，而这正是演讲者所希望取得的效果。

（3）幽默风趣。

【示例】

在某次活动中，一位民警接在一位营业员之后发表演讲，他借营业员演讲的结尾，引出自己的开头，承接顺畅自然，显得生动有趣，还说明了题目的含义。他说：

"同志们，刚才那位营业员同志说，欢迎大家到百货大楼来，可我呢？却不欢迎大家到我那里去，因为我是长春市公安局交通警察大队的。提起交通警察，有人给我们送了个雅号'马路橛子'。好吧，今天，我专题讲一讲《好一个马路橛子》。"

（4）故事导入。

【示例】

1935年，胡适在北师大国文系做学术演讲，题目为《中国禅学之发展》。在演讲之前，他先讲了一个小故事：

从前有一个裁缝，辛辛苦苦地省下钱来，供他儿子到国外念书。有一次，他儿子从伦敦寄信回家要钱。裁缝不识字，便只好请隔壁一个屠夫帮他看信。那个屠夫也不认识几个字，便念道："爸爸，我要钱，赶快寄钱来！"裁缝听了非常生气，以为儿子读书读傻了。从小学念到中学，从中学念到大学，竟然连这点儿礼貌都不懂！就在这时，一位牧师路过，问裁缝为什么如此生气。裁缝就将缘由告诉了他。牧师说："你把信拿来给我看看！"牧师看了信之后说："你错了！这信上面明明写着：'爸爸，近来身体好吗？您每天那么辛苦干活，省吃俭用，好不容易赚点钱，大部分都寄给我了，我心里很不安！只有用功学习，将来才能好好报答您！我最近选修了一门新课，需要买几本参考书。另外，下个月的生活费也要提前准备了。因此，请您寄点钱过来，如果寄10英镑来，我很感激；如果寄20英镑来，就更是感激不尽了！'"裁缝听了，非常高兴，忙问："信上真是这样写的吗？如果是这样，我现在就给他寄40英镑过去。"

讲到这里，胡适停顿了一下，看着同学们困惑的眼神，继续说："大家都看到了吧！同样的一封信，不同的人会读出不同的效果。屠夫读出了俗气，牧师读出了爱心。我今天给大家讲'禅宗'，就好比那位屠夫读信，大家不妨听一听，我说的也不一定都对！"

听到胡适这么解释，台下掌声、笑声响成一片，大家都被故事吸引了，同时这个故事还引出了禅宗。

（5）引用名言。

【示例】

伟大的诗人歌德有这样一句话："生命之树常青。"是的，生命是阳光带来的，应该像阳光一样，不要浪费它，让它去照耀人间。

（节选自左英《生命之树常青》）

评析：用这种名言警句开头，语言精练、内容概括，使听众易于接受演讲者的主张。

（6）反弹琵琶。

【示例】

亲爱的同学们，我原来想祝福大家一帆风顺，但仔细一想，这样说不恰当。说人生一帆风顺就如同祝某人万寿无疆一样，是一个美丽而又空洞的谎言。人生漫漫，必然会遇到许多艰难困苦，一帆风不顺的人生才是真实的人生，在逆风险浪中拼搏的人生才是最辉煌的人生。祝大家奋力拼搏，在坎坷的征程中，用坚实有力的步伐走向美好的未来！

评析：这是一位班主任在毕业欢送会上的致词，巧用逆向思维，从另一角度阐发人生哲理，令人震撼。

（7）提问开篇。

【示例1】

我想每个人都会遇到这种情况，当你特别赶时间的时候，走到斑马线前，偏偏信号灯就从绿变成了红，这时候你是走还是不走呢？

（节选自宫磊《命运的0.1秒》）

【示例2】

同学们，在华中科技大学的这几年里，你们一定有很多珍贵的记忆！

（节选自华中科技大学校长李培根在2010届的毕业典礼致辞）

评析：这虽然不是一个问句，但平实简洁的一句话，却极富感染力，犹如火石瞬间点燃了学生的热情，激活他们关于母校的若干回忆。

（8）借助物品。

【示例】

卡耐基在一次演讲中别出心裁，他拿出几根头发展示给听众，问听众这是什么？听众不知其意，皆答"头发"，卡耐基话题一转，问听众："你们都知道头发是长在头上的，这几根头发为什么掉下来了呢？"一句问话引起了听众的注意力，开始专心致志地等待卡耐基演讲，卡耐基接着说："这就是烦恼的副作用。如此乌黑的头发长在头上多么漂亮，可是它却无可奈何地离开了养育它的'土地'。我们为什么要烦恼呢？我们来讨论'烦恼的副作用'。"

（节选自卡耐基《烦恼的副作用》）

3. 主体丰满，中心突出

主题是演讲的灵魂，架构是演讲的骨架，材料是演讲的血肉。也就是说，要使演讲的观点站得住、立得牢，主体内容要充实丰满，有血有肉，还要处理好论点与论据之间的关系，合乎逻辑地展开论述，做到结构有力、层次清楚、过渡自然。

（1）正文的选材要有典型意义、有表现力、有感染力。材料是用来支撑观点的，内容不充实，就会流于空泛。大量地占有材料，才能够保证立论的正确性，写起来才会左右逢源、得心应手。

【示例】

有一次，俞敏洪在给大学生演讲的时候说："大学毕业进入社会后，一定要学会锻炼自己的心理承受能力：比如，一堆面粉放在案板上，你用手一拍这堆面粉就散了，这就是我们现在的心理承受能力；如果你加点水揉一下，再拍，就不一定会散了，但还是很松软；如果你不断地加水，不断地揉，它就变成了一个面团，再怎么拍都不会散。你继续揉，它就不仅仅是一个面团了，即使用手拉它也不会断，这就变成拉面了。你的神经承受能力达到了这种状态之后，才能去参加社会活动，才能到社会中去奋斗。遇到一点事情就拍案而起的人，肯定是没有肚量和心胸的人，找工作一次被拒绝就灰心了。这种状态谁敢把工作交给你啊！"

评析：俞敏洪用"和面"的生活经验来比拟人呈现的不同的心理状态，告诉大学生要锻炼自己的心理承受能力，既形象又接地气，选材非常有感染力。

（2）主体的层次安排可按时间或空间顺序排列，也可先总后分、平行并列、正反对比、逐层深入，形式多样，不拘一格。各段落应上下连贯，段与段之间有过渡和照应，同时围绕中心布局，做到层次清楚、张弛有度。特别注意设计高潮，造成波澜起伏的气势。

【示例】

郭沫若《在萧红墓前的五分钟讲演》的主体和结尾：
那么，什么是年轻精神的品质呢？
第一，是真理的追求者。他是一张白纸，毫无成见地去接受客观真理；他如饥似渴地请人指教，虚心坦怀地受人指教；他肯向一切学习，以养成他的智慧。这是年轻精神的第一特征。
第二，是博爱的实践者。他大公无私，好打抱不平，绝不或很少为自己打算，切实有着人饥己饥、人溺己溺的怀抱，而为他人服务。这是年轻精神的第二特征。
第三，是勇敢的战士。他不怕任何艰难困苦，他富于弹性，倒下去立刻跳起来，碰伤了舐干血迹，若无其事，他以牺牲自我的意志征服一切。这是年轻精神的第三特征。
这三种年轻精神的特征，每一个年轻人都是有的，假如他把这些特征保持着，并扩大着，那他便永远年轻，就是死了也还年轻；假如他把这些特征失掉，比如年纪轻，便做狗腿子的事，那他不仅不年轻，而且老早是一个死鬼了。就在这样的认识之下，我们向"年轻精神"饱满的青年朋友们学习，使自己年轻，使中国年轻。

评析：这段演讲先提出问题，然后围绕"年轻精神的品质"这个中心从三个角度展开论述，最后总结年轻精神的特征，逻辑非常清晰，且表达流畅、衔接自然。

4. 结尾有力，耐人寻味

结尾起着深化主题的作用，直接关系到听众对演讲的最后印象。它既是结束又是巅峰；在时间上，既水到渠成，又戛然而止；在表现上，既铿锵有力，又余音绕梁；在手法上，既别开生面，又自然清新。因此，内容上要更有深度，语言上要更有力度，效果上要更加耐人寻味。结尾可以是总结归纳，可以是画龙点睛，可以是调动畅想，也可以是内容延伸。

（1）总结式。

【示例】

四十年前，当马丁·路德·金先生倒下的时候，他的那句话"我有一个梦想"，传遍了全世界。但是，一定要知道，不仅仅有一个英文版的"我有一个梦想"。在遥远的东方，在一个几千年延续下来的中国，也有一个梦想。它不是宏大的口号，并不是在政府那里存在，它是属于每一个非常普通的中国人。而它用中文写成"我有一个梦想"。

（节选自白岩松在耶鲁大学的演讲《我的故事以及背后的中国梦》）

（2）展望式。

【示例】

我相信：

下一个十年，创新之火将会照亮每个疯狂的想法，小米将成为工程师向往的圣地。

下一个十年，智能生活将彻底影响我们每个人，小米将成为未来生活方式的引领者。

下一个十年，智能制造将进一步助力中国品牌的崛起，小米将成为中国制造业不可忽视的新兴力量。

下一个十年，小米将成为一条蜿蜒奔涌的长河，流过全球每个人的美好生活，奔向所有人向往的星辰大海。

在未来的征程里，相信自己，一往无前！

（节选自雷军在小米十周年的演讲《和这个伟大时代同行，是最大的荣幸》）

（3）点题式。

【示例】

我是一个讲故事的人。

因为讲故事我获得了诺贝尔文学奖。

我获奖后发生了很多精彩的故事，这些故事，让我坚信真理和正义是存在的。

今后的岁月里，我将继续讲我的故事。

（节选自莫言在获得诺贝尔文学奖时说的领奖词《讲故事的人》）

（4）反思式。

【示例】

我认为人们花了大量时间试图解决错误的问题，也就是："我们如何强迫人们为音乐付费？"

我们何不换一种提问方式:"我们如何让人们主动为音乐慷慨解囊?"

(节选自阿曼达·帕尔默《请求的艺术》)

(5)引文式。

【示例】

不管世事如何沧桑,不管天地如何变迁,我们只有两个选择,要不成为浪花淘尽的英雄,要不成为惯看秋月春风的渔樵。成为英雄,虽死犹生;成为渔樵,笑傲江湖。但我们决不应该成为孤舟蓑妇、斗筲小人。我们要多一些豪气,少一些怨气;多一些豁达,少一些褊狭;多一些义气,少一些计算;多一些壮志,少一些灰心。"仰天大笑出门去,我辈岂是蓬蒿人!"我用李白这句诗再次和大家共勉。

(节选自俞敏洪在新东方30周年的致辞《三十而立,行远四方》)

(6)幽默式。

【示例】

在一次演说中,文学家老舍上台后,采用的是开门见山式的开场白,他一开口就说:"我今天主要跟大家谈六个问题。"

接着,他第一、第二、第三、第四、第五,按着顺序一个个地谈下去。

谈完了第五个问题之后,他一看离散会的时间也不多了。于是,老舍提高了嗓门,一本正经地说"第六,散会!"

听众起初先是一愣,但几秒钟后,现场听众马上给老舍报以热烈的掌声。

(7)感召式。

这种结尾多是提希望、发号召、表决心、立誓言,以激起听众感情的波涛,给人以激励。

【示例1】

此时、此刻,祖国需要我,我怎么能在功成名就之际捧着桂冠品味人生。我深知,我将来可能败得更惨,但我不怕,因为怕失败的人永远不会成功!

(节选自韩健《在失败面前挺起胸膛》)

评析:结尾情真意切,充分表现了演讲者为了祖国的荣誉敢于战胜失败、赢得成功的决心。

【示例2】

春分刚刚过去,清明即将到来。"日出江花红胜火,春来江水绿如蓝。"这是革命的春天,这是人民的春天,这是科学的春天!让我们张开双臂,热烈地拥抱这个春天吧!

(节选自郭沫若《科学的春天》)

评析:结尾热情奔放,以诗一般的语言激励人们向科学进军,拥抱科学的春天,具有很强的鼓动力。

(二)语言生动,通俗幽默

1. 口语化

演讲稿的"口语",不是日常口头语言的复制,而是经过加工提炼的口头语言,要逻辑严密、语句通顺。演讲稿写完后,要用自己的话说出来,看看是不是"上口""入耳",自己说得顺口,听得明白,自然也就口语化了。

【示例】

改前：我因为被他真诚的态度打动而决心全力以赴帮助他。
改后：他真诚的态度打动了我，所以我决心全力以赴帮助他。

2. 简洁明了

演讲要让听众听懂，语言要简明通俗，同时满足意蕴丰富的要求。所以，要重视文字的锤炼和推敲，力求用朴实的语言，明晰、通畅地表达演讲的思想内容。

【示例】

改前：什么是"特高压"，专业解释是：特高压是指±800千伏及以上的直流电和1000千伏及以上交流电的电压等级。特高压能大大提升我国电网的输送能力。一回路特高压直流电网可以送600万千瓦电量，相当于现有500千伏直流电网的5倍到6倍。
改后：特高压就像给水管加压，水可以走得更远，增加电压等级，可以把清洁电能送到更远的地方，节能又高效。（对"特高压"的先进性做"类比"）

3. 生动感人

如果思想内容好而语言干巴巴，那算不上是好的演讲稿。广为流传的名人演讲，都是既有丰富深刻的思想内容，又有生动感人的语言。华中科技大学校长李培根在2010届毕业典礼上说："什么是母校？就是那个你一天骂他八遍却不允许别人骂的地方！"短短一句话，让听众产生了强烈共鸣。

怎样使语言生动感人呢？一是用形象化的语言，运用比喻、比拟、夸张等手法增强语言的形象色彩，把抽象化为具体，深奥讲得浅显，枯燥变成有趣。二是运用幽默、风趣的语言，增强演讲稿的表现力。比如化用网络流行语、个人趣闻轶事、漫画、广告段子等，但不能低俗。三是发挥语言音乐性的特点，注意声调的和谐和节奏的变化。闻一多先生的《最后一次演讲》，全文多用短句，共用9个问号、42个感叹号，辅助排比、对比、反复等修辞手法，使演讲具有很大的鼓动性和感召力。

（三）把握演讲节奏和时间

每一场演讲都是有时间限制的，演讲者必须把握自己演讲的速度和内容，既不能时间到了还没有讲完，也不能距离演讲结束还有一段时间，已经无话可说。总的要求是做到短而精，在听众的精力分散前戛然而止，余味悠长。

演讲的语速一般为每分钟200个音节，可根据不同的演讲风格酌情加速或减速。写作时，要不时地停下来，用自己的正常语速大声朗读，根据演讲时间的长短调整要讲的内容。

（四）认真修改，精益求精

【示例】

恩格斯《在马克思墓前的讲话》的著名演讲，原开头："就在十五个月以前，我们中间大部分人曾聚集在这座坟墓周围，当时，这里将是一位高贵的崇高的妇女最后安息的地方。今天，我们又要掘开这座坟墓，把她的丈夫的遗体放在里边。"

作者考虑后写成："三月十四日下午两点三刻，当代最伟大的思想家停止了思想。让他一个人留在房里总共不过两分钟，等我们再进去的时候，便发现他在安乐椅上安静地睡着了——但已经是永远地睡着了。"

评析：两者比较，后者入题较快，演讲一开始就抒发了对逝者的无限敬爱和万分惋惜的心情，使现场的人们也沉浸在对马克思的缅怀与崇敬之中。

四、演讲技巧

（一）讲的技巧

演讲主要是"讲"，声音要能表情达意，要求语音标准、响亮清晰、感情真挚，呈现抑扬顿挫、轻重缓急、错落有致的变化之美。除此以外，还要注意以下两点。

（1）基本语调是亲切感——如同与朋友谈心。一忌盛气凌人、咄咄逼人，那会使听众觉得演讲者太凶；二忌畏畏缩缩、欲吐又吞，那会使听众认为演讲者没有信心；三忌旁若无人、高谈阔论，那会使听众觉得演讲者高傲；四忌无动于衷、说话很呆板，那会使听众觉得演讲者很冷漠。

如何做到亲切感？可以开场之前问候；过程当中使用称呼语；接近尾声时，运用号召式之类的语言，或"朋友们（同学们），你们说对吗？"谈心式反问。

（2）使用什锦拼盘式的语调。声音上有高有低，节奏上有张有弛，错落有致。不可一味地慷慨激昂，让听众很累；也不可似"温吞水"一样，毫无变化，吸引不了听众。

（二）演的技巧

演讲还需要"演"，恰当地运用态势语，达到内容和形式的完美统一。

（1）面部表情要自然，注重眼神的运用。面带自信的微笑，用目光环视全场，演讲时目光平视，或虚视看向中后方，时不时用点视与听众交流。

（2）手势运用要恰当，仪表风度要大方。手势不可流于形式，不能模棱两可、犹犹豫豫，手势不在多，而在乎简练明确。仪表应端庄大方，得体入时，因地制宜。

（三）应付意外的技巧

俗话说，"不怕一万，就怕万一"。尽管准备充分，有的时候还是会出现一些意料不到的状况。这个时候要善于灵活应变，沉稳控制场面。

1. 应付主观之变

（1）怯场。怯场产生的原因，主观上：一是患得患失，自我意识过强；二是缺乏认真的准备；三是身体不适。客观原因主要是因对象、时境的不同，造成了心理上的巨大压力。

克服怯场的技巧：一是端正演讲的目的，增强自信心；二是要做好周密而充分的准备；三是加强演讲的实践和训练；四是了解听众，熟悉环境。

消除紧张情绪可以采用以下方法。

心境调节法：上台前听音乐，与人开玩笑，闭目养神或者做深呼吸。

语言暗示法：可以自我暗示，也可以他人暗示，"自己行"。

分散注意法：力求对某一事物产生兴趣，进入"忘我"状态。

假装勇敢法：态势语可以起到调整心态的作用，比如昂首挺胸，以稳健的步伐上台。

（2）忘却。忘却产生的原因，从主观因素来说，除了演讲态度不够端正，准备不够充分，不够娴熟之外，还有以下一些因素：一是怯场引起的，怯场导致忘却，而忘却也可以导致怯场，它们互为因果；二是就演讲的内容来说，演讲者没有自己的观点；三是演讲时精力不集中。

从客观因素来讲，以下一些原因也容易导致忘却：比如演讲者在演讲中突然发现听众有异样的表现，使自己头脑中产生了疑问；又如演讲者看见了一个熟人，回忆起了一件往事；又如在会场内或会场外响起了奇异的声音；再如某一听众出现了奇声怪调，演讲者就在被外界刺激的一瞬间，忘却马上出现了。

　　克服忘却的方法就是认真准备，将演讲稿烂熟于心，用自己的语言讲述自己的思想。在登台演讲时一定要集中注意力，排除各种干扰。遇到中途忘却，也要努力回忆忘掉的内容，但如果2~3秒内想不起来，就想到哪儿就从哪儿开始讲，不能让自己一直停在那儿。

　　（3）讲错。错了可以悄悄改过，万一被听众察觉，不妨将错就错，比如问：刚才这种讲法你们说对不对？不要停下来就讲错道歉，会破坏演讲的连贯性。

2. 应付客观之变

　　演讲时，如果出现临时发生了变化，或者听众甚少，或者听众反应冷漠、吵闹，或者有观点对立者等意外情况，演讲者不能一意孤行地讲下去，要观察敏锐、反应迅速，及时采取措施。如果是观众冷淡或会场吵闹，可以临时增加设问；或者事先准备一两个有关的幽默故事或笑话。

思考与练习

1. 什么是演讲？演讲的特点和类型有哪些？
2. 演讲稿的结构是什么？有什么样的要求？
3. 演讲常用的开头和结尾的方式有哪些？
4. 演讲的表达技巧有哪些？
5. 曾有一位演讲者上台时，不慎被话筒线绊倒了，当时台下的听众发出一片唏嘘声和喝倒彩的掌声。你认为他该怎样处理自己的失误。
6. 为下面的题目分别设计不同类型的开场白和结尾。

    人生处处是考场

    网络流行语之我见

    当我第一次走上讲台的时候

7. 根据下面的题目和开头，构思演讲的脉络，并续接一段话。

    （1）题目：《什么是真正的幸福》。

    开头：幸福，这是一个美丽而诱人的字眼，它古老而常新，有着无穷的魅力。古往今来，有多少人在追求、探索。然而，大千世界，茫茫人海，人们对幸福的理解和追求又不尽相同。

    （2）题目：《青年与祖国》。

    开头：我想提个问题，谁能用一个字来概括青年和祖国的关系呢？我认为，这种关系，概括起来，就是一个"根"字。

    （3）题目：《一次难忘的考试》。

    开头：考试对于我来说，简直算不了什么。从小学到现在，我不知经历了多少次考试。有小考、中考、大考，更有决定命运的升学考试……这一次次考试我都顺利通过了。然而在不久前，生活却给了我这样一次考试：它不在幽静的校园里，也没有监考老师那严厉的目光，更不允许有反复的思考、半点的犹豫，然而却是一次名副其实的"考试"，一次使我终生难忘的"考试"。

8. 进行脱稿演讲，设计适当的表情和手势。

为时代发声

熊浩

　　我们今天已经听了很多特别严肃的演讲了，让我用一个颇为轻松的对话来开始好吗？

　　你们每个人大概都有手机，你还记得最近的在你手机里头那个最热络、最欢呼、最引发关注的新闻标题或者是热门词是什么吗？大概是有的艺人离婚或结婚，或者我们先定一个小目标吧，先挣一个亿。那再那个之前呢？再那个之前是友谊的小船说翻就翻，是我只想安安静静做一个美男子，是你那么牛你咋不上天呢？再之前，再之前是no zuo no die，是且行且珍惜，是宝宝心里慌，宝宝不哭。再之前，大概是问题来了，挖掘技术哪家强了。

大家笑了，但我不知道你有没有意识到，当我给大家回放这些舆论的关键词时，有很多其实你已经忘记，你只记得一件事，那就是它们曾经居然那么流行。

我们在一个信息每天迎面扑来的时代，所谓繁花似锦，所谓热火烹油，我们每一天就这样进去出来，进去出来，我们赶集似地往前走，生怕错过一点点什么，我们显得不那么时尚。而结果，当我们沉下心回头去看，发现什么东西都不记得。

子曰："群居终日，言不及义，好行小慧，难矣哉！"孔子是在说，大家别刷朋友圈了，你以为那是真实的世界吗？不，那是一个小小的固化的圈子，把你给围拢住。我们在里面说什么？说的是日常的饮食，说的是旅游的照片，渐渐地我们的关心逐渐逐渐从自己内心灵魂的成长，挪到外面的那些琐碎去，然后相互点点赞，相互发发言，好行小慧。我不是说这样错了，我是说如果你所有的生命格局都是奠定在这样的琐碎之内，难矣哉。要有自我的成长和灵魂的抱负，这便不大可能。

我们进去出来，进去出来，我们像赶集似的生怕任何一个落下，有的时候竟忘了自己为什么要出发？

刷微信、刷微博，如果每一条资讯是一百个字，如果你每天能够读一百条，这并不算多，这意味着你一个月的时间你可以积累三十万字的阅读量，这是什么概念？各位，老子的《道德经》五千个字，卡夫卡的《变形记》三万个字，那些最晦涩的，比如像黑格尔的《小逻辑》三十万字，你拼命地阅读，拼命让自己的肢体展开去接受各样的资讯，但最后一想，竟然什么都没留下。我们在这种碎片的时代中获得信息，它影响的绝不仅仅只是资讯的营养，而是你内心的那种定力。

你每天都看，但我问在座的各位，当你展开一本厚厚的书，放松自己的身心想要读的时候，你还有那种耐心吗？你每天都接受各种各样的资讯，天南地北，浑涌而来，你似乎什么都知道，但是有一个真正关乎你成长和决定的大问题若是放在你的面前，你能真正地回答吗？

我们说为时代发声，但我想说为时代发声是有前提和基础的，如果每一个人都只是奔涌而上地去参加一些狂欢，而没有自我的定力、灵魂的成熟和独立的声音，这怎么会是为时代发声，这不过是一次又一次地盲从。

我们说为时代发声，绝不仅仅只是那些对伟大的歌颂，对成功的铭记，对不朽的惦念。其中恐怕还得有一些人，他不是那么讨巧的，要指着你的鼻子，包括我自己，告诉大家说，我们都病了。这个时代让我们蜷缩在这种碎片化的尘埃当中，我们都病了，我们必须要重新捡拾起阅读的习惯，我们必须要重新恢复起那种求学的兴致，因为只有这样你才有可能真正成熟健朗，最后精神成人。

慢一点，静一点，定一点，给不是手机，而是自己的心一点时间，我真的不知道，在这个如此喧嚣的时代，真的还有别的时代声音比这个忠告更重要吗？

9. 从下面的演讲题目中任选一题，做命题演讲。

选择平凡

给快乐找个理由

年轻，没有什么不可以

我愿做一颗铺路石（甘为人师）

人是需要一点精神的

生活从"心"开始

从头再来

知识真的能够改变命运吗

我们可以祈祷什么

没有比人更高的山

第五章 幼儿文学作品口语表达训练

学习目标

1. 明确儿歌、幼儿诗、幼儿散文、故事、绘本对幼儿发展的积极意义。

2. 了解儿歌、幼儿诗和幼儿散文的特点,能够运用相应技巧诵读儿歌、幼儿诗和幼儿散文。

3. 了解故事讲述的要求,掌握讲故事的技巧,能够绘声绘色地讲故事。

4. 了解绘本的概念、特征,掌握绘本讲述的方法和基本技能。

5. 提升文化素养,提高口语表达能力,增强幼儿教师职业认同感、责任感和使命感。

第一节　诵读训练

🔆 学习导入

　　幼儿文学作品是幼儿不可或缺的精神食粮。儿童文学评论家王泉根这样解释儿歌："这是文学女神在未经开发的幼者心田播下的第一粒诗之花种，洒下的第一瓢美之甘露，投下的第一束爱之光泽。"儿童文学作家金波语幼儿诗于孩童，"犹如雪花在不知不觉中融化于土地，变成绚丽的色彩"。
　　《幼儿园教育指导纲要（试行）》指出，应"引导幼儿接触优秀的儿童文学作品，使之感受语言的丰富和优美，并通过多种活动帮助幼儿加深对作品的体验和理解"。幼儿教师可以通过诵读，让幼儿体验到高低起伏、抑扬顿挫的不同语调，配以表情、音乐或者动作，让他们更好地感受文学语言的魅力。

一、儿歌诵读

　　儿歌是以低幼儿童为主要接受对象，适合幼儿吟唱、欣赏的歌谣，是人一生中最早接受的文学样式，被誉为"婴幼儿专用的精神食粮"。如：

小老鼠上灯台

小老鼠，上灯台，偷油吃，下不来，
喵喵喵，猫来了，叽里咕噜滚下来！

　　儿歌是极富节奏感的，朗朗上口，音韵和谐、节奏鲜明；儿歌又是通俗易懂、篇幅短小的，幼儿也能欣赏；儿歌还是有趣的、好玩的，充满着游戏的快乐。所以，儿歌是幼儿天然的朋友，听赏、诵读音韵和谐的儿歌是幼儿的天性需求，儿歌对幼儿性情的陶冶、心智的开启和语言的培养都大有裨益。
　　1976年在比利时举行的国际诗歌会议，将每年的3月21日定为"世界儿歌日"，足可见儿歌在幼儿成长过程中的启蒙作用是不可低估的。所以，幼儿教师应该用生动形象的方式将这个美好礼物交到幼儿手里，第一步就是读好儿歌。

（一）读出儿歌的韵律美

　　儿歌音韵和谐，往往通过句子的押韵、词句的回环复沓以及模拟声响等手段形成音乐感，通过整齐的句式和句子字数的有规律变化，形成清晰的节拍。在诵读时，应注重运用规律而铿锵有力的语音和停顿，突出儿歌的节奏感；同时处理好韵脚字，读出儿歌活泼动听的韵律美，让整首儿歌更加生动有趣，引起幼儿的共鸣和喜爱。

1. 注意停顿，体现节奏

　　通过有规律的停顿来体现儿歌鲜明的节奏，一般两字一顿，有时也会一字一顿。初期掌握不好节奏可以采用打拍子的方式来练习。如：

　　小/蚂蚁，了/不起（一二）
　　兔子/乖乖，把门/开开（二二）
　　墙上/一面/鼓，鼓上/画老/虎（二二一）
　　丫丫/种下/花花，每天/都要/看它（二二二）
　　一朵/花儿/送给/你，就是/说声/喜欢/你（二二二一）

　　为什么是两字或一字一顿呢？这与儿歌浅显活泼的内容及口耳相授的流传方式密切相关。诵读时的停顿位置，考虑更多的是音节的整齐而不是意义的完整，停顿时间往往很短，起音有力，末字尾音往往拉长，形成了类似唱读的风格（不仅可以唱读，很多儿歌也是可以唱出来的），如《拔萝卜》《数鸭子》等。

诵读时，抓住节奏读出韵律感的同时，还要注意停顿的位置并非固定不变。例如，六言的"丫丫种下花花，每天都要看它"，也可以二二一一来读，更加突出花，展现对花的喜爱。

同步训练

按训练要求朗读儿歌。

孙悟空打妖怪
樊家信

唐僧骑马咚那个咚，后面跟着个孙悟空。
孙悟空，跑得快，后面跟着个猪八戒。
猪八戒，鼻子长，后面跟着个沙和尚。
沙和尚，挑着箩，后面跟着个老妖婆。
老妖婆，真正坏，骗过唐僧和八戒。
唐僧八戒真糊涂，是人是妖分不出。
分不出，上了当，多亏孙悟空眼睛亮。
眼睛亮，冒金光，高高举起金箍棒。
金箍棒，有力量，妖魔鬼怪消灭光。

孙悟空打妖怪

训练点：读这首儿歌注意两个问题。第一个问题是停顿处理，八言的句子，不管节奏如何处理，全文要保持一致，可以处理成四顿，二二（个）一二，把"着个"紧缩读，不影响句子的节奏感。"孙悟空""猪八戒""沙和尚""老妖婆""真糊涂"节奏可做一二处理，前一字的节奏停顿拉长读，更有趣。第二个问题是其特别的地方，儿歌前一句的末尾词是后一句的首词，这种形式叫连锁调，是儿歌特有的一种样式。这首儿歌隔行首尾相接，表现出循环往复又灵活独特的韵律美。三言一二拉长读，还能使回环的部分更加突出。

听声音

小河流水哗啦啦，风吹树叶响沙沙，
雨滴落下滴答答，鸟儿唱歌叽喳喳，
青蛙开心叫呱呱，娃娃拍手笑哈哈。

训练点：这首儿歌以大自然的声音和儿童的欢笑声为主题，呈现出轻快活泼、跳跃感十足的韵律。巧妙地运用叠音，形成和谐对称的形式美，不仅让音调回环往复，还加强了语言的节拍感，充满了鲜明的音乐性。诵读时，需要注意一、三、五句的句首音应较低，而句尾音逐渐升高；二、四句中，"树叶"和"唱歌"这两个词应达到波峰的位置，句头和句尾的音调则相对较低。第六句作为整首儿歌的结尾，句尾的"笑哈哈"应达到全文音调的最高点，以气满声高的方式呈现，可以夸张地一字一顿，以突出儿歌的欢乐气氛。

2. 注意韵脚归音

儿歌在音韵方面有严格的押韵规律，可以每句押韵，也可隔行押韵，或者几行一转韵，这种变化形成了独特的音韵美。诵读时，需要特别注意韵脚字，讲究吐字归音的技巧，确保韵脚的韵母响亮而完整。但也不能过于突兀，应保持儿歌整体的和谐与美感。

同步训练

按训练要求朗读儿歌。

别说我小

妈妈你别说我小，我会穿衣和洗脚。
爸爸你别说我小，我会擦桌把地扫。
奶奶你别说我小，我会种花把水浇。
爷爷你别说我小，我做的活也不少。

训练点：全文结构整齐，一韵到底，诵读时要显韵，把韵脚字"小"读得突出些，舒展些，把儿歌的韵律强调和显示出来，表现儿歌的音乐美和歌唱性。

秋风吹

常瑞

秋风秋风吹吹，树叶树叶飞飞。
就像一群蝴蝶，张开翅膀追追。

训练点：可采取二二一一的排列形式，突出韵脚ui（吹、飞、蝶、追），加重拖长后两个音节。整首儿歌语音柔和，语气轻快，读起来就像秋风在追、孩子在笑。

（二）读出儿歌的童真童趣

1. 注意语气语调

儿歌紧密联系幼儿的生活与想象，内容浅显，感情抒发直接而外露，诵读时我们往往用较夸张的语调，适当夸大重音、停连，读出快活、惊奇、紧张等多种情感和语气，还可以在恰当的地方增加戏剧化的语气词，增加趣味感。

同步训练

按训练要求朗读儿歌。

地球是个运动员

邓元杰

胖地球，肚皮圆，身体棒，爱锻炼。
自转一周八万里，白天晚上不睡眠；
还要绕着太阳跑，一年转它一大圈。
谁说地球不会动，地球是个长跑运动员。

地球是个运动员

训练点：前两个三言语调上扬，后两个三言往下降。"八""不"语气夸张，"八万里"上扬表惊叹，"不睡眠"表不可思议。最后两句语调高高扬起，"谁"夸张重读，"不会动"语调上扬拖长，再接"长跑运动员"，慢读，声音响亮清晰。

2. 配合表情和动作

诵读儿歌时辅助一些态势语会更加受到幼儿的喜爱，还能帮助幼儿理解并记忆儿歌内容。编排态势语时，要充分考虑幼儿的年龄特点，适当地夸张，增强儿歌的趣味性。同时注意动作设计不要过于复杂，形象而又简单，多次表演同一首儿歌，动作和表情前后要一致。

同步训练

按训练要求朗读儿歌。

摇篮
黄庆云

蓝天是摇篮，摇着星宝宝，
白云轻轻飘，星宝宝睡着了。
大海是摇篮，摇着鱼宝宝，
浪花轻轻翻，鱼宝宝睡着了。
花园是摇篮，摇着花宝宝，
风儿轻轻吹，花宝宝睡着了。
妈妈的手是摇篮，摇着小宝宝，
歌儿轻轻唱，小宝宝睡着了。

训练点：第一句"蓝"字音色柔美、气息缓和，"天"字音色转为明亮，音调偏高；读时仰视，视线长而虚，仿佛看到渺茫浩瀚的夜空，并充满好奇和向往。"摇篮"二字声音甜美悠扬，仿佛整个辽阔的夜空就是一个大大的摇篮。第二句重在"摇"字，手轻轻握起，双手向前做摇摇篮的动作。第三句声音温柔、悠扬。"轻"字音弱而虚，与"白云"形成对比，"飘"字以气托声，轻柔而空灵；同时单手掌心向下在身前轻轻摆动，仿佛看到安静的夜空中轻轻飘浮的淡淡白云。第四句声音柔美充满爱意，读到"着"字时轻轻闭上眼，头偏向一侧，双手并拢做安睡状，气息绵延，把"了"字柔柔地托出来，悠长而甜美。以下句子类推。

矮矮的鸭子
谢武彰

一排鸭子，个子矮矮，走起路来，屁股歪歪。
翅膀拍拍，太阳晒晒，伸长脖子，吃吃青菜。

训练点：四言节奏可以××/××，也可以××/×/×。读的时候，节奏起得有力，收得干净。每句尾音词都要重读，突出韵脚，再结合动词提示，模仿小鸭子的走路姿势，微微弯腰，摇摆着身体向前走，可以模拟鸭子的翅膀，随着走路的节奏轻轻拍打，可以下蹲，伸长脖子向前探，双手合十放在嘴边，模拟鸭子吃青菜的动作。

（三）读出特殊形式儿歌的特色

儿歌在流传的过程中形成了很多传统的艺术形式，如摇篮曲、数数歌、问答歌、谜语歌、绕口令、颠倒歌等，不同的类型诵读时着重点不同。

为达到最好的诵读效果，要掌握不同类型儿歌的语言特点，抓住关键词，采用不同的语气语调。例如：摇篮曲注重的是舒缓的音乐美，语气应轻柔，语调平缓，声音以气声托住；数数歌的重点在数目的认识，诵读时要突出数字的重音；问答歌诵读要突出一"问"一"答"的对比；谜语歌要突出描绘特征的词语；绕口令应重点关注清晰的吐词和较快的语速；颠倒歌故意把正常的事物颠倒过来说，朗读时要通过声音的高低轻重变化突出强调夸张颠倒之处，以引起幼儿的注意。

> 💡 **同步训练**

按训练要求朗读儿歌。

量词歌

王晨湖

一头牛，两匹马，三条鱼，四只鸭，
五本书，六支笔，七棵果树八朵花，
九架飞机十辆车，量词千万别说差，
小朋友，试一试，互相调换闹笑话。

训练点：这首儿歌借鉴了数数歌的形式，其作用不仅是教幼儿认识数序，还能帮助幼儿记住常用量词。全文虽不是每一句都押韵，但比较工整，且每句话里的两种事物都是有联系的，如"牛""马"都是家畜，"鱼""鸭"都在水里，诵读时就要突出数字和量词，帮助幼儿记忆，结尾的号召，更能引起"小朋友"注意，避免出错。

粗心的小画家

许浪

丁丁喜欢画图画，红蓝铅笔一大把。
他对别人把口夸，什么东西都会画。
画只螃蟹四条腿，画只鸭子尖嘴巴，
画只小兔圆耳朵，画匹大马没尾巴。
哈哈哈，哈哈哈，真是个粗心的小画家。

训练点：这首儿歌以颠倒歌的形式来创作，诵读时，要把错乱的地方处理成重音，采用提高音调或拖长字音等方式，如"四""圆""没"等字，表现不可置信的语气，读笑声的时候多点跳跃感，兴奋好玩的同时提示幼儿不能粗心，要认真做事。

二、幼儿诗

诗、歌同属一家，但读幼儿诗与读儿歌差别很大，儿歌读的是"趣"，幼儿诗表现的是"雅"，充满抒情性、音乐性、童趣性，带来阅读的审美快感和滋养。而且，幼儿的认知方式与成人不同，幼儿诗从幼儿的视角出发，因此展现的是幼儿活泼好动、充满幻想的天性，以及他们在成长过程中经历的各种情绪。与成人诗相比，幼儿诗的情感表达更为直接和纯真，更能触动读者的内心，引起共鸣。

（一）感受情趣，确定诵读的基调

诵读幼儿诗，第一步就是感受诗中洋溢的儿童情趣，用多种感官去体验、联想出诗表达的形象，在脑中生动再现诗的意境，触摸幼儿纯真稚拙的心灵，从而确定全诗的诵读基调。

比较下面两首幼儿诗：

春天

谢武彰

风跑得直喘气
向大家报告好消息
春天来了，春天来了

春天

花朵站在枝头上
看不见春天
就踮起脚尖，急着找
春天，在哪里
春天在哪里
花，不知道自己就是春天

蘑菇
林良

蘑菇
是寂寞的小亭子。
只有雨天
青蛙才来躲雨，
晴天，青蛙走了，
亭子里冷冷清清。

前一首诗选用"风"和"花"来代表春天，一个急呼呼地报告春天的消息，一个急忙忙地到处寻找，"踮""找"把风吹花开的自然现象与人物情感巧妙地联系在一起，"不知道自己就是春天"不经意间描绘出了"花"的纯真和稚拙，这种简单的情感最动人。诵读时，得用轻快的基调表达这个寻找的过程，声音甜美，语速稍快。

后一首诗将蘑菇比喻成小亭子，从儿童的视角突出其孤独和惹人怜爱的意象美，借此抒发对蘑菇的关怀之情。应用平和舒缓的语速、同情忧伤的语气、清新柔和的声音来读。

💡 同步训练

按训练要求朗读幼儿诗。

拾秋
薛卫民

风儿扫落叶，
扫走了秋。
我捡起一片树叶，
夹到书里头。
一年捡一片，
一个秋也不能丢！

训练点：这首诗用词非常朴实，拾叶这个简单的动作，如何幻化成拾秋呢？必须展开联想，仿佛亲眼看见秋风吹拂，树上的叶子纷纷飘落的景象。想象一个心思细腻的孩子，轻轻地捡起这些落叶，小心翼翼地"夹到书里头"，似乎这样就能留住秋天的美丽风景。一种对秋天的热爱和珍惜之情油然而生，这就是情感基调。

（二）把握节奏，读出幼儿诗的音乐美

理解、把握整体情感基调后，开始诵读那些富于色彩的语言。诗的语言得有诗味，而诗味来

源于节奏。节奏有两种表现形式:一种是外部节奏,它通过语音的有规律的抑扬顿挫来体现;另一种是内部节奏,基于作品内部情感的起伏而产生。诵读时,要将作品外在的抑扬顿挫与内在情感的起伏融为一体。

1. 注意外部节拍韵脚

幼儿诗的外部节奏虽然不如儿歌那样鲜明突出,但同样具有一种大致规整的节拍顿数和押韵技巧,营造出和谐动听的韵律之美。

同步训练

按训练要求朗读幼儿诗。

等我也长了胡子

等我也长了胡子
汤锐

等我/也长了胡子,
我就是/一个爸爸,
我会有一个/小小的儿子,
他就像我/现在这么大。

我要跟他/一起去探险,
看小蜘蛛/怎样织网,
看小蚂蚁/怎样搬家。
我一定/不打着他的屁股喊:
"喂,别往地上爬!"

我要给他讲/最有趣的故事,
告诉他/大公鸡/为什么不会下蛋,
告诉他/小蝌蚪/为什么不像妈妈。
我一定/不对他吹胡子瞪眼睛:
"去去!我忙着呢!"

我要带他/去动物园,
先教大狗熊敬个礼,
再教小八哥说句话。
我一定/不老是骗他说:
"等等,下次再去吧!"

哎呀,我真想/真想
快点儿长出胡子,
到时候,//不骗你,
一定做个/这样的/好爸爸。

训练点:这首诗中现实的苦恼、美好的向往和巧妙的假设相互交织,情感基调是自豪的,节奏是轻快的。全诗每节都押"a"韵。第一节开篇以"长胡子"成为"爸爸"的假设进入情境,童趣盎然且成功制造悬念,语气骄傲,声音中速明亮。第二、三、四节,前三句写我会怎么做,充满向往,声音喜悦、稍快,后两句是"我"现在的苦恼,语调降低,节奏慢一些,"一定"后面加停顿正好体现这种情绪的转换，爸爸的语言可以进行声音造型，模仿爸爸的语气。第五节，前后呼应，"真想""快点儿"重读，词语内部快，语句节奏慢，读出急切而苦恼的语气，后两句逐渐平缓，有个长停顿，寓意时间的飞逝，流露天真与坚定。

2. 体会内在情感节奏

诵读幼儿诗，可以先分析外部节奏，划分节拍、突出韵脚、注意诗行，再逐节分析内部情感的变化，通过声音的高与低、快与慢、明与暗把握内在节奏。

💡 同步训练

按训练要求朗读幼儿诗。

阳光

林武宪

阳光，在窗上，爬着；

阳光，在花上，笑着；

阳光，在溪上，流着；

阳光，在妈妈的眼里，亮着……

训练点：阳光四处闪耀着光芒，可最动人的光芒在妈妈的眼里。那双眼睛亮晶晶的，比什么都更让孩子感受到温暖。这是情感的自然递进，声音可以一节一节地拔高，第三句是中介，声音承上启下。

（三）美化音色，运用多种辅助手段

诵读诗歌，应巧妙地运用多种声音的表达方法和技巧，包括合理调控语速、适度调整升降、精心设计停顿、精准把握重音以及转换和延长音节，从而以声传情、以情带声，将幼儿诗的情感和意境完美地传递给听者，让他们沉浸在诗歌的美妙世界中。

还可以运用辅助手段，如设计态势语，增加配乐、配画等。选用配乐时，应注意与作品基调一致，音乐节奏与文本节奏大体吻合；音乐声音的大小要根据内容来调节，不能淹没诵读的声音，音乐过渡要自然；配乐可持续，也可时断时续，意在烘托氛围、强化感情。

例如：读《春天》（见前文），用"踮"起脚尖的动作表现花的急切和好奇；读《等我也长了胡子》（见前文），用双手叉腰、瞪眼表现爸爸的动作和神态，用手势比拟大与小的差别等。

💡 同步训练

按训练要求朗读幼儿诗。

捉迷藏

圣野

妈妈和小犁犁，

做捉迷藏的游戏，

小犁犁找哇找哇，

不知妈妈藏在哪里！

小犁犁大声地喊：

"妈妈，妈妈，

您在哪里?"

妈妈说:
"白天,我在你心里,
晚上,我在你梦里。"

训练点:这首诗通过妈妈与小犁犁的一问一答,写出妈妈既是具体可感的,又是无声无息、无处不在的。孩子"找"的动作,大声"喊"的神态,"心里"和"梦里"可以用贴心和双手置于耳侧来表示,由疑惑到焦急再到释怀,用态势语呈现出这种情感变化,增强诗歌的情感熏陶。

小弟和小猫
柯岩

我家有个/小弟弟,
聪明/又淘气,
每天/爬高/又爬低,
弄得满头满脸/都是泥。(摇头,皱眉)

妈妈叫他来洗澡,
装没听见/他就跑;
爸爸/拿镜子把他照,
他闭上眼睛/咯咯地笑。

姐姐/抱来个/小花猫,
拍拍爪子/舔舔毛,
两眼一眯/"妙、妙、妙,
谁跟我玩,谁把我抱?"(速度慢一些,模拟猫的叫声,模仿猫的语气)

弟弟伸出/小黑手,
小猫连忙往后跳,
胡子一撅/头一摇,
"不妙不妙!太脏太脏/我不要!"

(前两句速度稍快,中间不要过多停顿,后两句慢一些,伴随面部表情、手势动作来表现猫的拒绝)

姐姐听见/哈哈笑,
爸爸妈妈/皱眉毛,
小弟听了/真害臊:
"妈!妈!快给我洗个澡!"

(全家人不同的反应要重读,或笑或严肃,最后叫妈可稍慢,语调可以高一些,脸仰起向上)

三、幼儿散文

除了儿歌、幼儿诗之外,还有一种幼儿文学作品值得给幼儿诵读,那就是幼儿散文。幼儿散文兼具散文化和儿童化的特点：一方面，短小真实、贴近幼儿生活，语言生动形象、富有趣味性；另一方面，幼儿散文以儿童的视角和思维方式去观察世界，充满童心、稚趣，让孩子们在阅读中产生共鸣。

【示例】

一朵会说会笑的山菊花
滕毓旭

孩子和妈妈在树林里捉迷藏。

两只粉红色的蝴蝶从妈妈身边飞走，追着扑棱棱的小辫儿，飘进花丛里不见了。

"妈妈，你找呀，看我藏在哪儿？"

妈妈故意不往花丛那边看，却向一棵大树走去。树儿轻轻摇，发出"哗啦啦、哗啦啦"的响声，一簇簇小蘑菇，擎着伞儿站树下。

"妈妈，别到大树后面找，那里有小鸟，别吓飞了它！"

妈妈停住了，还是不往花丛那边望，却故意用手拨开草丛。一只大肚蝈蝈被惊动了，一个高儿蹦到草尖上，悠悠打起了秋千。

"妈妈，别到草窠里找，那里有小兔，别吓跑了它！"

这时，妈妈踮起脚尖儿，一步步向花丛走去。孩子闭着眼，咯咯笑着。突然，妈妈一下把孩子抱住了。孩子仰着脸儿，不明白地问："妈妈，你怎么知道我藏在花里呀？"

妈妈甜甜地说："我的小妞妞，是朵会说会笑的山菊花！"

评析：这是一篇叙事型幼儿散文，记叙的是孩子和妈妈在树林里捉迷藏的事情。语言朴实又充满俏皮，刻画了一个可爱善良的小姑娘形象。小姑娘身上体现了孩子捉迷藏的共性，很容易引起小读者的共鸣。同时，散文中"一簇簇小蘑菇，擎着伞儿站树下"，"一个高儿蹦到草尖上，悠悠打起了秋千"等描写充满童趣。最后一句扣题，意味深长，让人感觉到母亲对孩子深沉的爱，是散文化和儿童化结合的一篇佳作。

（一）品味作品意趣

诵读时，先要体会幼儿散文的特点。与幼儿诗集中迸发的抒情不同，幼儿散文的抒情是脉脉流淌的。所以要从字里行间去感受、体会丰富的意趣，用儿童特有的眼光来看，用儿童纯真的心理去感受，依据作品提供的材料充分展开联想，包括听觉、视觉、嗅觉、触觉、运动觉和综合感知等，呈现自然优美的意境。

同步训练

按训练要求朗读幼儿散文。

项链
夏辇生

大海，蓝蓝的，又宽又远；沙滩，黄黄的，又长又软。雪白雪白的浪花，哗哗笑着，涌向沙滩，悄悄地撒下小小的海螺和贝壳。

小娃娃嘻嘻笑着，迎上去，捡起小小的海螺和贝壳，串成彩色的项链，挂在自己的胸前。快活的脚印落在沙滩，串成金色的项链，挂在大海的胸前。

项链

训练点：整体基调欢快、轻柔，传达大海的宽广、沙滩的柔软以及小娃娃的愉悦心情。看到"蓝""黄""雪白""金"，摸到"软"，听到"哗哗""嘻嘻"，感受"宽""远""长"，真是美丽而又快活。开头用延展的语调表现大海的辽阔，轻柔的语调表现沙滩的柔软和细腻，上扬的语调表现浪花的活泼，轻盈而隐秘地"悄悄地撒下"；第二段加快语速，表现出小娃娃的兴奋和喜悦，最后逐渐放缓，用柔和而深情的语调结束。

（二）表达细腻舒展

幼儿散文表达细腻、立意单纯，诵读时要注意声音的适度与舒展，以符合幼儿的接受能力和审美偏好。

1. 声音轻快柔和

描述美好的景物或温馨的场景时，语调柔和；在表达欢乐或激动的情感时，语调稍微提高，充满活力。多采用拖音、弱读、虚实变化等技巧细腻地处理声音。

💡 同步训练

按训练要求朗读幼儿散文。

《项链》（见前文）

训练点："宽""远""长""软"是重音，可一轻读一拖长，"哗哗""悄悄"用虚声，"嘻嘻"和后面一串的动词用实声。"又宽——又远"语调前升后降，悄悄地撒下——"小小的海螺——和贝壳"语调前降后升再降。末句变成远景，画面开阔，以虚为主，语调在"金色的项链"达到高点，然后低而深情地结束。

春雨沙沙
冯幽君

春雨沙沙，春雨沙沙……

沙沙的春雨，像千万条丝线飘下……

穿梭的燕子衔着雨丝，织出一幅美丽的春天图画：绿的，是柳叶；红的，是桃花。还织出一条清凌凌的小河，河里的鱼儿欢快地摇动着尾巴。河的对岸有一座小山。山坡下，有播种的农民；山坡上，有植树的娃娃。

啊，多么迷人的图画！

训练点：这篇散文描绘了春天的美丽图画，色彩明丽，富有动感，长短句交错、拟声词以及句末的押韵赋予了作品音乐美。"沙沙"是虚声，其余景象多是实声，表达轻快欢畅。

2. 气息舒展流畅

散文篇幅较诗歌要长些，诵读时要保持适中的语速，给幼儿足够的时间去思考和感受。同时，整体语流舒展、连贯，声断意不断。

💡 同步训练

按训练要求朗读幼儿散文。

《春雨沙沙》（见前文）

训练点：节奏明快，声音舒展，"织出一幅——美丽的——春天图画""绿的——是柳叶""红的——是桃花""还织出一条——清凌凌的小河""河里的鱼儿——欢快地——摇动着尾巴""河的对岸——有一座小山""山坡下——有播种的农民""山坡上——有植树的——娃娃"。最后一段放慢，"多么——迷人的——图画"。

3. 人物语言写意化

散文中也会涉及写人叙事，但诵读的重点并不像读故事那样强调绘声绘色，而是通过语气语调的变化来塑造人物形象，避免过于生硬或夸张的语调。

同步训练

按训练要求朗读幼儿散文。

《一朵会说会笑的山菊花》（见前文）

训练点：朗读这篇幼儿散文时，应注重语气的亲切自然，语调的轻松明快，同时要将孩子与妈妈之间的互动和游戏的乐趣表达出来。描述场景时，语气柔和且充满想象。当孩子向妈妈发出挑战时，"妈妈，你找呀，看我藏在哪儿？"要读出孩子的自信和调皮，表现出孩子对游戏的热情和期待。读到妈妈故意不往花丛那边看，语气中可以带有一些神秘和戏谑，仿佛是在和孩子玩一个有趣的谜题。孩子提醒妈妈不要吓飞小鸟和吓跑小兔时，要读出孩子的纯真和善良，同时带有一丝调皮和狡黠，增加趣味性。最后，当妈妈找到孩子时，语气中带着满满的爱意和宠溺。

荷叶

彭万洲

荷叶儿伸出水面，顶着一片蓝蓝的天。

蜻蜓飞来了，高兴地说："这是我的机场。"

青蛙跳上去，高兴地说："这是我的唱片。"

鱼儿游过来，高兴地说："这是我的雨伞。"

滴滴答答，真的下雨了，我把荷叶当斗笠，顶着雨跑回家了。

奶奶取下荷叶，高兴地说："多香的叶儿啊！"

一会儿，奶奶让我吃叶儿粑，那粑粑就是用荷叶包的，清香绵软，真好吃！

哇，打嗝都有一股荷叶味儿……

训练点：这篇散文色彩浓厚，作者用拟人的手法，赋予荷叶、蜻蜓、青蛙、鱼儿等人性美的魅力，更易被幼儿接受，让他们听起来觉得趣味盎然。几个形象的语言都是高兴地说，但又各有不同，无须声音造型，但要表达出他们自身的特点，蜻蜓的声音是轻盈的，青蛙的声音是响亮的，鱼儿的声音是调皮的，奶奶的声音是慈爱的。

总之，诵读幼儿文学作品的原则就是：心里装着幼儿，仔细揣摩作品，自然、大胆地诵读。

思考与练习

1. 儿歌有什么特点？如何针对这些特点读好儿歌？
2. 幼儿诗有什么特点？诵读幼儿诗有什么要求？
3. 幼儿散文有什么特点？诵读幼儿散文有哪些注意点？
4. 分析下面儿歌的节奏、语气语调，设计态势语，并表演儿歌。

弯弯月亮坐一桌

湘雄

橘子开花一朵朵，橘子结果青壳壳。

秋风摸摸它，变成黄壳壳；

太阳亲亲它，又变红壳壳。

打开红壳壳，弯弯月亮坐一桌。

小熊过桥
蒋应武

小竹桥，摇摇摇，有只小熊来过桥。
立不稳，站不牢，走到桥上心乱跳。
头上乌鸦哇哇叫，桥下流水哗哗笑。
"妈妈，妈妈快来呀，快把小熊抱过桥！"
河里鲤鱼跳出水，对着小熊高声叫：
"小熊，小熊不要怕，眼睛向着前面瞧！"
一二三，向前跑，小熊过桥回头笑，鲤鱼乐得尾巴摇。

5. 分析下列幼儿诗的情感基调，综合运用多种技巧诵读。

星星
张学义

晚上，
我看星星的时候，
星星也在眨着眼睛，
看我。
我想，
如果星星看我，
一定会把我的眼睛，
当作两颗
闪烁的小星星……

6. 体会下列幼儿散文作品的意趣，并诵读。

小小的希望
金波

我有一个小小的希望。

我真希望能有那么一天：小鸟能听懂我的话，我也能学会讲小鸟的话。那样，我就可以告诉它们：不要往那边树林里飞，那边有个举着猎枪的人；也不要到这里来，这儿，张着捉鸟的网。

我要和小鸟一起飞到另一片树林里。我躺在林中的草地上，望着头顶上绿叶间的小鸟，我们用彼此都能听懂的话，交谈着春天、树林、花朵，还有越来越多的花园。

三片红色的落叶
张秋生

大树妈妈的脚下，有三片红色的落叶。它们聚在一起，讲着悄悄话。

一片落叶说："我想到小溪里去，做一艘渡船，一艘小小的、好看的渡船。"

一片落叶说："我也想到小溪里去，我想成为一把红色的小伞，说不定哪一条小鱼，会打着我到处走走呢！"

第三片落叶呢，它说："我还没想好我能干什么。"

这时，一阵秋风吹来，三片落叶都掉进溪水里。

正巧，有只小蚂蚱想渡过小溪，第一片落叶真的成了渡船。第二片落叶呢，被一条调皮的小鱼儿顶走了，鱼儿说："哈，我找到了一把多么美丽的小伞。"

第三片落叶急了，它不知道干什么好。

正好，有只蓝色的蜻蜓飞累了，它在溪中的落叶上歇歇脚。落叶高兴地笑了："没想到，我是一只红色的小板凳呢……"

第二节　讲述训练

💡 学习导入

不管多大的孩子，都爱听故事。只要你的故事一开讲，孩子那双明亮的眼睛就紧紧盯着你，他们聚精会神地听着，脸上的表情也随着故事情节的起伏而变化，故事主人公的喜怒哀乐会深深打动孩子稚嫩的心灵。古今中外的许多名人，在幼儿时期都接受过良好的故事教育，从中吸取了丰富的精神营养。我国著名作家冰心，小时候就是个故事迷。那时，冰心的舅舅每天晚饭后必给孩子们讲《三国演义》里的一段故事，小冰心津津有味地听着，恨不得舅舅把所有故事一股脑儿全倒出来，但舅舅每次只讲半小时。于是，她就自己找书来看，为她以后从事文学创作奠定了坚实的基础。

故事深受大众喜欢，它是通过生动、曲折而完整的情节，通俗而形象的语言，来反映社会生活的一种口头文学。故事的种类很多：从内容来看，有生活故事、侦破故事、民间故事、历史故事、神话故事、寓言故事、童话故事等；从形式来看，有文字故事、图画故事等。

对幼儿教师来说，讲好故事是最基本的专业技能，是教育幼儿的好助手，也有助于提升自己的语言魅力。

一、讲故事训练

（一）讲故事的类型

这里的讲故事，指文字故事的讲述，在一定程度上跟评书相似，凭通俗生动的语言、形象丰富的体态，绘声绘色地展现故事情节和人物性格。借鉴评书的讲述方式，讲故事也可有"文讲"和"武讲"之分。

（1）文讲："文讲"动作幅度小，语调适中，表情含蓄，情感传递丝丝入扣。这种讲法适用对象为小学高年级和中学生。

（2）武讲："武讲"的表情、动作适度夸张，语气、语调变化较大，并有鲜明的拟声造型。这种讲法适用对象为小学低年级和幼儿园小朋友。

（二）讲故事的要求

1. 情节曲折，结构完整

俗话说"无巧不成书"，"巧"即情节巧妙、曲折动人。讲述时应对情节的发展、悬念的设置做精心安排，力求做到既曲折奇特，又合情合理。

讲故事还要注意情节的完整性。不管什么故事，都得有头有尾，前有交代后有结局。结局可以不明说，留给听众去猜想、思考。但有些故事情节复杂，头绪繁多，一波未平一波又起，讲述时要理清头绪，把情节发展的前因后果，一一交代明白。

2. 人物鲜活，个性突出

讲故事要在刻画人物形象、表现人物性格上下功夫。刻画人物性格可以从语言、动作、心理等几方面入手。处理人物语言要特别注意人物的个性，力求做到"闻其声如见其人"。可以通过富有性格特点的语气语调，以及一定的声音造型表现人物的个性，显示人物的音容笑貌，揭示人物复杂细微、丰富多彩的心理活动。

3. "话""表"结合，绘声绘色

"话"，就是讲述，指直接叙述故事的情节和内容。"表"，就是表演，指运用自己的声音、姿态、表情、动作等把故事中的人物性格、思想感情形象地表现出来；把故事发生、发展的环境气氛恰当地渲染出来。"话"与"表"协调配合，讲述就能声情并茂、生动活泼、趣味性强。听众的听觉与视觉同时被吸引，从而受到感染。

【示例】

在幼儿园里，老师准备给小朋友们讲故事了，她说："有一匹小马和它的妈妈，住在绿草茵茵的小河边，除了妈妈过河给河对岸的村子送粮食的时候，小马总是跟在妈妈的身边寸步不离。时光飞逝，转眼间小马长大了……"孩子们先是大眼瞪小眼，接着就各自玩各自的了。

（资料来源：王素珍. 幼儿教师口语训练教程[M]. 3版. 上海：复旦大学出版社，2020.）

评析：为什么会出现这样的情况呢？因为老师在讲故事的时候使用了复杂句和长句，而且使用了"绿草茵茵""寸步不离""时光飞逝""转眼间"等词语，只是生硬地背诵，而不是绘声绘色地讲述，所以幼儿不易理解和接受。

（三）讲故事的技巧

1. 准备过程的技巧

即便是口语基本功好的人，如果在正式讲之前没有做好充分准备，也不可能有好的效果。那如何做好讲前准备呢？

（1）筛选故事，明确目的。故事的选择一般需要考虑这样几个因素：在什么语境讲，跟谁讲，为什么讲，可以用多少时间讲等。这些要素会帮助我们确定故事选择的方向或者创作的路径。

在什么语境讲——看场合。例如：短暂休息、游戏前的铺垫，只宜讲"微型故事"；专题活动可根据主题讲述情节曲折、一波三折的"长篇故事"。

跟谁讲——看听众。选材要看听众的接受能力和不同口味。给幼儿讲，故事应选择思想感情积极健康的；情节有趣，形象生动的；叙事方式和表现手法符合幼儿思维特点的；语言浅显、生动，适合幼儿语言接受特点和水平的。

为什么讲——看目的。例如：进行道德教育，就选英雄模范故事；培养幼儿习惯，就选日常生活故事；要传授科学知识，就选科学故事。

总之，教师给幼儿讲故事前，一方面要对故事进行筛选，明确通过这个故事，幼儿能获得哪些情绪情感体验，掌握哪些知识；另一方面要明确幼儿的年龄段，看该故事是否符合幼儿的心理发展特点，分析故事能否吸引幼儿的注意力。

（2）分析内容，适当加工。故事选好后，要熟悉故事中的人物、情节，弄清贯穿情节的线索，分析事件的来龙去脉，把握事情发生、发展的高潮和结局，还要弄清人物的主次和他们的性格特点以及相互关系，领会故事的主题思想。在这个基础上，再根据讲述目的、听的对象以及故事本身的不足，对故事进行加工，包括删、增、改故事主体，设计故事开头和结尾等。

①删：故事中有些细节或过程与主要情节无关，可删去，把重点放在故事的主干上，使故事紧凑些，尤其是长故事，更是需要这样做。因为幼儿年龄小，注意力集中时间短，幼儿教师所讲故事在千字之内为宜。而童话内容丰富，篇幅较长，为幼儿改编童话，就需要把故事改短。可尝试以下方法：删减背景，改浅主题；减少心理或环境描写；删去枝蔓，保留主干，使线索单纯、结构

紧凑；减少角色，突出主要形象；截取一个情节，即从长篇童话中抽取一个精彩情节进行加工。

②增：有的地方可以增加情节或细节，使故事具体生动，跌宕多姿，尤其是短故事，需要增加内容。

【示例】

《龟兔赛跑》的改写

原文开头：跑也不顶用，关键是要及时出发。龟兔赛跑足以说明此理。"咱们打赌，"乌龟说："你不会早于我到达终点。""我会落在你后面？你不会是胡说吧？"骄傲的野兔说。乌龟说："我一定要与你打赌。"

扩展后的开头：兔子长了四条腿，一蹦一跳，跑得可快啦。乌龟也长了四条腿，爬呀，爬呀，爬得真慢。有一天，兔子碰见乌龟，笑眯眯地说："乌龟，乌龟，咱们来赛跑好吗？"乌龟知道兔子在开它玩笑，瞪着一双小眼睛，不理也不睬。兔子知道乌龟不敢跟它赛跑，乐得摆着耳朵直蹦跳，还编了一支山歌笑话它。"乌龟乌龟爬爬，一早出门采花，乌龟乌龟走走，傍晚还在门口。"乌龟生气了，说："兔子，兔子，你别神气活现的，咱们就来赛跑。""什么？什么？乌龟你说什么？""咱们这就来赛跑。"兔子一听，差点笑破了肚子："乌龟，你真敢跟我赛跑？那好，咱们从这儿跑起，看谁先跑到那边山脚下的一棵大树。预备，一、二、三，跑！"

（资料来源：李莉. 幼儿教师口语训练［M］. 上海：华东师范大学出版社，2014.）

③改：在大的篇章结构上增删之后，个别段落或词句也有改动。例如：把叙述改为对话，突出情节和人物性格；增加拟声词，做到朗朗有声、如入其境；改长句为短句，改书面语为口语，增加语气词等，使得语言通俗易懂。

【示例1】

改前：小猪走着走着，看见前面有一只长耳朵、短尾巴、红眼睛的小白兔，就高兴地喊道。

改后：小猪走着走着，忽然看见前面有一只小白兔，长长的耳朵，短短的尾巴，红红的眼睛，可漂亮啦，它就高兴地喊起来。

评析：复杂句改短句，增加语气词、修饰语，通俗易懂又生动活泼。

【示例2】

改前：小鸟对老爷爷说："风把我的鸟窝吹走了，我没有家了，冷得直发抖。"

改后：小鸟看见老爷爷，伤心地说："风把我的鸟窝吹走了，我没有家了，冷得直发抖。"

评析：加上形容词，表现出小鸟的伤心难过。讲述时，还可以模仿小鸟哭的声音。

（3）熟记故事，揣摩试讲。这是很必要且很重要的一环，它既便于我们记住整个故事的细枝末节，又便于我们发现一些初讲时难以避免的问题，做到防患于未然。

一方面，要揣摩故事中人物的性格。要清楚故事中出现了哪几个人物，性格如何，关系怎样，结局如何。例如，在《猴吃西瓜》这个故事里，有猴王、小猴甲和乙、老猴子、群猴等角色，小猴子年幼天真，老猴子倚老卖老，猴王自恃威严，猴群随大流，它们个性鲜活，各自不同。

另一方面，是记清故事情节，把握故事六要素。还是以《猴吃西瓜》为例，时间是有一天；地点在猴子王国；原因是猴王捡到西瓜，不知道怎么吃，就假装考考猴子们；经过是猴子们各抒己见，吃瓤吃皮争执不下，老猴子表态吃皮，于是大伙分皮吃；结局是猴子发现皮不好吃，还死要面子。

试讲时，还要排练表情动作，这样临场发挥才会自然贴切。

【示例】

猴吃西瓜

猴王找到了一个大西瓜，可是怎么吃呢？这个猴王啊，是从来也没吃过西瓜，于是它抓了抓猴头，想出了一条妙计！

猴吃西瓜

它把猴子、猴孙，那一大群猴儿召集到一块儿。猴王说："今天我找到了一个大西瓜，把你们请来饱餐一顿。可是我要先考考你们。这西瓜的吃法嘛，我是知道的，可我要看你们说的对不对。谁说对了就多赏它一份儿，谁要是说错了，可是要受罚的。"

小毛猴听了，挠了挠腮说："我知道，我知道，吃西瓜是吃瓤儿！"

"不对，我不同意小毛猴的意见。"一只短尾巴猴说："上次我到姑姑家吃过甜瓜，甜瓜是吃皮的。我想甜瓜是瓜，西瓜也是瓜，总而言之都是瓜。西瓜当然也吃皮啦！"

大家一听，都说："有道理，有道理！"可到底谁说得对呢？于是大家不约而同地把目光投向了年龄最大的老猴身上。

老猴一看，大家的目光都集中到自己身上，就哆哆嗦嗦地站起来，说话了："这个这个……这西瓜当然……是吃皮的啦！我之所以老而不死，就是吃了西瓜皮的缘故！"

听老猴这么一说，猴子们都喊叫起来："对，吃西瓜吃皮！吃西瓜吃皮！"

猴王一看大家都说西瓜是吃皮，就以为真正的答案找出来了。它大着胆子对大家说："你们大家说得都对，吃西瓜是吃皮。哼，只有小毛猴说错了，那就让它吃瓤，我们大家都吃西瓜皮。"说着拿起刀"扑"的一下把西瓜剖开。

吃着吃着，一只小猴子觉得不是味儿，捅了捅旁边的说："哎，我说，这东西怎么不好吃呀？"

"那，那是你吃不惯。我过去常吃西瓜，西瓜嘛，就是这个味儿。"

2. 开讲、收尾的技巧

（1）开讲的技巧。为故事设计一个好的开头，既不突然，又能一下子吸引听众，引起听众听的兴趣和欲望。这是讲好故事的重要技巧之一。

提问式：先提一个听众感兴趣的问题，引起听众的思考。提问时，语调要上扬，停顿时间稍长一点。

【示例】

小朋友，你们都知道孙悟空吗？孙悟空手里使的兵器叫金箍棒。你们知道它的金箍棒是从哪儿来的吗？现在我就来给你们讲个《孙悟空大闹水晶宫》的故事。

议论式：针对教育目的，简单地阐述一个道理。这样既引起听众兴趣，又便于更好地发挥讲故事的教育作用。

介绍式：这种方法适合于节选的故事，或是根据某一个故事续编的故事，即先把故事的起因介绍一下，然后把前后连贯起来，使听众有一个完整的印象。

（2）收尾的技巧。每个故事都有个结尾。讲故事的人有时可以使用原故事的收尾，有时则要根据故事的内容和听众的情况对原结尾进行加工处理，以便取得更好的效果。

长故事一次讲不完，可用突然刹车的方式在关键的地方停下来，给听众留下悬念，常用的口头禅是"欲知后事如何，且听下回分解"。

短故事收尾，主要有以下几种方式：

高潮处收尾——言尽而意不止，给听众造成种种猜测。如《猴吃西瓜》以一只猴子不懂装懂的一句话"西瓜嘛，就是这个味儿"结束，让人感到这群猴子愚蠢到了极点，既好笑又耐人寻味。

提问式收尾——启发听众思考故事中的思想意义。如《白头翁的故事》的结尾："小朋友，你们知道那只鸟的教训到底是什么呢？"

总结性收尾——直接告诉听众故事的教育作用。如《龟兔赛跑》的结尾："兔子跑得快，乌龟跑得慢，为什么这次比赛乌龟反而赢了呢？因为，骄傲使人落后，虚心使人进步。做事情要踏踏实实地，这样才会取得成功。"

3. "话"与"表"的技巧

"话"和"表"是讲故事的主要手段，二者相互结合使用，"话"为主，"表"为辅。

（1）"话"的技巧。

①"话"要口语化。口语化的语言讲着顺口，听着亲切，充满着浓厚的生活气息。比如儿化韵，这是讲故事时用得非常多的一种音变。在《猴吃西瓜》这个故事里，猴王对大家说："谁说对了就多赏它一份儿""吃西瓜是吃瓤儿！""西瓜嘛，就是这个味儿。"虽然故事里有的没有写出"儿"来，但念成儿化韵，会让我们的讲述更加亲切、活泼，贴近幼儿。

②"话"还指语气语调富有变化。一般来说，需要强调的内容读重一些；语气连贯的即使中间有不少标点符号也可不停或少停；表现紧张惊险的场面、兴奋热烈的情绪，速度快一些；表现悲哀、疑问、思考则慢一些；表现转折、惊疑的语气或反问句，句调要高一点，后面紧接着的往往降低句调。比如"猴王找到了一个大西瓜"这个句子，有的同学就会语速平均，轻重一样，句调也是平平的。正确的念法应该是："王""个"两字后面稍做停顿，"王""西"两字调稍高，"到了""瓜"都是轻声，"王""大""西"三字念得较重；语速上，"找到了一个"这一小节比前后都快。这样，念出来的句子就显得起伏有致，自然也就生动活泼了。

💡 同步训练

根据提示朗读寓言故事《狐狸和乌鸦》。

"你是↗多么美丽呀↘，甜蜜的鸟，那脖子，→｜哟，那眼睛，美丽得‖像个天堂的梦！而且，怎样的羽毛！怎样的嘴呀！↗只要你开口，一定是↗天使的声音。↘唱吧，↗亲爱的，别↗害臊！↗啊，小妹妹，说实话，你出落得这样美丽动人，要是唱得同样地美丽动人，｜那么｜在鸟类之中，你就是令人拜倒的‖皇后了！↗↗"

（节选自克雷洛夫寓言《狐狸和乌鸦》）

③"话"还要处理好人物语言和叙述语言。人物语言力求个性化，叙述语言应平实化。

【示例】

猴王找到了一个大西瓜，可是怎么吃呢？<u>这个猴王啊，是从来也没吃过西瓜，于是它抓了抓猴头，想出了一条妙计！</u>（开头叙述慢速）

小毛猴听了，挠了挠腮说：<u>"我知道，我知道，吃西瓜是吃瓤儿。"</u>

<u>"不对，我不同意小毛猴的意见。"</u>一只短尾巴猴说⋯⋯

大家一听，都说：<u>"有道理，有道理！"</u>可到底谁说得对呢？<u>于是大家不约而同地把目光投向了年龄最大的老猴身上。</u>（用双下划线"＝＝"表示快速，用单下划线"——"表示中速，用下划波浪线"～～"表示慢速。）

评析：人物语言快，中间衔接也快，把小猴子争先恐后献计策的紧张、兴奋表现出来。然后转到老猴子，叙述慢下来。

(2)"表"的技巧。

①声音造型，形象展现人物个性化的语言。例如：小孩儿声音高而细，吐字靠前，语速较快；老人说话声音低而粗，吐字靠后，语速缓慢；豪爽的人，说话声音厚实，吐字饱满有力；柔弱的人，说话声音半虚半实，吐字轻缓。

在《猴吃西瓜》这个故事中，猴王、小毛猴、短尾巴猴、老猴、"旁边的"猴，个性都是各不相同的：猴王外表威严，内里空虚；小毛猴胆大机灵；短尾巴猴纯朴天真；老猴倚老卖老；"旁边的"猴傻乎乎的却还要不懂装懂。根据这些性格特征，我们可对各个人物的声音做如下处理：猴王，声音中、平、偏慢，着重表现其含而不露、故作威严的性格；小毛猴，声音尖、细、较快，着重表现其初生牛犊不畏虎的特征；短尾巴猴，声音高、平、稍尖，表现其办事认真、爱推理的性格；"旁边的"猴，声音粗重，表现其满不在乎、大大咧咧的性格。

同步训练

根据提示朗读狐狸和狗熊说的话。

《两只笨狗熊》：狐狸狡猾多端，口蜜腹剑，它的声音相对尖细，语调高扬、拿腔作调；狗熊声音低沉厚实，语调平实，降调多，语速迟缓，略带点儿口吃。

"你们呀，是怕分得不公平吧？来来来，让狐狸大姊我，来帮你们分！"（句调曲折、上扬、连接，"我"字曲折，"分"后甩腔）

"咱，咱们分了吃，可要分得公平。你的，不能比我的大！"（口吃，"分"拖音，语调降，"你"前加前鼻音n，"我"后拖音，"大"蹦出）

②学用口技，模拟动物叫声或自然声响。讲故事有时需要模拟自然界的各种声音，还可以模拟动物所发出的声音，这叫"拟声"。虽不像真正的口技那样惟妙惟肖，但可以将环境特点、动物形象鲜明地表现出来，如风雨声、流水声、脚步声、撞击声、敲门声、风吹树叶的沙沙声等，诸如此类，这样的"表"，有助于渲染气氛、烘托环境、增加讲故事的真实性和感染力。

拟声，首先要消除怕丑心理，只有当我们的声带和发音器官彻底放松了，才有可能伸展自如，发出尖细粗哑、大小高低各不相同的声音来。其次，要注意观察体会，细心琢磨。例如：羊叫的声音尖细且有些发颤；公鸡打鸣高亢嘹亮且往往由小到大；母鸡的"咕嗒"，"咕"音是反复出现的，"嗒"音拖泥带水，有点像"咕咕咕嗒——"；狗叫有股狠劲；牛叫低沉浑厚且悠长。最后，熟记各种动物叫声的模拟词，在讲到该动物的时候随口用出来。比如在讲到小鸭子对白时，先叫几声"嘎嘎"，说到小猪的时候，就"哼哼"两声，这样听故事的幼儿就有身临其境的感觉，动物形象也就鲜活起来了。

③设计态势语，生动表现人物的形象特征。可运用面部表情来模拟人物表情；运用手及身体其他部位的动作来模拟人、事、物的动作形态。比如《白头翁的故事》，讲到"白头翁看见喜鹊在大树上造房子"时，可朝右上方望一望；讲到"忽然听见外边黄莺唱得很动听"，便做出倾听的样子，这样就把白头翁那种不专心学习的性格生动地表现出来了。又如《猴吃西瓜》，讲到猴王对猴民说话，可把双手背到后面，头稍昂，眼睛俯视中带点斜视。讲到小毛猴可做挠了挠腮的姿势；讲到老猴可用手在胸前做个摸胡子的样子，这样，听众就仿佛从动作中看到猴王、小毛猴、老猴的形象了。

使用态势语还要注意手、眼跟"话"的配合，讲到哪儿，指到哪儿，眼神跟到哪儿，切忌故作姿态。

同步训练

按训练要求朗读故事。

唱歌比赛

有一天，小鸡、鸭子、小狗、小羊和小猫比赛唱歌，它们请小白兔作裁判员。

小鸡第一个唱："叽叽叽，叽叽叽。"小白兔说："小鸡唱得太轻了。"

鸭子接着唱："呷呷呷，呷呷呷。"小白兔说："鸭子唱得太响了。"

小狗说："我来唱。"它很快地跑到前面，唱："汪汪汪，汪汪汪。"小白兔说："小狗唱得太快了。"

小羊说："我来唱。"它慢吞吞地走到前面，唱："咩——咩——咩。"小白兔说："小羊唱得太慢了。"

最后，轮到小猫唱，小猫不慌不忙地走到前面，唱起来："喵，喵，喵。"小白兔说："小猫唱得不快也不慢，声音不小也不大，好听极了，小猫应该得第一名。"

（资料来源：王素珍. 幼儿教师口语训练教程［M］. 3版. 上海：复旦大学出版社，2020.）

训练点：小鸡声音尖、细，鸭子声音沙哑、洪亮，小狗声音快速、洪亮，小羊声音柔、慢，小猫声音中、长，而裁判员小白兔的声音应干脆、坚定。肢体语言上，特别注意双手的不同造型对这6个形象的体现，并且能体现小鸡的轻——胆小羞涩，鸭子的响——大胆无所谓，小狗的快——豪爽泼辣，小羊的慢——胆怯温柔，小猫的不慌不忙——悠闲自若，小兔的大方——公平公正。

4. 适当互动，增加乐趣

讲故事如果只是一味地讲，幼儿往往容易走神。幼儿教师可以穿插一些有趣的提问，或者卖一下关子，或者让幼儿与故事中的角色进行互动，以增加乐趣，抓住幼儿的注意力。比如，问谁来了？他说的对吗？让幼儿给弱者打气、加油，有些重复的地方提示幼儿跟着动起来，都可以引发幼儿思考，融入故事情节。但要注意问题不能跑偏，不能破坏故事的完整性。

知识拓展

幼儿教师讲故事评分标准

一、故事主题突出，内容健康向上，富有儿童情趣。（20分）
二、情感真挚，声情并茂。（20分）
三、脱稿表演，普通话语音标准，讲述流畅，节奏感强，语气恰到好处。（30分）
四、表情生动形象，形体动作协调，体态语到位。（20分）
五、服饰得体，仪表端庄，举止大方，体现幼儿教师的精神风貌。（10分）

（资料来源：李莉. 幼儿教师口语训练［M］. 上海：华东师范大学出版社，2014.）

二、绘本讲述训练

（一）绘本概述

1. 绘本的概念

绘本是图文结合，以图形符号语言为主，文字语言为辅，叙述故事的书籍，是图文合奏的一种书本形式。绘本在英文中称为"picture book",意为"画出来的书",在我国也称为"图画书""图画故事"。

绘本利用绘画和文学语言两种媒介进行相互补充,图画是绘本的命脉,文字语言则成为图画的辅助,用以引导读者对图画意义的解读,有些绘本中甚至一个字也没有。幼儿读图就能看懂故事,所以绘本越来越受到家长、教育工作者和阅读推广者的欢迎和重视。

2. 绘本的特征

(1)形象的直观性与趣味性。相较于纯文字的故事,绘本中的画面可以让幼儿直观了解故事中的角色、场景以及事件发展,这种直观性不仅有助于幼儿对故事内容的理解,还能够激发他们的想象力和创造力,使他们在阅读过程中更加投入;绘本通常采用鲜艳的色彩和生动的画面来展示故事情节,绘本中的形象往往夸张而可爱,这种视觉上的冲击力也很容易吸引幼儿的注意力,还能够激发他们的阅读兴趣,使他们在阅读过程中找到快乐。

例如,《一园青菜成了精》(改编自北方童谣,周翔/图),平日清爽鲜脆的蔬菜一个个活了起来,和藕王展开了一场大战。场面热闹非凡,双方阵营势均力敌,直到歪嘴葫芦放大炮,绿豆角子点火绳,藕王才节节败退逃进泥塘。童谣朗朗上口,字句间尽显活泼与趣味,画面也是生趣十足,蔬菜个个鲜明突出。如图5-1所示,红头萝卜坐着轿子成娘娘,绿头萝卜俨然一副大王样。豆荚们抬着娘娘,萝卜乐队敲锣打鼓吹喇叭,大蒜韭菜跳起了舞,土豆们组成了土豆兵,胡萝卜是神气的大将军,小豆芽们则是王国的臣民。真是好玩极了!

图 5-1 绘本《一园青菜成了精》内页图片之一

(2)构图的连续性与叙事性。这也是绘本区别于插图书的特点。成人受阅读习惯的影响往往从文字读起,但幼儿因为识字少,关注更多的是图画。因此,绘本更加注重画与画之间的连续性与叙事性,让幼儿可以依据图画所提供的信息,感受空间环境和人物、故事的发展变化,大胆猜测、思考和想象。正因如此,有的绘本甚至一个字都没有,纯粹以图画来展现一个完整的故事。瑞士作家莫妮克·弗利克斯的代表作《小老鼠无字书(套装共8册)》,就全是图画,书里有一只小老鼠在挖呀、咬呀,钻出头来——这次它又找到什么?雪白的纸头后面竟然有艳丽的颜色。黄色、红色、蓝色、绿色……谁说小老鼠画的不是最美的图画(图5-2)?

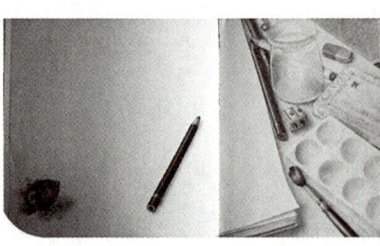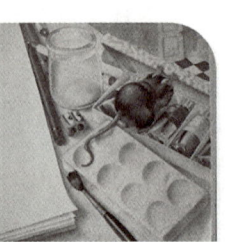

图 5-2 绘本《小老鼠无字书》之《颜色》内页图片

（3）整体的传达性与审美性。整体的传达性是指绘本中画面、文字以及整体设计元素之间是和谐与统一的，共同构建出一个完整而富有深度的故事世界。优秀的绘本画面往往呈现出一种连贯性和延续性，而且这种延续相通的特点不仅体现在画面的构图、色彩和风格上，也体现在画面所传达的情节与意义上。从封面到封底，甚至扉页、环衬等每一个细节都与绘本的主题和风格相呼应，形成一个统一的视觉形象。文字和图画是相互依存、相互激发的：有时，文字可以解释画面的细节，深化读者的理解；有时，画面又可以通过形象的展现，补充文字的不足。如《一园青菜成了精》的构图是中国水墨画，"胡萝卜挂帅去出征"还用了京剧里先锋的装扮，肩上插了三角旗，手里拿着令旗呢！打着打着，一园的青菜也成熟了，颜色也发生了变化（图5-3）。

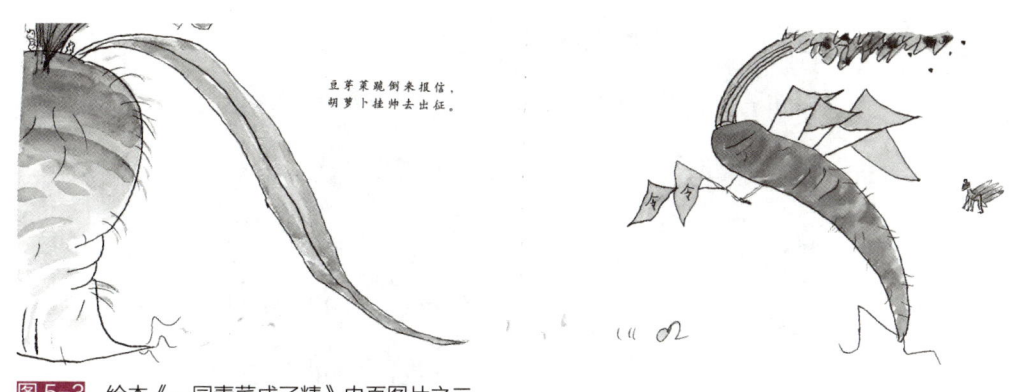

图5-3 绘本《一园青菜成了精》内页图片之二

（二）绘本讲述的意义

绘本作为一种深受幼儿喜爱的文学艺术形式，对幼儿的成长和发展具有深远的影响，我们应该充分利用绘本，为幼儿的成长和发展提供有力的支持。

（1）绘本展现给幼儿的是精美的画面和有趣的故事情节，能够吸引幼儿的注意力，激发他们的阅读兴趣。通过阅读绘本，幼儿可以接触到丰富的词汇和句型，逐步提高自己的语言表达能力。绘本讲述有助于培养幼儿的倾听能力，让他们更好地理解和学习语言。

（2）绘本中的故事情节往往蕴含着深刻的情感价值，通过阅读绘本，幼儿可以得到亲情、友情、勇气、善良等各种美好情感的熏陶。绘本讲述还是亲子互动、师幼互动的重要载体。绘本不是让幼儿独自看的书，而是在幼儿看的同时辅以成人的朗读、讲述。这种近距离的交流，是爱的交流，是情感的交融，可以让幼儿的内心变得充实。

（3）绘本的画面往往具有丰富的细节和层次感，为幼儿提供了无尽的想象空间。绘本还是一种视觉艺术形式，幼儿可以欣赏到画面中的色彩、构图、线条等艺术元素，提升幼儿的艺术品位和感受力。

（三）绘本讲述的方法

讲述绘本故事，同样要运用讲故事"话"与"表"的技巧，使故事丝丝入扣，同时还要巧妙运用绘本讲述的方法，让讲述与画面同步、与情节同步、与人物同步，让幼儿感受绘本独有的美好。

1. 讲述前，设计简单而特殊的开场，布置任务，制造期待

正式进入图画故事前，可以给幼儿布置一些任务，让幼儿带着任务听故事。一般可以让幼儿看封面，鼓励幼儿预测该书内容，或者巧妙设置问题。

例如，"故事要开始了！仔细听好咯，睡觉前小兔子有了一个新主意——比'爱'，可'爱'怎么比呢？"（《猜猜我有多爱你》）引导幼儿进行思考，调动幼儿思维的积极性。问题设置难度要适中，让幼儿能够依据已有知识和经验，简单思考后做出回答。

又如，绘本《神秘的大衣》（雅内特·彦宁 文/图）的封面设计独具匠心（图5-4）：主人公穿着的大衣仿佛蕴含着无尽的奥秘与惊喜。从大衣领子处露出的长颈鹿脑袋、火烈鸟脖子、兔子耳朵，到衣襟里探出的蜥蜴，以及挎包里形态怪异的鹅，背上停歇的乌鸦，每一处细节都透露着新奇与特别。教师可以充分利用这一封面设计，让幼儿仔细观察，引导幼儿猜测故事，激发幼儿强烈的阅读欲望。然后再讲述故事内容，这样效果更突出。

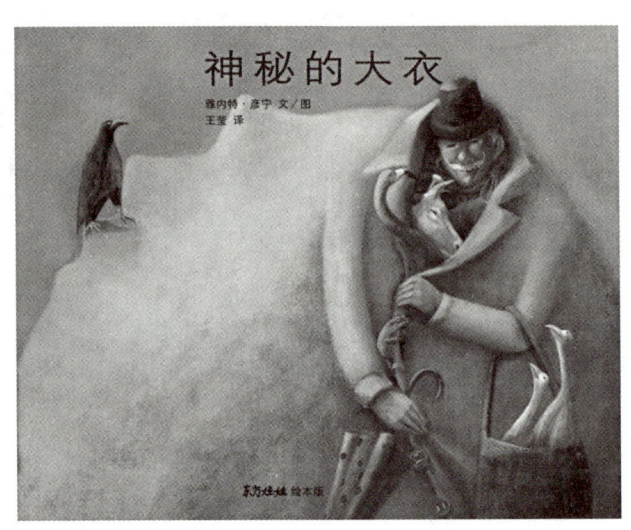

图5-4 绘本《神秘的大衣》封面图片

2. 讲述中，用多种方法丰富绘本内涵，鼓励幼儿参与其中

丰富绘本内涵包括：呈现绘本的每一个画面；鼓励幼儿在讲述中积极反应与评论；设计简单的活动使幼儿参与其中；偶尔提问以了解幼儿对故事的理解程度；当幼儿一脸茫然时，改变讲述方式；运用道具来说故事，如使用与绘本主题相关的手偶娃娃、小动物；播放合适的背景音乐等。

（1）想象式丰富阅读。绘本的文字往往简洁明了，讲述时就要补充、趣化细节，比如用启发、提示等方法，引导幼儿用想象去弥补图画之间跳跃及图画所造成的叙事"空白"，充实故事情节，拓展原有作品的内涵，使其变得更加丰满。

设疑想象：问题是发展思维的起点，讲述绘本过程中，鼓励引导幼儿提问，而不是一味地向幼儿提出问题。如在故事讲完后，幼儿会追问"后来呢？"可借此机会，让幼儿展开想象的翅膀，将故事续编下去。

例如，绘本《逃家小兔》（玛格丽特·怀兹·布朗/文，克门·赫德/图），讲述了小兔子和妈妈间的一场奇幻而又欢乐的"捉迷藏"游戏，作者用简单句式"如果你变成……，我就变成……"作为穿起故事的"线"。讲述绘本时，可以向幼儿提出："如果你是兔妈妈，你会怎么变，让小兔子回家呢？"从而推进情节的发展，使幼儿逐步体会兔妈妈对小兔的爱。

合理联想：选择富于想象、动人的图画去引导幼儿仔细观赏、观察画面中的色彩、形象和细节，使幼儿通过想象和联想，感受故事里的情感和意蕴。

例如，《大卫，不可以》（大卫·香农 文/图）以一个小男孩为主角，他有时把家里搞得一团糟，有时大吵大闹，有时把食物当成玩具，他面对的都是妈妈的"不可以……"但当大卫打破花瓶被罚的时候，他流眼泪了。于是，妈妈对他说："宝贝，来这里。"给了他一个温暖的拥抱，并对他说："大卫乖，我爱你。"可以让幼儿观察图画（图5-5），体会大卫的心情，从而理解不管孩子有多调皮，母亲的怀抱永远是温情的港湾。

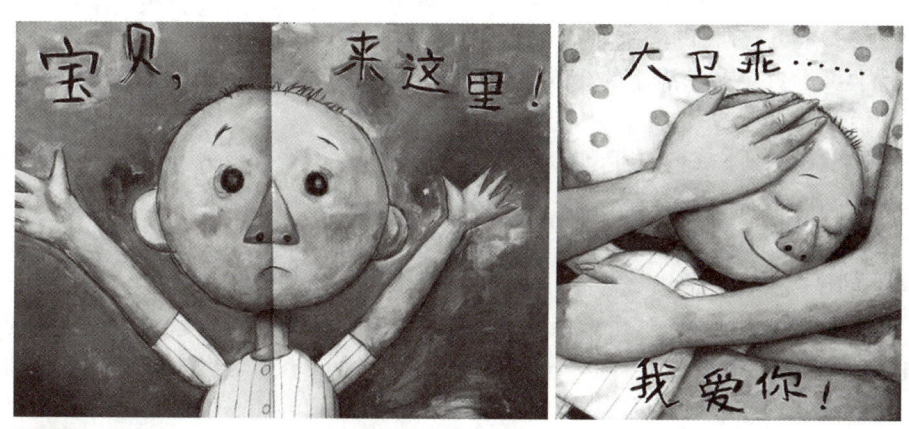

图5-5　绘本《大卫，不可以》内页图片

（2）游戏式探究阅读。绘本图文并茂，非常符合幼儿的认知水平，帮助幼儿以更轻松的方式去认知世界，也给人一种直抵心灵的温暖与感动，而幼儿也会以角色扮演、身体动作或简短语言等方式进行回应。教师可以创设简单的游戏，帮助他们丰富语言思维，加深对故事的理解。

例如《逃家小兔》可以这样设计：在室内或室外设置不同的藏身之处，让幼儿玩捉迷藏游戏，模拟绘本中小兔子想要逃跑，而妈妈总能找到它的情节；也可以让幼儿分别扮演小兔子和兔妈妈，自由发挥对话内容，或者用动作和表情来表达小兔子的调皮和兔妈妈的关爱。

再如《鼠小弟的小背心》（中江嘉男 /文，上野纪子 /图）中妈妈送给鼠小弟一件漂亮的红背心。"妈妈给我织的小背心，挺好看的吧？"来了一只鸭子："小背心真漂亮，让我穿穿好吗？"鸭子穿上了："有点紧，还挺好看的吧？"又来了一只猴子、一只海獭、一头狮子、一匹马，最后竟是一头大象！看到大象正穿着自己的小背心，鼠小弟有点着急，最后，它拖着像绳子一样长的背心，垂头丧气地走了（图5-6）。讲到这里，教师提问："鼠小弟穿着的小背心在地上拖了老长老长，鼠小弟低着头，流着泪，多伤心呀，我们快来帮它想想办法哄鼠小弟开心吧！"引导幼儿参与其中，安慰鼠小弟。

图5-6　绘本《鼠小弟的小背心》内文图片

（3）生活式感悟阅读。绘本的画面精美细腻，能够吸引幼儿的眼球，让幼儿在欣赏美的同时感悟生活的美好。绘本的故事情节也往往与现实生活紧密相连，能够引导幼儿在生活中发现美好、感悟生活。因此，绘本讲述时，就要注意将情节与生活进行连接，让美好的情感在幼儿心中生根发芽。这种方式在讲述中、讲述后都可以融入。

例如：在《逃家小兔》《猜猜我有多爱你》等绘本的欣赏中，引导幼儿描述自己身边的爱，丰富幼儿的情感；读《神秘的大衣》让幼儿自然萌发热爱小动物的情感；学习了《大卫，不可以》，幼儿就会反思自己在生活中的行为；学完《一园青菜成了精》，幼儿能够认识各种蔬菜，并喜欢上吃蔬菜。

3. 讲述后，配合绘本故事内容，设计延伸表达活动

讲述后的活动包括：回顾故事内容（角色、情节、情境、问题、解决方法等）；鼓励幼儿表达自己对故事的感受及想法；协助幼儿将主角所发生的事情与自己的生活相结合；配合故事内容，进行续编创作，或向其他领域延伸。

例如，《鼠小弟的小背心》这个看似简单的故事却蕴含了不小的道理。讲述绘本时，可以让幼儿补充联想：大象看到鼠小弟哭了，也会去安慰它，而鼠小弟也没有因为这件事情就怪罪大象，朋友之间还是友爱如初，从而引导幼儿联系自己的生活。幼儿总是在意很小的事情，因为这些小事情就是他们认为很大的事情，通过绘本可以告诉幼儿，有些我们在意的小事情并没有那么重要，也不要因为极小的事情就丢失自己的朋友。

（四）绘本讲述训练指导

下面以《母鸡萝丝去散步》（佩特·哈群斯 文/图）为例，来谈谈如何训练绘本讲述技巧（图5-7）。绘本《母鸡萝丝去散步》讲了一个幽默的故事，它的文字与画面形成一种非常滑稽的对比：文字讲述的是母鸡萝丝去散步的平淡无奇的故事，而图画则还讲述了狐狸追逐猎物却屡屡受挫的故事。

1. 设计恰当的导语，引起幼儿的兴趣

借助道具手偶，或对绘本封面做简单的介绍，让幼儿运用已有经验进行猜想和表述。不要全部讲完，留下一些伏笔，借此激发幼儿的阅读兴趣，去继续倾听。

图5-7　绘本《母鸡萝丝去散步》封面图片

例如：出示图片，你从封面上看到了什么？（母鸡萝丝，一只狐狸）你来猜一猜这会是一个怎样的故事？（幼儿大胆猜想发言）或出示母鸡手偶，出示扉页图（图5-8），介绍这是母鸡萝丝生活的农场，并给幼儿介绍农场的布置，让幼儿提前熟悉母鸡散步的路线。然后说："母鸡萝丝迈着轻

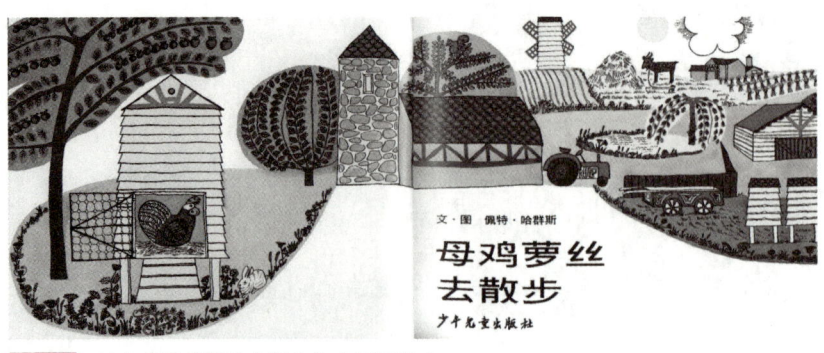

图5-8　绘本《母鸡萝丝去散步》内页图片之一

盈的步伐，带着愉快的心情去享受这美丽的农场美景。但在它散步的时候，却发生了好多有意思的事，我们一起来看看吧！"

2. 通过口语化的表达，讲述文本内容

《母鸡萝丝去散步》全文只有44个字：母鸡萝丝出门去散步／它走过院子／绕过池塘／越过干草堆／经过磨坊／穿过篱笆／钻过蜜蜂房／按时回到家吃晚饭。这就要求讲述者想办法让故事从平面文字走向立体图文，添加狐狸的形象，运用拟声词，添加动物语言等，从而丰富故事内容，使故事变得丰满有趣。同时通过音色的处理来塑造形象，狐狸的音色尖细、狡猾，母鸡是自信的，把两者形象加以区分。

这天，天气真好，母鸡萝丝走出鸡舍去散步。它没有发现，一只狐狸鬼头鬼脑地跟在后面。狐狸想找个机会，趁母鸡萝丝不注意的时候把它吃掉（图5-9）。

图5-9 绘本《母鸡萝丝去散步》内页图片之二

母鸡萝丝走过院子，狐狸紧跟在后面。母鸡萝丝穿过农家院子，绕过地上放着的耙子。可身后那只肚子饿得咕咕叫的狐狸却没有注意到地上放着耙子，朝着母鸡萝丝扑了上来。没想到狐狸一脚踩到了钉耙，钉耙一个反弹，"铛"地狠狠地打到了它的脸上，把它打得头昏脑涨（图5-10）。"哎哟！"狐狸大叫一声，"疼死我了！"突然，它猛地捂住嘴，看看自己的美餐，舒了一口气，说："呼……幸好我的'小鸡腿儿'没有发现，不然可就糟了！"

图5-10 《母鸡萝丝去散步》内页图片之三

在狐狸扑上来的时候，可以提问幼儿：母鸡会被抓到吗？吸引幼儿继续听下去。

母鸡萝丝一点也不知道后面所发生的事情，继续悠闲自在地往前走。它哼着歌儿绕过了清澈的池塘："啦啦啦……喔喔喔……啦啦啦……喔喔喔……"狐狸想：这样高兴的母鸡，肯定好吃！正流口水的时候，乐极生悲——"扑通"掉进了池塘（图5-11），喝了满满一肚子水，吓得青蛙都跳出来了："呱呱，是谁打断了我们唱歌？"

图5-11 绘本《母鸡萝丝去散步》内页图片之四

母鸡萝丝没有听见，它继续越过干草堆。狐狸从池塘里爬上来，浑身湿淋淋的，像个落汤鸡。狐狸不死心，又往前一扑，差一点就抓住母鸡了（图5-12），结果母鸡萝丝走过去了，狐狸却从干草堆上摔了下来，吓得干草堆里的小老鼠"吱吱吱"地四处逃跑。

图5-12 绘本《母鸡萝丝去散步》内页图片之五

母鸡萝丝继续不慌不忙地散步。它经过了磨坊，脚踩到了一根绳子，把一袋面粉碰倒了（图5-13）。后面跟着的狐狸正好走过，一袋面粉全浇了下来，把狐狸压在了面粉底下，都快成肉饼了！

图5-13 绘本《母鸡萝丝去散步》内页图片之六

母鸡萝丝接着穿过篱笆，狐狸又扑了上来，可它跌到了篱笆这边的手推车里。

母鸡萝丝从蜂箱下面钻了过去，可那辆手推车载着狐狸撞翻了蜂箱，"嗡嗡嗡……"蜜蜂全飞了出来，狐狸吓得抱头逃窜，可还是被蜜蜂叮得满头都是红包（图5-14），蜜蜂说："哼！这就叫作'送红包'！"

图 5-14 绘本《母鸡萝丝去散步》内页图片之七

这里可以提问："请你猜一猜，这个故事的结尾是什么？"

结尾是母鸡萝丝穿过了篱笆，走过了蜂房，安全回到了家（图5-15）。

3. 通过分享式阅读，促进情节理解

讲述之后，提出一些延伸性的问题，让幼儿互相讨论，引导幼儿分享彼此的心得感想。

比如提问："你们看完书为什么都笑了呢？看到了什么？发生了什么事？你能讲讲自己感到最好笑的那一页吗？"引导幼儿复述故事内容，回忆母鸡走过的路线。

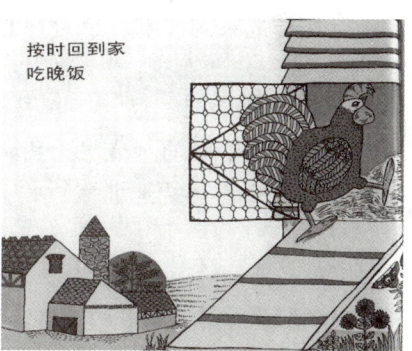

图 5-15 绘本《母鸡萝丝去散步》内页图片之八

接着再问："母鸡萝丝散步的时候，狐狸始终跟在后面，母鸡萝丝知道吗？""狐狸只要一扑就可以捉到母鸡萝丝，为什么它一直没有捉到？"引导幼儿思考狐狸失败的原因，理解母鸡萝丝和狐狸的性格特点。

还可以继续让幼儿发挥想象："今天，母鸡萝丝又去散步了，会发生什么事呢？"启发幼儿大胆创编故事。

📝 思考与练习

1. 小组讨论，给幼儿讲故事时要注意哪些问题。
2. 讲故事技巧训练，难度最大的地方在哪儿？你怎样突破？
3. 向同学介绍自己看过的绘本，并结合绘本概念及特征进行分析。
4. 说说绘本故事的讲述方法有哪些？
5. 为下面的故事设计开头和结尾。

白头翁的故事

从前有一只美丽的小鸟，很想学一套不平凡的本领。但是，什么是不平凡的本领呢？连它自己也不知道。

一天，它看见喜鹊在大树上造房子，非常羡慕，觉得造房子很有意思，一心想学这一行。它开始学得很认真，但是没过多久就厌倦了。有一天，它说："天天衔树枝。太平凡了！"它就不再学造房子了。

那一夜，它满腹心事，翻来覆去睡不着，忽然听到外边黄莺唱得很动听。它想，"这样婉转的歌声多不平凡哪！跟黄莺学唱歌去吧！"第二天，它真的去学了。它开始学得还认真，但是没过多久就觉得太辛苦了。有一天，它说："学唱歌得天天吊嗓子，我可受不了。"

后来，它又学飞行，学打猎，也都是虎头蛇尾，没有坚持下去。直到头发白了，它还没有学到"一套不平凡的本领。"

为了让后代永远记住这个教训，它就把一头白发传给它的子孙。它的子孙都顶着一头白发，人们管它叫"白头翁"。

6. 语速训练。

（1）1分钟整体语速训练，1分钟左右讲完。

城市老鼠和乡下老鼠是好朋友。有一天，它们过腻了现在的生活，想交换一下：城市老鼠到乡下去生活；乡下老鼠到城市去生活。

城市老鼠来到乡村，立即被眼前的美景惊呆了：太阳公公正对着它眯眯笑！小鸟对着它"喳喳"叫，好像在说："欢迎，欢迎！"果园里长着大大的果子；草地上开着美丽的鲜花；稻田里长着绿油油的麦苗。一阵风吹来，新鲜的空气让城市老鼠觉得全身都舒畅："啊！真舒服呀！"（181字，选自《城里老鼠和乡下老鼠》）

（2）2分钟整体语速训练。

小兔子找太阳

有一只可爱的小兔子，听说太阳是红红的、圆圆的，便要去找太阳。

它来到屋子里，指着两盏红红的、圆圆的灯笼问妈妈："妈妈，这是太阳吗？"

妈妈说："不，这是两盏红灯笼，太阳在屋子外面呢！"

小兔子来到菜园里，看见三个红红的、圆圆的萝卜，问妈妈："妈妈，这是太阳吗？"

妈妈说："不，这是三个红萝卜，太阳在天上呢！"

小兔子抬起头，看见天上飘着红红的、圆圆的大气球，问："妈妈，这是太阳吗？"

妈妈说："不，这是红气球……"

小兔子焦急地喊："真急人，太阳到底在哪儿呀？"

妈妈说："瞧，太阳只有一个，还会发光呢！"

小兔子顺着妈妈手指的方向，抬起头，大声叫："妈妈我找到了，太阳是红红的、圆圆的、亮亮的，照在身上暖洋洋的。"（301字，大约1分50秒）

7. 每位同学从下列故事中选一个进行讲故事训练，然后举办班级故事会。要求"话""表"结合，绘声绘色。

龟兔赛跑

龟兔赛跑

兔子长了四条腿，一蹦一跳，跑得可快啦。乌龟也长了四条腿，爬呀，爬呀，爬得真慢。有一天，兔子碰见乌龟，笑眯眯地说："乌龟，乌龟，咱们来赛跑，好吗？"乌龟知道兔子在开它玩笑，瞪着一双小眼睛，不理也不踩。兔子知道乌龟不敢跟它赛跑，乐得摆着耳朵直蹦跳，还编了一支山歌笑话它：

乌龟，乌龟，爬爬，

一早出门采花；

乌龟，乌龟，走走，

傍晚还在门口。

乌龟生气了，说："兔子，兔子，你别神气活现的，咱们就来赛跑。"

"什么，什么？乌龟，你说什么？"

"咱们这就来赛跑。"

兔子一听，差点笑破了肚子："乌龟，你真敢跟我赛跑？那好，咱们从这儿跑起，看谁先跑到那边山脚下的大树那儿。预备！一，二，三，跑！"

兔子撒开腿就跑，跑得真快，一会儿就跑得很远了。它回头一看，乌龟才爬了一小段路呢，心想：乌龟敢跟兔子赛跑，真是天大的笑话！我呀，在这儿睡上一大觉，让它爬到这儿，不，让它爬到前面去吧，我三蹦二跳地就追上它了。"啦啦啦，啦啦啦，胜利准是我的嘛！"兔子把身子往地上一歪，合上眼皮，真的睡着了。

再说乌龟，爬得也真慢，可是它一个劲儿地爬。爬呀，爬呀，爬，等它爬到兔子身边，已经累坏了。兔子还在睡觉，乌龟也想休息一会儿，可它知道兔子跑得比它快，只有坚持爬下去才有可能赢。于是，它不停地往前爬、爬、爬。离大树越来越近了，只差几十步了，十几步了，几步了……终于到了。

兔子呢？它还在睡觉呢！兔子醒来后往后一看，咦，乌龟怎么不见了？再往前一看，哎呀，不得了了！乌龟已经爬到大树底下了。兔子一看可急了，急忙赶上去，可已经晚了，乌龟已经赢了。乌龟胜利了。

兔子跑得快，乌龟跑得慢，为什么这次比赛乌龟反而赢了呢？因为，骄傲使人落后，虚心使人进步。做事情要踏踏实实地，这样才会取得成功。

噪音国

噪音国

从前有一个老鼠王国，叫噪音国。这里的老鼠喜欢用力地敲门"嘭嘭嘭"，使劲地踏地板"咚咚咚"，白天狂笑"哈哈哈"，晚上睡觉"呼噜噜"，这些就是噪音国最受人欢迎的歌曲。

这里的人都喜欢玩一种游戏，拿着脸盆，用木棒"咚咚"地敲，不管白天还是黑夜，都没有人去管，反而还喜欢这种声音。这里的王子会在宫殿里，把收集来的铁罐子堆得高高的，然后一下子就把它们推倒，"叮叮当当"，王子听了这个声音会高兴地拍起手来，有时还会叫一些大臣一起玩。

后来，王子想听到全国更大的噪音，他跑到父亲那里，对父亲说："父王，我想听到全世界最大的噪音"。国王问他："孩子，你想怎么做？"王子回答："在12月1日的时候，也就是我的生日那天，让全国的人集中在一起，在同一时间大喊，不就可以了吗？"国王怜爱地说："真是个聪明的孩子，我这就叫侍卫去贴通告"。噪音国的每一个人都看到了这个通告。

有一个聪明的孩子对他的父亲说:"爸爸,我们到那个时候只把嘴巴张开,不发出声音不就能听到全世界最大的噪音了吗?",父亲知道后,把这个办法告诉了妻子,妻子又告诉了她的朋友……,这个办法一传十,十传百,最后传遍了全国。

王子的生日到了,全国人聚集在广场,大家屏住呼吸,听着3、2、1的报数声。全国人张开嘴巴,却没有一个人发出声音,都等待着别人喊。好静啊,噪音国几百年来,从没有这么静过,王子第一次听到了小鸟叽叽喳喳的歌声,第一次听见了山泉淙淙流淌的声音,第一次听见了风吹着树林发出唰唰的声音,第一次闻到了花儿散发出来的那种宁静清幽的香味……王子喜欢上了这安谧静美的大自然。

从此,噪音国改变了风气,人们说话都温和了,走路也轻轻的了,噪音国的鸟儿也多了,花儿更鲜美了,树更绿了。

8. 请结合绘本故事训练指导,讲述绘本故事《咕叽咕叽》《团圆》(可自行查阅绘本内容)。

下编
幼儿教师职业口语训练

第六章 幼儿教师教育口语训练

学习目标

1. 理解幼儿教师教育口语的特点与原则要求。
2. 掌握沟通语、表扬语、激励语、批评语、说服语的使用技巧,能够根据教育口语特点、活动特点、幼儿年龄特点设计科学的教育口语。
3. 能根据教学情境和教育对象灵活运用教育口语,培养幼儿正确的价值观、道德观和人生观,引导幼儿健康成长。
4. 培育家国情怀和教育理想,热爱幼儿,树立为教育事业奉献终生的价值认同感。

第一节 认识幼儿教师教育口语

> **学习导入**

1. 印度"狼孩"案例

1920年,印度丛林里发现狼哺育长大的2个女孩,被领进孤儿院时,她们的一切生活习惯都如狼一般:用四肢走路,完全不懂语言,也不能发出人类的音节。2岁的阿玛拉的发展比8岁的卡玛拉快得多,阿玛拉进院2个月开始会单字表达,较早对其他孩子的活动表现出兴趣,遗憾的是她未能存活下来。8岁的卡玛拉进院用了25个月才开始说第一个词"ma",4年后一共学会了6个字,7年后增加到45个字;进院16个多月卡玛拉才会用膝盖走路,2年8个月才会用两脚站起来,5年多才会用两脚走路,但快跑时又会用四肢爬行。直到16岁去世,狼孩卡玛拉还没真正学会说话,智力只相当于三四岁的孩子。

评析:"狼孩"的事例证明了人类的才能并非天赋,而是社会实践的产物,同时说明儿童时期在智力发育上的重要性,即0~6岁是大脑发育和语言发展的重要阶段,是教育的最佳时期和关键期,也称为敏感期,一旦错过了敏感期,就是不可逆的。

2. 幼儿园教育案例

户外活动时,轩轩把小雨撞倒了,轩轩匆忙说了声"对不起"就要离开。老师看到这一幕,意识到轩轩并不知道自己给别人带来了什么后果,赶紧叫住他,并把小雨扶起来,一边安慰,一边问:"你为什么哭啊?"小雨说:"疼!""轩轩说过对不起了,还疼吗?""嗯,还疼。"老师转身问轩轩:"你摔过吗?什么感觉?""疼。""那你疼的时候希望别人怎么做?"轩轩想了想,然后伸手给小雨拍拍身上的灰尘,小声地说:"对不起,你还疼吗?我给你吹吹。"结果小雨不哭了,还说:"没关系,我不疼了。"老师摸着轩轩的头说:"以后不小心碰到了小朋友,要真诚地道歉,除了说对不起,还要帮他减轻疼痛,这样小朋友才会原谅你。"

评析:教师正确的言语示范和言语教育赢得了幼儿的信赖,同时教会了幼儿日常礼仪和解决问题的办法。

一、幼儿教师教育口语的内涵

《幼儿园教育指导纲要(试行)》中指出,"幼儿园教育是基础教育的重要组成部分,是我国学校教育和终身教育的奠基阶段。""幼儿园的教育活动,是教师以多种形式有目的、有计划地引导幼儿生动、活泼、主动活动的教育过程。"《幼儿园工作规程》指出,"幼儿园的品德教育应当以情感教育和培养良好行为习惯为主,注重潜移默化的影响,并贯穿于幼儿生活以及各项活动之中。"

由此可见,幼儿教师应对幼儿的思想品德、行为规范等方面实施教育,而在教育过程中使用的行之有效的、具有教育意义的工作用语,就是幼儿教师教育口语。正确、恰当地运用教育口语的能力,是幼儿教师必备的技能之一。

苏霍姆林斯基在《给教师的建议》中指出:"在你拟定教育性谈话内容的时候,你时刻也不能忘记,你施加影响的主要手段是语言,你是通过语言去打动学生的理智与心灵的。"因此,教师要重视提高自己的语言修养,在对幼儿进行教育时,要把教育意义用恰当的语言表达出来,不是简单说教,而要用符合幼儿年龄特点的语言进行沟通和引导。

二、幼儿教师教育口语的特点

（一）语言儿童化

幼儿的年龄特点决定了他们喜欢生动有趣、形象活泼的语言。语言儿童化就是教师用语富有童趣，贴近幼儿的生活，符合幼儿心理特征。

因此，教师要多用灵活生动的语言，多用拟声词、感叹词，多用比喻、拟人、夸张等修辞手法。比如一位教师把幼儿午睡比喻成给手机充电："小手机，来充电，快快放好充电线，关上开关闭上眼，慢慢慢慢充满电。现在你们都变成我的小手机，把你们的小充电线（胳膊）都放好，闭上眼睛关上机，来充电啦！"

语言儿童化，还要求教师多从幼儿的视角表述问题，调动幼儿情感体验。比如"小朋友们，我们不应该踩草地"和"小朋友们，我们不要踩草地，小草会痛的"这两句，后者调动了幼儿的感受，更容易获得幼儿共情。

此外，语言儿童化，并不意味着教师要模仿幼儿的娃娃腔，学幼儿说话，随便用叠音词、语法混乱、用词不当等，这些都要避免。

（二）浅显规范

幼儿期是学习语言的黄金期，幼儿主要通过自然观察和模仿而习得语言，因此教师的一言一行、一腔一式都必须规范文明。这包括：使用标准的普通话，语言符合语法规范，避免口头禅和无意义词，语言浅显通俗，使用幼儿听得懂的词语，多使用儿化语（可以表达喜爱和亲切的情感），使用简短的句式，说话层次分明，条理清楚。

（三）具体形象

由于幼儿思维的特点，幼儿更容易理解和接受直观、生动、具体的东西，特别是对观念的感知和理解，更需要借助于形象。因此，教师要使用幼儿易于理解的形象化的语言来表达指令、说明事理、交流情感，化抽象为具体，化平淡为神奇，调动他们的各种感官去联想、想象；还可用表情、手势、身姿变化等态势语辅助表达。

【示例】

该吃午饭了，明明一看是自己不爱吃的面条和鸡蛋汤，就不想吃饭了，其他几个幼儿也纷纷效仿明明。老师拿了把尺子，量了量教室里花草的"身高"。

教师："哎呀，这花草又长高了！谁知道这花草为什么会长这么快呢？"
幼儿："我们每天都给花草浇水。"
教师："对呀，水就是花草的'饭菜'，花草每天按时吃饭，当然长得快了！"
幼儿："我也想长高！""我也想长得快！"
教师："那你们就多吃饭，吃得饱饱的！我们和花草比比，看谁长得快！"
孩子们都大口地吃起饭来。

（资料来源：李莉. 幼儿教师口语训练［M］. 上海：华东师范大学出版社，2014.）

评析：教师抓住幼儿想快点长高、长大的心理，运用类比的方法，巧妙地解决了幼儿挑食不想吃饭的问题。

（四）明理启智

幼儿教师担负着培养幼儿形成良好品德行为的重要任务，作为教育手段的口语，它的表达内容和形式都要为这个总任务服务。教师要注意挖掘一日生活中的德育因素，同时，调动幼儿的情感体验，重视引导、启发。幼儿道德行为的养成不能单纯依靠说教，缺乏情感体验的道德认知是苍白无力的。比如本节导入案例，教师就是让口头说"对不起"的幼儿联系自身感受，进而意识到自己的行为给别人带来了伤害，最后发自内心地表达歉意，弥补自己的过错。

【示例】

开学没几天，张老师发现教室里整洁的墙壁、桌椅上，到处是孩子们留下的画笔印迹。张老师苦口婆心地说了好多次："不要乱涂乱画，这些东西擦洗不干净。"但印子还是越来越多。一天，××小朋友在桌子上乱涂时，被张老师抓个正着。

张老师把××叫到前面，问其他幼儿："老师讲了很多次不能乱涂乱画，你们说，××这样做对吗？""你自己说说，现在怎么办？"××小朋友不知所措。其他小朋友大叫："老师，让他擦干净，用自己衣服擦。"××听了，护着自己的衣服都要哭了。张老师认为教育应到此为止，说："今天，老师就原谅你了。以后还有小朋友这么做，老师只好请他用自己的衣服擦了，大家记住了吗？"

同样的事，其他班也有。李老师什么也没说，她在午餐后给小朋友讲了一个《小狐狸找朋友》的故事，问孩子们："小猪、小狗、小鸭为什么不愿意和小狐狸做朋友？""因为小狐狸在他们家门口乱涂乱画，没人愿意跟它玩。"

"老师想请你们在我们教室里找一找，有没有涂上去的脏东西呢？"小朋友纷纷报告有。"那我们得想个办法，把脏东西去掉。""老师，用毛巾擦。"李老师就给每个小朋友一块小抹布，请小朋友擦，擦着擦着，小朋友发现除了瓷砖上的印迹能擦掉，墙上、桌椅上的印记都擦不干净，都着急了："老师，快帮我们想办法吧。"

李老师这时告诉孩子们："这些印迹擦不干净了，只能用油漆重新粉刷，但油漆有毒，对小朋友身体不好，只能等放假的时候做。小朋友以后想画东西，请到老师这儿来拿白纸，画在纸上，和小朋友一起欣赏吧。"

评析：张老师采取的是消极的制止和纠正，这种"唠叨"反而容易强化幼儿的行为。李老师没有简单的制止，而是创设了一个宽松和谐的情境，让幼儿自己发现问题，找到解决问题的方法，于不明不觉中明白"乱涂乱画"的危害性，从而内化为自己的行动。

三、幼儿教师教育口语实施原则

《幼儿园工作规程》指出，"德、智、体、美等方面的教育应当互相渗透，有机结合。""遵循幼儿身心发展规律，符合幼儿年龄特点，注重个体差异，因人施教，引导幼儿个性健康发展。"这就要求幼儿教师教育口语应从促进幼儿身心发展出发，贯穿于幼儿日常生活和各种教学活动之中。教师要善于捕捉幼儿的细微变化，随机进行教育，要把德育因素渗透在幼儿游戏、学习、生活、娱乐的各个过程之中。具体实施时，应遵循以下原则。

（一）及时性原则

在幼儿园里，幼儿与教师是朝夕相处的，这给了教师随时随地进行教育的机会。而幼儿注意力保持时间短，教师实施教育口语就要敏锐地捕捉教育机会，迅速做出反应，并适时调整教育策略，运用幼儿可以接受的形式及时进行教育，以确保教育效果的最大化。

【示例】

贝贝小朋友走路时不小心摔倒在地，教室里发出哄堂大笑。老师说："你们知道什么叫幸灾乐祸吗？"许多孩子都摇摇头。老师又说："幸灾乐祸就是看到别人遇到困难，不但不去帮助他，反而去嘲笑他。你们说说，这样的行为好不好呢？"孩子们都说："这样不好。"刚才那几个笑声最响的孩子都低下了头。随后，老师组织小朋友就"看见别人遇到困难怎么办""帮助别人有什么好办法"进行了讨论。小朋友们积极地发表自己的意见。

评析：教师要及时回应幼儿需求，抓住教育有利时机，及时处理教育问题，在幼儿表现出良好行为时及时给予表扬和鼓励，在幼儿遇到困难时及时发现问题并采取有效的措施加以解决。

（二）肯定性原则

教育幼儿要以正面教育为主，善于发现幼儿身上的闪光点，及时给予表扬和肯定。教师对幼儿的肯定，不仅让幼儿体验到教师的理解与接纳，而且对培养幼儿的自信心有极大的帮助，能让幼儿主动地内化教育要求，不断进行自我完善。

比如，"你再这样，我不喜欢你了"和"如果你不这样，老师就喜欢你"两种表达方式，给幼儿的感受是不一样的，前者是否定性评价，容易造成害怕和惊慌；后者是肯定性评价，给幼儿希望和鼓励，让幼儿产生快乐的情绪，促使幼儿表现出正确的行为。

肯定性原则，要求教师以亲和的态度处理事情，允许幼儿犯一定程度上的小"错误"，保持对幼儿的宽容，保持自身的冷静，在了解幼儿行为的原因后，再进行教育。

【示例1】

在一次搭建游戏中，强强不小心碰坏了小朋友搭的动物园，孩子们一时情绪激动，有的埋怨强强，有的不知所措……这时，教师马上说："动物园是不是'地震'了？我们赶快抢救动物，把动物园修好吧！"于是，孩子们又重新投入了新游戏当中，教师巧妙地化解了一次即将发生的纠纷。

评析：假如教师此时用强制性或命令性语言，就不仅破坏了游戏气氛，还会影响幼儿的情绪和参加游戏的积极性。

肯定性原则，还要求教师不说幼儿听不懂的反语，或讽刺挖苦幼儿。

【示例2】

一个幼儿说："我不想上学，幼儿园里一点也不好玩。"老师接着说："嘿！瞧你多傻呀！居然会说幼儿园里不好玩。"老师的这种神态与语言严重地打击了幼儿的自信心，抑制了他内心情感的抒发。幼儿会感觉到向老师袒露情怀是件冒险的事，或怀疑自己的判断与情感。这种打击是毁灭性的。

（三）民主性原则

我国教育家陶行知先生说："相信儿童，解放儿童""人人都说小孩小，谁知人小心不小，您若小看小孩子，便比小孩还要小"。可见幼儿教育的真谛就是尊重孩子，相信孩子。

1. 建立与幼儿平等的地位

幼儿作为一个独立的生命个体，有其自己的思想和意识，而作为幼儿教师，应该尊重幼儿的独立人格，尊重幼儿自己的想法和观点，保护幼儿的自尊心。

【示例】

区角活动结束了，大多数孩子很快收拾好了玩具，只有苗苗还在娃娃家里玩。我提醒了她两次，但她只看看我，嘴里不知说了句什么。我有些生气，便对她说："老师叫你收拾好玩具，你听见了吗？"没想到她非但没有行动，反而说："我说话你听见了吗？娃娃还没睡着呢，我要再陪她一会儿!"她的反问使我吃惊。我连忙走到她面前,对她说:"哦,是这样啊?那你再陪娃娃一会儿吧。等她睡着了,你轻轻地帮她把家收拾好,好吗?"听了我的话,苗苗高兴地点点头。过了一会儿,娃娃"睡着"了,苗苗很快就把娃娃家收拾得整整齐齐,比任何时候都认真。

评析:案例中的教师尊重孩子、理解孩子、热爱孩子,当她倾听了孩子的想法后,尊重孩子的做法,同时坚持对孩子提出一定的要求,使教育的意图得以实现。

2. 关注幼儿的主体地位

教师是教育活动的引导者,幼儿处于教育活动的主体地位,若教育过程中只有教师的教,没有幼儿的理解和接受,则是不成功的教育。所以,实施教育口语要调动幼儿的积极性,关注幼儿的参与性,过程中要注意观察幼儿的表现,适当调整节奏。

(四)针对性原则

"一个孩子一个样,每个孩子不一样",幼儿教师的教育语言应当因人而异、因内容而异、因环境而异,这是针对性原则的要求。

1. 针对不同年龄阶段的幼儿应用适合的教育策略

(1)小班幼儿年龄小,认知水平低,对世界的认识来自直接感官的感知;语言处于积累阶段,表达时句子成分不全,常常出现单词单句;注意力保持时间短。教师语言要具体形象,多用语气词、象声词,多用拟人手法,多鼓励表扬,增加态势语,语气适当夸张,如"哗啦啦,哗啦啦,下雨啦,小朋友们该进屋啦"。

(2)中班幼儿已有的知识经验相对丰富,理解能力增强,词句积累更多,表达时句子成分完整,可以听懂教师的话。教师语言词汇应逐渐丰富,连贯语言增多,句式多样,可安排更多开放性问题,鼓励幼儿多"说"。

(3)大班幼儿的认知水平较高,抽象思维开始萌芽,逐渐注意到事物内部的联系,与成人之间的交流已无大碍。这一阶段教师可以教授概念、类别,可以运用各种修辞手法使教育口语更有效果,同时注意给幼儿更多表达、创编的空间。如看到幼儿追蝴蝶,可以说:"蝴蝶最喜欢花,我们看看蝴蝶飞到了哪些颜色、哪些形状的花上玩耍,喜欢和哪些花交朋友?"

2. 针对不同气质的幼儿应用适合的教育策略

幼儿的气质类型如表6-1所示。

表6-1 四种气质类型

神经类型	气质类型	心理特征
活泼型	多血质	活泼、灵活、好交际
安静型	黏液质	安静、迟缓、有耐性
不可遏制型	胆汁质	反应快、易冲动、难约束
抑郁型	抑郁质	敏感、畏缩、孤僻

(1)针对多血质类型幼儿的教育口语。

幼儿特点:乐观外向、爱玩乐、反应灵活,对环境适应性强,但注意力保持时间短。

教师说话要直白具体,语言要规范,直接告诉幼儿应该做什么,如"老师真为你高兴""请坐好,看老师"等。

(2)针对黏液质类型幼儿的教育口语。

幼儿特点:情绪稳定,乐于旁观,一般较内向、安静,做事执着,注意力保持时间长,能遵守老师要求，但变通性稍差，交往能力不强，喜欢自己做自己的事情。

教师要多鼓励他们表达、展示自我，带领他们融入集体。

（3）针对胆汁质类型幼儿的教育口语。

幼儿特点：精力旺盛、行动迅速、情绪易兴奋，同时比较情绪化，爱发脾气、易冲动。

教师要特别注意自身的情绪控制，沟通语气要平和，不要直接批评幼儿，避免幼儿产生反抗情绪。

（4）针对抑郁质类型幼儿的教育口语。

幼儿特点：循规蹈矩，感情细腻敏感，但性格多孤僻，不爱表现自己，胆怯、懦弱。

教师语态亲切，语调柔和，让幼儿信赖老师，不要当众批评他们，多鼓励，帮幼儿建立自信心。

以上四种原则，及时性、肯定性、民主性、针对性，在教育过程中的运用不是孤立的，而是互相渗透、相互关联的，幼儿教师教育口语的实施应注意各原则之间的联系。

思考与练习

1. 简述幼儿教师教育口语的特点。
2. 幼儿教师教育口语应遵循哪些原则？
3. 为什么要根据幼儿的气质特点来运用教育口语？不同气质的幼儿心理表现和语言接受能力有何不同？
4. 分析下列案例中蕴藏的教育时机。

    （1）彬彬画完了画，然后显得很自豪地、也带着某种期待地交给了老师。

    （2）上课的时间已经到了，可是还有几个小朋友在盥洗室里玩水。

    （3）老师发现迪迪又把家里的玩具带到幼儿园里来了（或在离园时又把幼儿园的玩具放在了书包里）。

5. 阅读以下案例，分析其中的幼儿教师教育口语遵循或违反了哪些教育原则，有什么利弊。

    （1）小潘是个很可爱的男孩，父母也很喜欢打扮他。一天，小潘穿了一整套小西服，还穿了亮亮的小皮鞋来到幼儿园，整个人精神帅气，小潘自己也很神气。但是小潘这天的打扮与他以往的运动服不太一样。户外活动时间，班上的女生凑在一起窃窃私语，议论小潘的衣服奇怪、不好看，小潘表面上装作不在意，其实心里已经没有刚来时候那么高兴了。

    老师注意到了这一点，说："还记得咱们六一儿童节的联欢会吗，你们有没有穿亮闪闪的小裙子？你们觉得那样的衣服好看吗？"女孩子们回答："好看，那时候穿的裙子是纱的，我还穿着裙子跳舞了！"老师："对呀，那时候你们穿着小裙子就像小公主一样，打扮得漂漂亮亮的。那今天小潘也是精心挑选的衣服，想让自己看起来精神一点，你们看他像不像电视里面的小王子呀？"女孩子们："嗯，有点像，他还把头发梳上去了。"

    （2）一位教师很喜欢班里的一名幼儿，一天，教师对这名幼儿说："你这个小笨蛋。"过了几天幼儿问教师："老师，我是不是比别的小朋友都笨？"教师说："谁说你笨了？你怎么问我这个问题呢？"幼儿说："老师说过我笨。"教师恍然大悟，原来是自己的反话造成了幼儿的误解。幼儿完全不理解教师的反话，以为教师嫌弃、责怪她，结果伤害了幼儿的自尊心。

    （3）几个幼儿正趴在树下兴致勃勃地观察着什么，一个老师看到他们满身是灰的样子，生气地走过去问："你们在干什么？""听蚂蚁唱歌呢。"一个幼儿头也不抬，随口而答。"胡说，蚂蚁怎会唱歌？"老师的声音提高了八度。严厉的斥责让一个个小脑袋耷拉下来，等候老师发落。只有一个倔强的小家伙还不服气，小声嘟囔说："您又不蹲下来，怎么知道蚂蚁不会唱歌？"

    （4）大班自由活动时间，老师正和几个幼儿在布置"海底世界"的墙饰，老师对其中一个幼儿说："我们再画一个小鲸鱼好不好？这样鲸鱼妈妈可以带着小鲸鱼在海洋里自由玩耍。"原本正玩积木的囡囡突然跑过来说："老师，鲸鱼是胎生的！"老师听了囡囡的话，停顿了一下，又把注意力转到了布置上。囡囡见老师没有反应，往老师身边又凑近了些说："鲸鱼是胎生的，爸爸告诉我的，动物里既有胎生的，也有卵生的。"这回老师看了囡囡一眼，"好啦，我们在布置墙饰，你先去搭积木吧！你看其他小朋友都快搭好了，你还什么都没搭成呢！"囡囡不高兴地走开了，之后一直闷闷不乐。

6. 在"幼儿把布娃娃摔到地上"这个情境下，设计面对性格外向的和性格内向的不同幼儿进行的谈话。
7. 阅读下列案例，回答问题：案例中的幼儿属于哪种气质类型？教师应对幼儿实施哪些方面的教育？

　　小聪上中班了，平时他总是独来独往。每次离园活动的时候，他总会选择一个图形对应的教具，虽然这个教具难度不大，就是对钝角三角形、直角三角形和锐角三角形进行区分，将三种三角形木板分别嵌入相应形状的母版里，但是经过老师的观察，小聪并不能区分它们，只是拿在手里摆弄，也没有向老师请求帮助。

第二节　幼儿教师教育口语分类训练

学习导入

　　亮亮非常喜欢幼儿园里的新玩具，兴奋地把玩具撒了一地。张老师用命令的语气说："快把地上的玩具捡起来！"亮亮无动于衷，继续乱撒玩具。这时，李老师拿了个装玩具的整理箱，把它当成超市的小推车，一边推一边说："超市里的玩具真多，我想买一辆汽车。这里正好有一辆蓝色的汽车！"然后，李老师把这辆小汽车捡起来放进"小推车"。亮亮看见了，马上放下手中的小玩具，把老师的"小推车"推了过去，一边捡起一个毛绒小狗玩具，一边说："这只小狗真好，我要买下来。"不一会儿工夫，亮亮一边"买玩具"，一边把地上的玩具都放进了整理箱。

　　两位老师的用语和做法，你认为哪个更适合幼儿？

　　幼儿教师教育口语，根据实际情况可分为沟通语、表扬语、激励语、批评语、说服语等几种类型。但这几种类型并不是独立应用的，而是根据教育情况，关注个体差异，因材施教，随机组合，共同完成教育目标。

一、沟通语

（一）什么是沟通语

1. 沟通语的定义

　　沟通语是指在体察对方特定处境的前提下，迅速选择恰当的表达内容和方式，以争取对方认同或配合的言语策略和技巧，即通过对话、交谈、眉目传情、肢体接触等方式达到彼此心领神会，互相更加信任、理解，相处更加默契等目的。

　　在幼儿教育情境中，沟通语就是教师要了解幼儿的处境、情绪，或者是表达自己的思想来取得幼儿认同和配合时用到的具有技巧性的语言。它是双方互动的过程。

2. 沟通语的形式——非言语沟通（辅助性）和言语沟通

教师的肢体语言，可以让幼儿体会到教师对自己的尊重、关心、爱护、欣赏和肯定。如面对一个知道做错了、正诚惶诚恐的幼儿，教师浅浅地微笑、亲切地抱抱他、摸摸他的头，比简单地说一句"知错就改就是好孩子"更能让幼儿消除紧张、感到安全。

非言语沟通是辅助性的手段，言语沟通是主流，其前提在于学会倾听。

【示例】

幼儿说："天黑，我怕。"

老师就说："不怕，这不黑，一点也用不着怕。"或："天虽然黑，但用不着害怕。"

评析：这是听话的失败。幼儿确实认为黑，确实很害怕，并不是老师一说不黑不怕，就会消除害怕心理的。结果，老师的话语没稳定幼儿情绪，相反，幼儿还会认为老师是在欺骗自己、驳斥自己。

（二）沟通语使用技巧

1. 尊重幼儿，了解喜好

与幼儿进行言语沟通时，要尊重幼儿的情感，寻找幼儿感兴趣的话题，激发幼儿表达自我的欲望。当幼儿表述时，教师要耐心倾听，不要随意打断幼儿的话。

比如面对内向的幼儿，可以事先观察他们的喜好，然后这样沟通："×××，你喜欢看什么动画片？老师也喜欢看，你喜欢动画片里的什么人啊？……你以后愿意跟老师说话吗？"

2. 态度诚恳，热情主动

教师和幼儿之间地位是平等的，不是教师想发起谈话，幼儿就必须回应。要想获得幼儿的信任，教师就要以真挚的情感打动幼儿，微笑和拥抱能让幼儿感受到老师的爱；蹲下身子和幼儿平视，幼儿就更愿意向老师倾诉；发现幼儿遇到困难时，要主动上前询问，并在适当时候提供帮助。

【示例】

幼儿在活动中，都想玩同一个玩具，你争我抢，不知道怎么办。教师说："这样谁也玩不好，可怎么办啊？"幼儿说："东西太少了。"教师说："东西就这么多，还有什么办法吗？"幼儿说："我们可以几个人一起玩，然后大家轮流玩。"教师说："你们可以试一试。"

3. 换位思考，理解幼儿

沟通要用幼儿可以理解的语言。不要觉得幼儿的想法是幼稚的，要站在幼儿的角度思考问题，理解幼儿，正面回答幼儿的疑惑，多给予积极的回应，可以用自己的话说出他们的感受。

【示例】

梅梅性格外向，活泼可爱，小伙伴们都喜欢她。可最近几天梅梅却总是闷闷不乐的，表现也不如以前。教师了解原因后发现原来是梅梅的妈妈经常批评梅梅话太多。教师听后说："因为这个啊，老师明白了，其实啊，老师小时候也特别爱说话，妈妈也批评过我。"梅梅："是吗？老师也被妈妈批评过吗？"教师："嗯，当然，跟你一样。"梅梅："那后来呢？"教师："后来啊，我就想应该说什么大家才喜欢我呢？想来想去，我有了一个办法，就是把在幼儿园学习的故事讲给他们听，还有，他们工作的时候不去打扰他们，可以自己看故事书，大家就都喜欢我了！"梅梅："那我也要像老师那样做！"

> 同步训练

请结合沟通语的技巧，比较并分析下面教师与幼儿的谈话。

晨间接待时，一个幼儿手上拿了好多叶子，兴高采烈地说："老师，你看，昨天晚上我和爸爸又捡了好多的叶子。"

实习生：昨天捡树叶活动你没捡几片，今天没让你捡，你却捡这么多！快，放到"自然角"去。（幼儿一下子没了情绪，指导老师看见了马上主动与这个幼儿打招呼，交谈起来）

老师：呀！姗姗，你又捡了这么多叶子啊！哪里捡的？

幼儿：（略）

老师：这些叶子都一样吗？

幼儿：（略）

老师：都有些什么叶子？

幼儿：（略）

老师：你真棒，能说出这么多树叶的名字！

幼儿：（略）（有些幼儿围上来）

老师：大家想不想把这些叶子和昨天我们捡来的叶子比一比，看看有什么不同？

幼儿：（略）

老师：愿意的小朋友可以和姗姗一起到"自然角"去比比看，一会儿把你们的发现告诉我们大家好吗？

二、表扬语

【示例】

教师教幼儿儿歌《我给小鸡起名字》，读到"一二三四五六七"，乐乐接着说"八九十"。

李老师："就你多嘴，你来当老师。"

王老师："乐乐记数字可准了，不过这是首儿歌，我们听听下面一句话是什么吧。"

评析：李老师是批评，给幼儿蒙上阴影；王老师是表扬，既委婉纠正了错误，又及时鼓励了幼儿，树立了幼儿的信心。这就是善于发现幼儿的闪光点，使用表扬语的妙处。

（一）什么是表扬语

表扬语是对幼儿表现出来的良好思想、行为、表现以及进步施加的肯定性评价用语。表扬是幼儿教育中常见的且幼儿乐于接受的一种语言教育形式。表扬语能提高幼儿的自信心，使他们享受到成功的快乐；还能强化幼儿的良好行为，为其他幼儿树立榜样和示范。

（二）表扬语使用技巧

1. 及时发现幼儿的"闪光点"

"闪光点"可能一闪而过，所以教师要把握时机及时表扬，等到时过境迁再择时表扬，激励效果就大大削弱了。并且表扬一定要具体，要明确告诉幼儿为什么表扬他，避免"你真棒"这样笼统的表达：可以表扬幼儿为取得成功而付出的努力，称赞幼儿为获取成功而使用的有效方法，而不是只表扬他们成功的结果；可以表扬幼儿自身的进步，而不是与其他幼儿进行对比。如"你能和别人一起分享看的书，真的很好""你自己独立完成了任务，这样很不错""我很高兴你遇到困难能坚持下来"等，表扬越具体，幼儿越容易找准今后努力的方向。

【示例】

在舞蹈教学活动中，一名叫奇奇的男孩的动作协调性明显较差，但是他非常认真地练习动作，直至满头大汗。教师说："奇奇非常认真，一直在努力地练习，我们为奇奇认真的学习态度鼓鼓掌吧！"教师对奇奇说："你只要一直练习下去，一定会越来越好的！"

2. 语气要真诚，形式要活泼

表扬时，应让幼儿感受到老师是发自内心地欣赏自己，面带微笑，语气亲切，必要时用态势语辅助，从而让幼儿珍惜荣誉；同时，针对不同的幼儿、不同的场合，教师表扬的内容要多样，形式也要多样，可以当众表扬，可以个别表扬，可以直接说，也可以用一个拥抱、一朵小红花来表达。

幼儿教师常用的表扬顺口溜

1. 小手背后，小脚并齐，我最棒！
2. 一二三，我真棒！棒棒棒，就是棒！耶！
3. 棒棒棒（拍手三下），你最棒（竖大拇指）。
4. 不说话，安安静静来坐下，点到谁，谁说到，声音就像百灵鸟。
5. 金咕噜棒，银咕噜棒，我是宝宝我最棒！
6. 左边小红花，右边小红花，奖给我们小朋友顶呱呱！
7. 小河流水哗啦啦，老师表扬你顶呱呱。
8. 你的表现好，你的表现棒，你的表现No.1。
9. 叮叮当，叮叮当，大拇哥送你，你最棒！
10. 小手转一转，你棒，我棒，大家棒。

3. 把握表扬的尺度，客观公正

夸有夸的艺术。教师表扬的语言要适度，评价要实事求是，不能评价过高，诸如"谁也比不上你""你是最棒的"等，很容易造成幼儿盲目自大的不良习性。

表扬不应该吝啬，但也要因人而异。表扬的频率要适度，面对不同的幼儿要有不同的频率，不是多多益善，凡事都表扬。对多血质、胆汁质幼儿，表扬应直接明了，同时注意尺度，防止骄傲；对黏液质、抑郁质幼儿要情真意切、活泼热情，辅以适当的态势语，助其树立自信心。

同步训练

评价下面案例中教师的表扬语。

张老师把区角照顾金鱼的任务交给了小伟。可小伟有些不细心，经常忘了换水、喂食。但是近几天，他很好地完成了任务。张老师表扬他："你这几天终于记住了自己该做的事，真是太阳从西边出来了！明天可别再忘了啊！"

三、激励语

（一）什么是激励语

激励语是指教师用来鼓励幼儿积极进取的教育用语，又称鼓励语。在幼儿缺乏勇气、畏缩不前的时候，教师的激励语能够调动幼儿的积极性，帮助他们树立自信心。

激励语与表扬语的不同在于：表扬语受众更广泛，随时发生；激励语主要针对自信心不足或有畏缩情绪的幼儿，鼓励幼儿完成活动之后，还要对行为结果进行正面评价。激励语的使用更侧重过程，当幼儿遇到困难，不能继续进行活动或即将放弃的时候，激励语就可起到很大的作用。

【示例】

小毅在"小餐馆"端盘子的时候，总是把盘子里的东西弄洒，很是沮丧。老师对他说："真可惜，你刚才就是手没有端平，努力一下，把手端平，就成了，再来一次好不好？""来！老师会在你身边和你一起来做的。"

评析：教师要用一颗母亲般的心去关怀幼儿、爱护幼儿，给幼儿以亲切感，加深彼此间的感情。在幼儿遇到困难、挫折的时候，教师的激励会让幼儿勇敢地坚持下去。

（二）激励语使用技巧

1. 正面鼓励，富有激情

教师的富有激情的语言可以激发幼儿的热情，使他们行动起来；教师对每一点细小的进步都给予详细的正面鼓励，可以让幼儿做得更好。而对于过程中暴露的缺点可以不做评价，挑选正面的点进行有针对性的鼓励。

【示例】

萌萌性格内向，自信心比较差，平时总是沉默寡言。久而久之，小朋友都不愿意和她交朋友。有一次，在表演区中，老师有意请萌萌表演，她慢慢地站起来，低着头用很小的声音唱了一首歌。这时老师走到她的身边对她说："萌萌唱得真棒，那么我们请萌萌大声地再唱一遍，好吗？"萌萌看看面带微笑的老师，慢慢地抬起头，大声唱了一遍。"萌萌真棒！我们谢谢萌萌，好吗？"小朋友们都鼓起掌来，萌萌非常开心。

评析：教师发现需要帮助的幼儿后，及时使用鼓励语。当幼儿受到表扬后，他们马上会意识到自己的努力得到了肯定，于是自信心倍增，动机加强了，由此产生的积极情绪会使其行动更加积极主动。

2. 注意过程中多激励

激励语的使用更侧重过程性，教师经常对幼儿说："××真厉害，我们大家给他鼓鼓掌！""你做得真好！"这样的激励语会使幼儿更加积极地参与到活动中，并找到自信。

【示例】

一位老师在教小朋友做广播体操，昊昊小朋友有些心不在焉，老师生气地喊："你在干嘛？耳朵没听见吗？这么简单都不会，真是没办法……"挨批评的昊昊更提不起精神。这时张老师走过来，蹲下来拉着昊昊的手说："昊昊，老师刚才在旁边看到这些动作你都会，来，我们再跟着老师做连贯一些，老师为你加油好吗？"有了张老师的鼓励，昊昊的自尊心得到满足，做得也带劲儿了。

四、批评语

(一) 什么是批评语

有鼓励性的教育语言，就要有适当的批评语言，对幼儿的错误和缺点予以适当否定，从而减少不当行为的发生，纠正幼儿的思想，帮助幼儿辨别是非。所以，批评语就是对幼儿表现出来的不符合教育者预期的认识或行为进行否定性评价的用语。

批评是一种不可或缺的教育手段，教师不能因为幼儿耐挫力差而一味表扬，不敢批评。批评实则源于对幼儿更深沉的爱。

(二) 批评语使用技巧

1. 控制情绪，客观处理

教师在批评幼儿时，一定要控制好自己的情绪，保持冷静，用语客观，尊重幼儿，不能用尖刻的言辞挖苦、训斥幼儿，此乃教育口语大忌。对幼儿的批评应就事论事，不可否定幼儿的一切，忌算总账，给幼儿贴"标签"；要多方了解情况，指出错误，不能模棱两可，盲目批评。如"每次都是你""除了你没有别人"这样的语言对幼儿的伤害极大。

2. 多暗示错误，少正面批评

中、大班幼儿的自我意识有了初步发展，已经能听懂教师的话，为了保护幼儿的自尊，有些错误可以用暗示法，柔和地达到教育目的。比如教师说："拉椅子的声音怎么这么响？我听到小椅子喊疼了。是哪个小朋友，把椅子的腿拉疼了啊？"

3. 耐心指导，多次纠正

幼儿的注意力和自控力普遍较差，同样的错误会犯好多次，教师要做好多次纠正的心理准备，宽容地对待幼儿，不要出现"这星期你都出现几次这样的错误了"等训斥，最好的教育结果是错误行为的减少，而不是错误行为的终止。

【示例】

明明上幼儿园中班，他有一个外号叫"惹祸精"，别的小朋友经常向老师告状："明明拿了小朋友的东西不还！""明明把我的鼻子打破了！""明明拽我的辫子！"老师一开始还比较有耐心，但总是有小朋友告状，老师有点沉不住气了。一次，明明把一个小朋友的头打破了，从医院包扎回来，明明看到老师很生气，主动道歉："对不起，老师，是我不小心。"老师生气地说："头都打破了，还不小心啊！就你不小心，别的小朋友怎么不打架？"

评析：当幼儿在与同伴交往中有不当行为时，教师需要用理性控制自己的负面情绪，一味严厉斥责，往往会阻碍幼儿的发展。教师应先分析明明与同伴交往时有暴力倾向的原因，然后让明明认识到他的错误使同伴受到了伤害，也可以让他参与受伤同伴的治疗过程，感受伤害造成的疼痛，感受到同伴的痛苦之后，明明会慢慢改变这种伤害他人的行为的。

4. 区别对待，讲究方法

由于幼儿所犯错误的严重程度不同，批评的方法也应有所讲究，要具有针对性。有时需要个别谈话，有时要公开批评；有时委婉含蓄表达，有时必须直截了当；批评也可以和表扬、鼓励结合起来，增强教育效果。

五、说服语

（一）什么是说服语

说服语是教师在教育活动中，通过讲述事例、阐明道理等方式，使幼儿改变态度或接受某种意见、主张、措施或办法。如幼儿撕书，教师说："你把书的衣服撕破了，它多难受啊。"这样的方法往往比批评、责怪、打骂效果要好得多。

（二）说服语使用技巧

运用说服语要求师幼充分沟通，以让幼儿在轻松愉悦的心理状态下接受正确的行为方式为目的。

1. 说服目的要明确

与沟通语不同，说服语要表现出教师比较鲜明的个人意志，要让幼儿清楚地明白教师的要求，并通过合理的表达使幼儿信服并接受。为了达到说服的目的，教师要根据幼儿不同的性格、气质类型采用不同的教育方法，如讲故事法、实践法等，说服的效果很显著。

【示例1】

小朋友们在洗手，性格开朗的奇奇用手指堵住水龙头，水向四周喷洒，而他却高兴地哈哈大笑，其他幼儿也纷纷效仿。这时，老师把水的总阀关掉，没水了，小朋友们东张西望地找原因。老师说："水宝宝告诉我，它是一个有用的孩子，能帮助人们把衣服洗干净，把手洗干净，还能给小草、小树解渴。可有的小朋友光玩水宝宝，把水宝宝都浪费了，水宝宝生气了，走了，以后你们的小手脏了也没法洗了，渴了也没有水喝了，怎么办呢？"有的幼儿说："不浪费水了"，老师说："那让咱们一起把水宝宝请回来吧！"老师把水阀打开，水宝宝回来了。在接下来的洗手活动中，小朋友们节约用水的意识好了许多，大多数幼儿都能及时关上水龙头，即使有的幼儿忘了，其他幼儿也会去提醒："快关上水龙头，要不然水宝宝又走了。"

评析：教师采用拟人的手法，讲清楚为什么要爱惜"水宝宝"，及时制止了幼儿的不良行为，为幼儿养成节约用水的好习惯奠定了基础。

【示例2】

幼儿在生活区里开心地玩着，有的幼儿忙着给"可乐娃娃"喂食物，有的幼儿给动物宝宝扣纽扣，还有的幼儿给娃娃穿衣服、拉拉链。区域活动结束的音乐响了起来，大多数幼儿开始收拾整理玩具。乐乐没有玩够，看了看其他小朋友，又低头继续给可乐娃娃喂食物。老师对乐乐说："可乐娃娃说了，乐乐，我吃得太饱了，不要喂我了。"乐乐听了以后说："好的，你今天吃饱了，我明天再来喂你吃饭。"于是乐乐开始收拾整理玩具了。

评析：教师想让处在游戏状态的幼儿停止游戏，幼儿便会对教师产生对立情绪，这时教师采用情境性语言启发幼儿将生活经验迁移到"可乐娃娃"身上，幼儿就会乐意调整自己的行为。

2. 疏导与规劝相结合

可以正面说服，即摆出事实，说出道理，指出危害，提出要求；也可间接说服，先劝阻行为，再疏导情绪，晓之以理，动之以情。切忌主次不分，武断轻率，说大话、空话、套话，或用教师的身份压服幼儿。

思考与练习

1. 结合示例，说说幼儿教师教育口语包括哪几种类型。
2. 使用沟通语时要注意哪些技巧？
3. 激励语、表扬语对幼儿的发展有何重要价值？两者有何区别？
4. 欣赏下面的教育案例，说说教师运用了哪几类教育口语，并具体分析其成功之处。

　　户外体育活动时，教师发现某位幼儿胆小，不愿参加攀爬活动，教师蹲下来，轻声询问："××小朋友，老师很想知道谁是我们班里最勇敢的宝贝儿，你是因为身体不舒服才不愿意参加攀爬活动的，对吗？如果不是，老师相信你一定能勇敢地爬上去。"这名幼儿听了教师的话，犹豫了一会儿，教师笑着望着他，这名幼儿终于鼓起勇气慢慢地参加了攀爬活动。

5. 根据以下情境，回答问题。

　　情境1：浩浩把玩具撒了一地，老师对他说："请你把玩具送回家，好吗？"浩浩不高兴了："不行！不行！这是我的小兵！"说完继续投入地游戏。假如你是浩浩的老师，你会如何说服浩浩呢？

　　情境2：壮壮又抢小朋友的玩具了，老师批评壮壮："你这孩子真是没救了，老师不要你了，出去吧！"这位老师的批评语运用得如何？如果是你，会怎么说？

　　情境3：欣欣胆子很小，从不和老师、同伴主动交流，常挂在嘴上的就是"老师，我不行""老师，我很笨的……"画画时她说"我不行"，合作游戏时她说"我不行"，无论做什么事前她都会说这句话。作为欣欣的老师，你会如何激励欣欣，帮她找回自信？

6. 为下面的内容设计教育口语。

　　（1）有个幼儿不爱惜图书，经常出现扔书、使劲翻书导致书页破损、把书乱放等现象。请问作为幼儿教师，你会怎样教育幼儿爱惜图书呢？

　　（2）有个幼儿胆子小，教师请他站起来回答问题，虽然他回答正确，但说话吞吞吐吐，引起其他幼儿的嘲笑。你怎么和他沟通？

　　（3）环保作为一个全球性的课题，正受到社会各界的广泛关注。幼儿是未来的主人，加强他们的环保意识，意义重大而又深远，它将直接关系到我们的今天和明天能否真正拥有绿色家园。幼儿园是幼儿环保启蒙教育的重要场所，如何从幼儿的年龄特点和认知特点出发，充分利用现有的环境资源和条件，不失时机地针对幼儿进行环保教育？请设计教育口语的实施提纲。

第七章 幼儿教师教学口语训练

学习目标

① 理解幼儿教师教学口语的特点和要求。

② 掌握导入语、讲解语、提问语、过渡语、结束语、应变语、评价语等环节用语的技巧。

③ 能设计各种类型的教学用语,培养语言的机制灵活性,具有教育性和艺术性。

④ 增强语言的感染力,明确教师职业理想,将个人专业理想与国家教育事业相结合,拥有一份家国情怀。

第一节　认识幼儿教师教学口语

💡 学习导入

教师正在组织教学活动，这时外面下起雪来，一名幼儿说："老师，外面下雪了。"小朋友都去看雪，不听老师讲了。

王老师："别看了，先跟老师开展活动，今天我们要做的事情还有很多。"

李老师："呀！真的，瑞雪兆丰年，种地的农民伯伯一定非常高兴，今年一定有非常好的收获。我们快加油，把活动进行完，到外面玩雪去。看谁做得认真，做得快，谁就先穿衣服准备。"

评析：王老师的语言挫伤了幼儿探求未知的积极性，更重要的是没有解决幼儿注意力的问题，活动效果一定不好；李老师肯定幼儿的发现和善于观察，引用俗语将幼儿引回活动中，并引导幼儿更专注地完成当下的任务，学会自控。

一、幼儿教师教学口语的含义

幼儿教师教学口语是幼儿教师根据一定的教学任务，组织幼儿进行教学活动时所使用的语言，是幼儿教师在教学过程中的工作用语。

教学活动是幼儿教师职业活动的主要内容之一，是向幼儿传授知识、启迪智慧的重要途径。因此，教学口语是教师指导幼儿学习、引导幼儿探索与表达的最主要的手段，是教师的教学原则和教学策略最基本的表现。

二、幼儿教师教学口语的特点与要求

教学口语是科学与艺术的结合。科学，指语言要清晰、准确，有逻辑性；艺术，指语言生动、形象，更富表现力。

（一）准确精练，科学规范

教学口语是传递知识的主要手段，言语中包含一定的知识信息量，表达时，知识点必须是准确、科学的，符合幼儿的认知水平；教师必须使用标准的普通话，语音准确，用词规范，语法精练，用简洁的语句表达丰富的内容，用层次分明的语序表达明确的目的。

【示例】

在科学探究活动"不同的运动方式"中，教师提供幼儿可操作的书籍、小盒子、橡皮、电池、小球、圆柱的玩具等，让幼儿将这些物品放在斜坡滑梯上，观察物品运动方式。教师问："它们是怎样运动的？这种运动叫什么？""你发现了哪些在滑动？哪些在滚动？""再想一想，再试一试还有哪些物品也会滚动或者滑动？"幼儿边操作，教师边用语言引导幼儿发现和理解滚动与滑动的两种运动方式。

评析："滚动"和"滑动"两个概念界限清晰，幼儿能够理解，并联系实际，巩固知识点。

（二）富有童趣，生动形象

3~6岁幼儿是活泼可爱、无忧无虑、天真无邪的，所以幼儿教师的教学语言要从幼儿独特的视角出发，用幼儿习惯用的词汇和句法进行表达，用通俗易懂的词汇和语言进行讲解，多用比喻、拟人、夸张、对比等修辞手法，多用拟声词丰富表现手段，使教学内容更加鲜明、形象、生动。比如，当幼儿的注意力分散时，教师对幼儿说："小朋友们，你们的小耳朵就是录音机，现在请你们打开录音机准备录音，看谁的录音机最灵。"幼儿的注意力自然而然就被教师的话吸引过来。

【示例】

教师给幼儿描述雨："小朋友闭上眼睛，听听窗外的雨声像什么？哗哗——像小河在流；嘀嘀嗒嗒——像钟表响；睁开眼看看雨像什么？像梳子一样密，像针一样细，一串一串的多像串起来的珍珠；往远处看，还像一道门帘儿。"

（三）语言流畅，启发性强

幼儿教师语言要通顺流畅，语意贯通，避免表达时吞吞吐吐，或言不达意，口头禅多。同时，教学活动以幼儿为主体，教师语言就要充分调动和发挥幼儿的主动性，诱发幼儿思考并有所领悟，引导幼儿去发现和探索，启迪幼儿去归纳和总结。

【示例】

教师教幼儿进行家畜分类，把动物卡片和画着房子的两张白纸发给每个幼儿，对大家说："我请小朋友让小动物分别住进两间房子里，动脑筋想一想，哪些动物能住在一起？"

教师："小朋友们把牛、马、羊、猪放在一间房子里，为什么这样说呢？噢，因为它们都有四条腿，有蹄子，尾巴；能生小牛、小马、小羊、小猪；还能喂奶，又都是家里养的。它们有共同的特点，所以让它们住在一起，我们把这样的动物称作家畜。"

评析：教师从这四种动物的共性推导出"家畜"的概念，思路为："因为……有共同的特点，所以……住在一起。"在讲述中使用了幼儿容易理解的语句，用词规范、准确，整段话条理清楚、语意明确，并一步步启发幼儿形成"家畜"的概念。

（四）语调亲切，语速适中

这是对幼儿教师教学中声音表现方面的基本要求，讲课时要尽量语调亲切自然，语气轻快活泼，语速比成人正常语速稍慢，声音柔和、抑扬顿挫、富有变化，能够感染幼儿，让幼儿在教师的引导下，乐于参与集体活动；能让幼儿敢于表达和表现，从而达到较好的教学效果。

思考与练习

1. 幼儿教师教学口语应具备哪些特点？
2. 下面案例体现了幼儿教师教学口语的哪些特点？

语言活动——我喜欢的水果（中班）

师（幼儿教师）：小朋友，请你来说说自己喜欢吃的水果。

幼（幼儿）1：我喜欢吃葡萄。

幼2：我喜欢吃香蕉。

幼3：我喜欢吃红红的苹果。

师：讲得真好，你不仅说出了水果的名称，还说出了它的颜色。

师：我喜欢吃黄黄的香蕉。

幼：我喜欢吃圆圆的大西瓜。

师：（竖起大拇指）太棒了，你把水果的形状说出来了。

幼1：我喜欢吃甜甜的草莓。

幼2：我喜欢吃酸酸甜甜的柚子。

幼3：我喜欢吃……

师：小朋友们喜欢吃的水果真丰富，颜色不一样，形状不一样，味道也不一样。

3. 说说下面案例中幼儿教师教学口语运用的精彩之处。

玩陀螺之选拔陀螺王（大班科学活动）

师：我们做的这三个陀螺今天是要来参加陀螺王选拔赛的，怎样的陀螺可以当陀螺王？

幼1：攻击性最强的可以当陀螺王。

幼2：陀螺王应该是转得最稳，转的时间最长的。

师：如果三个陀螺里面首先要淘汰一个，你们会淘汰哪一个？为什么？

幼1：我先淘汰三角形，它转的时间最短。

幼2：我也选三角形，因为它被圆形陀螺一撞就倒了。

幼3：我淘汰平行四边形，它比两个圆形陀螺转的时间都短。

幼4：我知道了，它们都是有棱角的，所以转得不稳。

师：你们会观察，还会动脑筋思考了，真棒！如果盒子里没有三角形和平行四边形，你淘汰的是哪个？

幼5：我淘汰椭圆形，它转得慢，而且一会儿就停了。

师：请小朋友们将最先淘汰的那个陀螺送到中间的篮子里。

师：还剩下哪两个陀螺了？都是圆形的，如果再淘汰一个，你会选择淘汰哪个？

幼：淘汰卡纸陀螺，因为它没有白板纸陀螺坚持的时间长。

师：到底是不是呢？让我们一起转动两个陀螺比一比！

师：同样都是圆形的陀螺，为什么白板纸陀螺坚持的时间长呢？你们有什么新发现？

幼1：卡纸比较轻，转起来有些摇晃；白板纸重一点，比较稳。

幼2：白板纸还比较厚！

师幼小结：原来重一点、厚一点的圆形陀螺比薄一点、轻一点的圆形陀螺转的时间长。

第二节　幼儿教师教学环节用语训练

💡 学习导入

老师向幼儿介绍游戏——"老狼，老狼，几点了？"的玩法。老师扮演老狼，背对着小羊在前面走，幼儿扮演小羊在后面跟着走，小羊在后面边走边问："老狼，老狼，几点了？"老狼回答："一点了。""两点了。"……直至"天黑了。"当老狼的回答不是"天黑了"的时候，小羊可以随意地在老狼身边走动，老狼不能去抓小羊，当老狼说"天黑了"的时候，老狼转身抓小羊，小羊要赶快跑回家。在家的外面，老狼抓到谁，就由他来扮演老狼，重新开始游戏。

这段教学语言简明扼要地讲清楚了游戏的规则，符合教学口语准确规范的特点。

教学活动环节，即教师在教学活动过程中为达成教学活动目标而对教学活动内容的呈现、教学方法的运用所设定的步骤和顺序，是对相互关联的一系列教与学活动的具体安排。它主要解决的是教师如何"教"、幼儿如何"学"的问题。教学活动一般由导入部分、主体部分、结束部分组成。相应的教学口语分为导入语、讲解语、提问语、过渡语、结束语和评价语，还有应对突发事件的应变语。

一、导入语

导入是教师引入新学习内容的第一个重要的教学环节。导入语，即活动开始时教师为吸引幼儿注意力，引出活动内容而使用的语言。

"良好的开端是成功的一半。"导入语的使用技巧注意两点：一要短小精悍，忌冗长拖沓（时长控制在3～5分钟以内）；二要新颖活泼，忌刻板平淡，以激发幼儿的学习兴趣，唤起幼儿学习的愿望，为下面内容作铺垫。

（一）游戏导入

游戏导入是幼儿园比较常见的导入方式，教师根据教学内容设计与之相关的活动或游戏，能快速活跃气氛，寓教于乐，使幼儿在轻松愉悦的教学氛围中进入学习情境。如"玩陀螺"活动开始就让幼儿自由玩陀螺，了解陀螺的各种玩法，在游戏中感受陀螺旋转需要力的推动的原理，激起幼儿对探究活动的兴趣，也为接下来的探究营造宽松的氛围。

（二）教具导入

教具导入是最常用的导入方式之一。教师可以选择与讲授内容相关的图片、模型、玩偶、实物等教具导入活动，化抽象为形象，增加幼儿的直观印象，帮助幼儿理解。如小班"认识五官"的活动，教师出示"神秘的镜子"，引导幼儿在自主照镜子中关注自己的五官。

（三）猜谜导入

教师根据活动内容和具体需要选择以猜谜的形式导入活动，不仅富有趣味性，还符合幼儿的认知特点，能够有效地引导幼儿进入学习状态。如"认识青蛙"活动的导入语是这样的："今天，老师要请你们猜一样东西，'大眼睛，宽嘴巴，白肚皮，绿衣裳，地上跳，水里划，唱起歌来呱呱叫，专吃害虫保庄稼'。请小朋友动脑筋想一想，这是什么东西？对了，今天我们就要一起来认识青蛙！"这个活动还可以通过《小蝌蚪找妈妈》的故事导入。

（四）谈话导入

谈话导入是指教师采用与幼儿谈话的传统方式，与幼儿进行交流，从而引入新内容。这种导入方式可以沟通师幼间的感情，还能调动幼儿原有的知识技能，明确接下来具体做什么。如科学活动"食物哪去了"，教师先提问："我们每天都要吃很多东西，可是这些食物都到哪里去了呢？"通过一步步谈话引导，引发幼儿强烈的好奇心和求知欲。

（五）故事导入

3～6岁的幼儿特别喜欢听故事，教师可以用生动有趣的语言讲述与活动相关的故事，激发幼儿的兴趣，创造情境，引出新课。

【示例】

在大班"认识萤火虫"活动中,教师是这样开始的:

小朋友们,老师给你们讲一个故事。一天,小白兔去采蘑菇,回来的路上天黑了,小白兔找不到家,急得哭了起来。

几只萤火虫飞过来了,对小白兔说:"别着急,我们来帮你。"

说着,他们把身后的小灯点得更亮了,很快地帮助小白兔找到了家。小朋友想一想,萤火虫身后那个发光的东西,真的是灯吗?它为什么会发光呢?今天,我们一起来认识萤火虫。

(六) 情境导入

运用图片、音乐、故事表演等创设相应场景和情境,可以把幼儿带入情境,调动情感体验。如在教唱歌曲《迷路的小花鸭》前,教师用木偶表演小花鸭迷路后焦急哭泣的样子,引起幼儿的情感共鸣。

(七) 演练导入

通过演示实验、操作教具、示范表演、多媒体播放等方式展示对材料的操作。如科学活动"磁铁有魔力"中,教师采用"变魔术"的方式导入,出示小人玩偶,说:"我要让这个小人在桌上自己跳舞,你们相信吗?"教师操作桌下的磁铁,让小人来回运动。在幼儿的欢呼与追问之下,教师揭示磁铁,揭开奥秘,引入主题。

同步训练

仿说下面大班科学活动"摩擦起电"的导入语,并加入恰当的态势语。

教师出示一根塑料棒,说:"小朋友们,今天老师要给你们表演一个魔术。"教师把塑料棒放进有彩色纸屑的玻璃杯中边演示边说:"你们看,塑料棒上面有没有纸屑?"教师把塑料棒与绸布来回用力摩擦一会儿,再放入玻璃杯中,边演示边说:"小朋友们,瞧仔细了。咦,塑料棒上面——"然后提问:"为什么塑料棒与绸布相互摩擦后会吸起纸屑呢?"

二、讲解语

讲解语也称讲授语,是用生动形象的语言向幼儿传授知识,阐述活动内容,讲解游戏规则,启发幼儿思考,从而提高幼儿的认知水平,促进幼儿各种能力的发展。讲解语的使用技巧:一要注意语义畅达,深浅适度;二要详略得当,重在点拨。

(一) 故事式讲解

教师以生动有趣的讲故事的形式来回答幼儿"是什么""为什么""怎么做"的问题,这样的讲授生动有趣,是幼儿非常喜爱的一种方式。

【示例】

下面是一段幼儿教师的记录:

孩子们午睡时,我发现一个角落有声音,顺着声音找到了说话声。原来是两个孩子在互相比较"你这个怎么和我的不一样啊?"。我轻轻地掀开他们的被子,发现他们俩都光着屁股,愣了一下，然后帮他俩穿好裤子隔离开来。

我想，这也许是许多孩子想知道的问题，这种对生理现象的关注和好奇无可厚非，我决定和孩子们交流这个话题。我以故事的形式教给孩子们男孩女孩的秘密："爸爸送给妈妈一个礼物——精子，妈妈也送给爸爸一个礼物——卵子。精子和卵子成了好朋友，并合成了一体，在妈妈肚子里的小房子里慢慢长大，那就是还没有出生的你们。等过了10个月，妈妈在医生的帮助下，生下了一个小宝宝，那就是你们。妈妈送给爸爸的礼物是X，爸爸送给妈妈的礼物是Y，那么生的就是男孩；妈妈送给爸爸的礼物是X，爸爸送给妈妈的礼物也是X，生的就是女孩。男孩和女孩各有各的秘密，背心和裤头遮住的地方就是秘密的地方，不要随便让别人看和摸。""你们听懂了吗？"他们点点头，高声说听懂了，"我们都有小秘密，不能让别人碰和摸。"

评析：男孩和女孩的生理区别，这是一个令孩子们好奇、家长们棘手的话题，怎么样才能把如此神秘又深奥的知识讲得让孩子们都能接受呢？上例中的教师，采用故事法进行讲解，既满足了孩子的好奇心，也让孩子学习了怎样保护自己。

（二）简明式讲解

简明式讲解，即用简明扼要的语言，条理清楚地向幼儿解释、讲授知识和技能，这种讲解方式常用于科学活动、健康活动等。实验操作或游戏规则的介绍也常用这种方式。如"教孩子洗手"，就用最简洁的语言讲述洗手的动作要领和要求，边讲边示范，便于幼儿学习模仿。

（三）比拟式讲解

3~6岁的幼儿思维主要以具体形象为主，因此教师要根据教学内容和幼儿的认知特点，运用语言引导幼儿用他们生活中熟悉的事物来比拟对象。

【示例】

教师讲述故事《是谁嗯嗯在我的头上》后提问：
师：你们觉得小鼹鼠这个时候的心情是怎么样的？你是怎么知道的？
师：你们有没有遇到过倒霉的事情？来跟大家分享一下。
师：接下来，小鼹鼠会去干什么呢？我们一起来看看。
评析：教师引导幼儿联系自身，感受小鼹鼠当时的心情。

三、提问语

提问是教学中最常用的方法。提问语就是教师根据一定的教学目的和要求，设置一系列问题情境，引导幼儿回答，启发幼儿思考，活跃幼儿思维、激发幼儿兴趣，让幼儿集中注意力的教学语言。提问语贯穿教学活动始终，其他环节也都离不开提问语的支持。使用提问语要遵循适时、适度和适量原则，问题难易适度，数量适当，围绕重点，把握时机。

提问语有两种类型：一类为描述式提问、比较式提问、分类式提问、假设式提问和选择式提问；另一类为开放式提问和封闭式提问。本书重点介绍前一类提问语。

（一）描述式提问

描述式提问，即教师让幼儿对事物进行细致观察并进行详细描述的提问方式，如"仙人掌是什么样子的？"

（二）比较式提问

比较式提问，即教师在教学活动中启发幼儿比较事物的大小、长短、远近等异同之处的提问方式，如"老虎和猫有什么不同？"

（三）分类式提问

分类式提问，即教师在教学过程中引导、启发幼儿根据生活经验、运用概念进行分类的提问方式，如"以上图片中哪些属于蔬菜，哪些属于水果呢？"

（四）假设式提问

假设式提问，即教师激发幼儿的想象，启发幼儿思维的提问方式，如"在商场里跟爸爸妈妈走丢了，你应该找谁帮忙呢？"

（五）选择式提问

选择式提问，即教师给幼儿几种结论或选择，让幼儿辨别和选择的提问方式，如"故事中，谁的本领更大？"

【示例1】

（科学活动"小小植物"）教师出示小小的种子引导幼儿观察，教师用神秘的语气提问："猜一猜这是谁的种子？为什么？""请小朋友给小种子找妈妈。"教师用无助的语气请幼儿帮忙："怎样能让种子长大？""小种子想长大还需要什么？"

评析：教师变化的提问方式引发了幼儿帮助小种子的愿望，也使活动生活化，避免了活动的枯燥和教师"一言堂"的问题。

【示例2】

（艺术活动"多彩的花瓶"）教师提问："你见过什么样的花瓶？""你想用什么材料装扮它？""你想在花瓶上面画什么？""怎样让你的花瓶多彩？"

评析：艺术活动更重要的是让幼儿开阔视野，发挥创造力，教师的提问要能激发幼儿创作的热情，不要限制幼儿的想法。

四、过渡语

过渡语又称衔接语，是教师在教学过程中衔接各环节、知识点的教学语言。幼儿园教学中的过渡语常常很巧妙，简短明了，藏而不露。过渡语可以是一个词、一句问话或一个感叹、一个要求，它把一节课的内容衔接成一个整体，给幼儿以层次感、系统感。

【示例】

在中班美术活动"颜色变变变"中，教师引导幼儿体验红、黄、蓝三种颜色后，使用了这样的过渡语："小猴子开了一个水果店。可是因为没有经验，采购的水果都不漂亮，卖不出去，请小朋友们帮帮忙，用你们调出的颜色，给它的水果穿上好看的衣服吧。"接着，幼儿很顺利地开始涂色。

评析：教师用游戏的方式自然地从认识颜色过渡到涂色环节。

（一）归纳式过渡语

归纳式过渡语是常用的过渡语形式，即教师简要地对上一个教学环节的重点进行小结，从而衔接到下一个教学环节。

【示例】

中班音乐活动"找蛋"环节，教师说："母鸡下了那么多的蛋，我们把鸡蛋送到娃娃家给小娃娃吃吧。"

评析：这是一位教师在组织一次音乐活动时的过渡语。前一个环节是教师教幼儿完成"找蛋"的音乐游戏，后一个环节是复习歌曲《办家家》。教师只用了一句话，就巧妙地把两个内容串联成一个游戏情节，使教学活动从轻松愉快的游戏环节过渡到了练习唱歌的环节，让幼儿的情绪、情感始终处在愉悦的游戏情境之中。

（二）评论式过渡语

评论式过渡语是指教师对上一个环节所学的知识或对幼儿的表现进行简单评价，从而引出下一环节所要教授的内容。

（三）提问式过渡语

提问式过渡语是教师在一个环节即将结束时，用提问的方式集中幼儿的注意力，激发幼儿的兴趣，启发幼儿思考，过渡到下一环节的方式。

【示例】

教师投放一张"城市出现雾霾天气"的照片，引导幼儿观察。一名幼儿说："大烟囱在冒浓烟呢。"另一名幼儿说："不对！我爸爸说这是空气污染。"旁边的幼儿也参与到其中："我知道，是雾霾。你没看见天都不亮了。""是啊，天是暗的。"教师听了幼儿的谈话，点点头说："是啊！城市出现了雾霾天气。我们应该怎么办呢？"小朋友们议论纷纷。有的说："戴个大口罩，就不会生病了。"有的说："还是种树比较好，这样就没有空气污染了。"……在教师的启发引导下，幼儿保护生态环境的意识增强了。

评析：教师用一个"我们应该怎么办呢？"的提问，把内容从"什么样"过渡到"怎么做"。

五、结束语

结束语，就是教师在教学结束时说的话。它主要是帮助幼儿归纳、总结活动内容，让幼儿加强记忆、巩固学到的知识和技能；也可以留下问题，引发思考。总之，结束语要简洁明了、概括到位、清晰明了，起到画龙点睛的作用。

（一）归纳总结式结束语

归纳总结式结束语是幼儿园教学活动中常用的结束语。教师对本次活动的内容、幼儿表现做归纳和总结，让幼儿加深记忆、加强理解、巩固新知识。

【示例】

大班语言活动"第一次买东西"的结束语：

小朋友们会慢慢长大，你们会经历许许多多五彩缤纷的第一次，第一次坐飞机，第一次滑雪，第一次上台演出……你们会变得越来越能干，会独立做很多事情。从现在开始，你们要勇敢地面对生活，做一个勇敢、自信的孩子，好吗？

（二）拓展延伸式结束语

教师根据教学内容和幼儿的特点，引导幼儿由课内向课外延伸和拓展，激发他们的求知欲，拓宽他们的知识面，培养幼儿的探究能力和自学能力。

【示例】

师：老师看到你们画得都非常漂亮，现在请把你们设计好的安全标志贴在合适的位置吧。

师小结：幼儿园里有了小朋友们设计制作的这些安全标志，就能提醒我们大家注意安全，避免发生危险。回家以后，请与你们的爸爸妈妈一起找找家中哪些地方应注意安全，并共同设计、制作相应的安全标志。

评析：从理解安全标志，到寻找安全标志，再到创贴安全标志，步步深入、循序渐进，最后再通过小结，活动延伸至家庭，使学习活动得以巩固并拓展，激发幼儿探索的兴趣。

六、应变语

教育教学活动中，常常会出现一些意想不到的情况，要求教师能根据突发情况做出灵活反应，及时调整自己的语言，使事物朝良好的方向发展，这就是应变语。

意外情况大致来自四个方面，包括教师自身的失误、幼儿的质疑问难、课堂问题行为以及外来因素的干扰等。掌握应变语的技能，培养自己敏捷的思路和语言的机智，对保证活动的顺利开展至关重要。

【示例1】

在科学活动中，教师不小心把贴绒降落伞碰掉了。孩子们立刻发出"咦——"的声音，有的幼儿还大声喊："降落伞飞下来！"教师一点儿也不慌，灵机一动，对孩子们说："你们数一数，有几个降落伞落下来了？还有几个在黑板上贴着？一共有多少降落伞？"

评析：教师临阵不慌，正视偶发现象的存在，降落伞掉下来就趁势让幼儿数数，这种因势利导的方法，既满足了幼儿的好奇心，又把注意力牵引到主题上来，可谓一举两得。

【示例2】

一次绘本阅读《我爸爸》后，教师鼓励幼儿说说自己的爸爸，当大多数幼儿自豪地讲述自己爸爸好的地方时，一些"不和谐"的声音出现了，"我爸爸脚可臭了！""我的爸爸太胖了，肚子太大了。"并且惹来了很多幼儿的共鸣，大家热烈讨论起来……见此状况，教师没有回避，没有制止，接起幼儿的话题说道："噢，原来爸爸也会有缺点！老师看出来你们很关心爸爸呢，所以才能这么了解爸爸。"接着，故意很疑惑地说："爸爸有缺点，那你们还爱爸爸吗？"受到话题的启发，幼儿纷纷表态："我爱爸爸！"教师随机"采访"原因，自然总结说："虽然爸爸有点胖，但是他跑得很快！虽然爸爸脚有点臭，但是他很讲卫生……你们也能用这样的句子说说爸爸吗？"幼儿听了很踊跃，活动顺利回归正轨。

评析：教师挖掘"反面"声音中的课程价值，尝试将错就错，按照幼儿的思路引发话题、剖解要点，再解决问题。

七、评价语

评价语是教师对幼儿在教学活动中的各种表现的评判,包括对活动态度、活动效果、思维水平、道德行为等进行评定、启发、激励、引导的一种表达用语。

评价是一种"性价比"非常高的教育方式,恰当运用评价语会极大地增强幼儿的自信心,带给幼儿不断前进的力量。评价语要实事求是,用语贴切中肯,对于幼儿做得不好的地方,要先肯定优点,再提出建议,为幼儿指明今后努力的方向。如"你在幼儿园里很喜欢参与各种活动,这是很棒的,如果你能与小朋友多多合作,就更好了。"

评价语运用时,要慎用横向评价语,如"你最棒""你最能干"之类容易导致幼儿间相互横向比较的语言;评价语要有趣味性,富有变化,以有效调节师幼情绪、激活课堂气氛。

【示例】

有位老师在讲完《龟兔赛跑》的故事后,请一个幼儿回答问题,幼儿的声音太小以致大家听不清楚。于是,这位老师笑着说:"这只小白兔可能跑得太累了,话都说不出来啦!我们再请一只声音响亮的兔子来回答,好不好?"幼儿笑了,他们领会了老师的意思,下面举手的幼儿更多了,发言的声音也更响亮了。

思考与练习

1. 如果你在讲解某个知识点时,有幼儿说你讲得不对,你如何应变?
2. 欣赏下面的教学环节用语,分析其精彩或不当之处。

    (1) 中班语言活动"我的爸爸"的提问语:

    师:哪位小朋友来描述一下自己爸爸的形象?

    幼:我的爸爸肚子大大的。

    师:怎么会变成这么大的肚子?

    幼1:吃得多。

    幼2:我爸爸的肚子是喝酒变大的。

    幼3:我爸爸爱吃肉,所以肚子也大。

    ……

    (2) 冯老师正在教学大班幼儿诗《春雨的色彩》。这时窗外真的下起了小雨,幼儿不由自主地看了过去。于是冯老师请幼儿边念诗边到窗前观赏绵绵细雨。突然一个幼儿大声喊道:"老师,看!玻璃上为什么出'水痘'了?"

    实习生A说:"瞎说,玻璃怎么会出'水痘'呢,是雨水。"

    实习生B说:"让你念儿歌呢,快念儿歌吧!"随即用手拉起幼儿。

    冯老师说:"你观察得真仔细。玻璃上的'水痘'是怎么回事?谁愿意说一说?"幼儿七嘴八舌地说:"是雨水一滴一滴落到玻璃上的缘故!"

    冯老师继续说:"那么请你们看看玻璃上的水滴,你看到春雨的颜色了吗?能编到诗歌里去吗?"活动顺利继续下去……

    (3) 中班健康活动"伞趣"的讲授语:

    游戏:"伞洞爬行",教师将伞交叉斜放在小椅子上,幼儿在伞搭成的洞中爬行。

    师:老师请小朋友从用伞搭成的"伞洞"里爬到对面,找到"食物"后跑回来。爬的时候要小心,"伞洞"很窄,不能碰到伞柄,如果不小心碰到伞柄,"伞洞"就会倒塌,会很危险的。所以,小朋友们在爬的时候一定要小心啊!找到食物的小朋友可以到前面休息一下。

(4)中班数学活动"我会整理的"的提问语:

今天,我们帮豆豆将家里吃的、玩的、穿的都整理好了,那怎样让豆豆知道盒子里装着什么呢?如果盒子里装着吃的东西,可以画什么标记?都是玩的,怎么画标记?有什么标记一看就知道是穿的东西?

请幼儿自选一种物品,发挥创造想象,画出标记图。

幼儿把自己设计的标记贴到相应的盒子上。

(5)在一次活动中,幼儿都很积极地回答教师的提问。大家都争相举手,场面有点混乱,教师一时不知道该请谁,这时她顺手请了个举手举得最高的幼儿,还评价说:"你的手举得最高就请你吧!"由于这句评价,在回答下个问题的时候,每个幼儿都把手举得高高的,都想站着比手高,场面更加混乱。

3. 根据给定的教学情境设计教学用语。

情境1:你是大班教师,想在春天来临的时候带小朋友种树,培养他们爱劳动的情感,让他们学习劳动技能,认识果实和种子,你该怎么导入活动的主题呢?

情境2:即将进行一个击鼓传花的游戏,你该如何向幼儿讲解这个游戏的规则?

4. 小组合作,模拟练习下面教学活动中的教学口语。

雪地里的小画家(中班语言活动)

【活动目标】

1. 理解诗歌内容,试着用不同语气朗诵。
2. 根据诗歌提供的线索,初步尝试创编。

【活动准备】

1. 和诗歌内容相符的图片。
2. 识别各种动物脚印,了解有关动物冬眠的知识。

【活动过程】

一、创设情境,引出诗歌

1. 冬天来了,北风呼呼地吹,吹走了美丽的树叶,大树爷爷伤心极了,天越来越冷,大树爷爷越来越孤独,谁能和他做伴呢?(启发幼儿说出冬天快乐的事情)

2. 过了几天,发生了一件事情,让大树爷爷高兴起来。你们看,天空下起了什么?(《雪绒花》音乐起,出示背景图,展现下雪场景。设计意图:以景激趣,引发幼儿的求知欲)

二、理解诗歌内容,学习用不同语气表达

1. 幼儿观察画面,说说发生了什么事情:下雪了,下雪了!教师引导幼儿用不同的语气表达看到下雪时的不同心情。

2. 让大树爷爷更高兴的事情还在后面呢!教师以神奇的手法在背景图上添加小鸡、小猫、小鸭、小马的脚印图,请幼儿观察这幅美丽的画是谁画的?你从哪里看出来?它们像什么?(有的像小草、竹叶梅花、饼干、枫叶、雨伞、月牙、耳朵……引导幼儿大胆想象,为以后的创编埋下伏笔)

3. 现在有请我们的小画家入场!教师逐一出现小鸡、小猫、小鸭、小马的活动图片,幼儿做配对游戏,教师引导幼儿边配对边说诗歌内容:小鸡画竹叶,小猫画梅花,小鸭画枫叶,小马画月牙。并分析每个动物不同的样子,用不同的语气表达。

4. 这些有趣的画是怎样画的?(不用颜料不用笔),你们猜猜是怎样画的呢?(几步就成一幅画)

5. 大树爷爷看到这些快乐极了,笑哈哈地说:"小动物的画真美,我再也不伤心了,我要把小动物的画和小朋友说的话编进我的诗歌里。"教师扮演大树爷爷朗诵诗歌，幼儿欣赏。

6. 大树爷爷喊小青蛙一起来看小动物的画，引出幼儿的讨论：青蛙怎么不参加画画呢？（冬眠去了）原来，小青蛙躲在洞里睡着了。学习诗歌的最后一句："小青蛙为什么不参加？它躲在洞里睡着啦。"学习以疑问句的方式表达。

7. 师幼完整朗诵诗歌，体验不同的动物声音，小鸡的声音又快又尖，小猫的声音又细又绵……根据声音的粗细、高低、快慢的不同可以辨别不同小动物画画时的心情。

8. 你们说说还有哪些冬眠的动物呢？（设计意图：幼儿在愉快的情绪中很快学会了诗歌，并自然而然地将动物冬眠的知识引入课题，为仿编开阔了思维）

三、更改部分内容，尝试仿编诗歌

1. 大树爷爷会编诗歌，我们也试着编一编。引导幼儿更换诗歌的部分内容，学习仿编。

2. 引导幼儿观察并想象小鸡、小猫、小鸭、小马的脚印还像什么？更换小动物画画的内容。

3. 还有些小动物，它们的画也很美，我们能不能把它们也编进诗歌里呢？谁来试一试（出示小羊、小狗、小猪、小象、小熊图片，组织幼儿仿编诗歌）

4. 做游戏"帮小画家找画"。小动物们很不错，画的画都有自己的特色，可粗心的小画家们把自己的画给弄丢了，请你们帮忙找找，送还给它们，好不好？（幼儿看着自己手里的脚印图，想象并用诗歌中的话表达）

【延伸活动】

本次活动后，教师还可以组织幼儿用动物脚印拼图，进行想象创编故事。

附：诗歌《雪地里的小画家》

下雪了，下雪了，雪地里来了一群小画家；

小鸡画竹叶，小猫画梅花，小鸭画枫叶，小马画月牙；

不用颜料不用笔，几步就成一幅画；

青蛙为什么不参加？它躲在洞里睡着啦。

第八章 幼儿教师其他工作口语训练

学习目标

① 了解幼儿教师其他工作口语的内容,知道生活活动的具体环节,熟悉各类交际对象。

② 掌握生活活动中教师用语的要求,能熟练指导幼儿进行各类生活活动。

③ 掌握幼儿教师各类口语交际技巧,并能灵活应用到实践中。

④ 具有良好的职业沟通能力,为幼儿的身心发展创造良好的幼儿园环境,增强幼儿教师职业认同感。

第一节　幼儿生活活动中的教师口语训练

💡 学习导入

张老师频繁地对幼儿催促着:"快点吃,快点吃,小明,你为什么咬着勺子不吃啊?"当看见小朋友撒饭了,张老师又说道:"瞧瞧你,又撒饭了,你是漏嘴巴呀!""不要挑食啊!"……整个进餐环节,张老师没有闲着,不停地对幼儿进行着催促和提醒。

李老师:"蔬菜有丰富的维生素,虾仁里有很多蛋白质,都是有营养的食物,我看见每个小朋友都一口饭一口菜,将自己碗里的食物吃到肚子里,小朋友的身体会变得棒棒的!""小勺是个挖土机,挖得深、慢慢起,食物运到仓库里。"

以上是中午进餐时间两位教师对幼儿所说的话,你认为哪一位教师的说法更合适?

评析:进餐环节,教师应为幼儿营造宽松、温馨的进餐环境,指导用语应轻柔,适时适量,多使用积极的鼓励、形象化的语言,对幼儿进行正面的影响。通过积极的暗示、正面的鼓励,在温馨的氛围中促使幼儿养成良好的进餐习惯。

(资料来源:卓萍,程娟. 普通话与幼儿教师口语[M]. 2版. 北京:高等教育出版社,2019.)

在幼儿园里,幼儿教师要随时关注幼儿动向,把握教育时机,纠正或肯定幼儿的行为,这是基础教育的重要内容;此外,要组织集体教学活动,传授知识和技能;再者,帮助幼儿养成良好的生活习惯,比如盥洗、进餐、喝水、如厕等,这些统称为生活活动。《3～6岁儿童学习与发展指南》中指出,"幼儿的学习是以直接经验为基础,在游戏和日常生活中进行的。"也就是说,除了集体教育活动之外,游戏和生活的教育价值需要教师进一步挖掘,也体现了"生活即教育"的理念。因此,教师要抓住生活活动中的契机进行教育。

一、幼儿生活活动概述

幼儿园一日活动是指幼儿从入园到离园的一天时间里,在幼儿园室内、室外各个空间里所发生的全部经历。幼儿园一日活动以游戏为基本活动,寓教育于各项活动之中,分为生活活动、体育活动、自主游戏活动、学习活动四种类型。

其中,生活活动充满了浓厚的生活气息,贯穿于幼儿的一日活动中,是满足幼儿基本生理需要、助其养成良好生活习惯、提高自理能力的活动,旨在帮助幼儿逐步养成健康的生活习惯。生活活动主要包括七大环节:入园、盥洗、进餐、饮水、如厕、午休、离园,统称为生活环节,占幼儿在园生活的50%以上,对幼儿的成长具有非常重要的意义。

二、幼儿生活活动中教师口语的特点

幼儿生活活动中的教师口语,应该是幼儿能接受的、对幼儿生活习惯的培养起到积极作用、对幼儿口头语言的发展起到潜移默化的示范作用的语言,它具有以下特点。

(一)准确性

生活活动中的教师口语应准确,包含语言表述准确和指导内容准确,能让幼儿清楚自己在各个环节做什么。

【示例】

当幼儿出现错误时，教师会耐心纠正并指导。教师："小丽，我看到你洗手时没有涂肥皂，这样是洗不干净的。来，我们再试一次，记得涂上肥皂哦。"

评析：上例中的教师口语直接指出幼儿问题所在，表述准确，指导成功。

（二）一致性

一个班级内，几位教师的要求要一致，对不同的幼儿在同一个环节的要求也要一致。一致才能让幼儿感受到统一的信号，明确各个环节应该做什么，怎么做才是正确的。如果要求不一致，就会让幼儿产生混乱，感到焦虑。因此，同班教师之间要加强事先沟通。

（三）针对性

生活活动中教师口语的针对性，是指教师要针对不同幼儿的发展水平运用不同的指导语，要因材施教。生活活动的多个环节上，教师的表达是不一样的；相同的环节，面对不同年龄的幼儿或同年龄但发展水平不同的幼儿，教师说的话又不一样。

（四）随机性

与集体教学活动相比，生活活动氛围宽松、自由，教师语言的随机性也更强，可以面对集体也可以针对个体，句子可长可短，可说一遍也可多次重复。

（五）暗示性

态势语就像是教师的另一张嘴，可以对幼儿进行示范和指导，比如正确的洗手、穿衣脱裤、扣纽扣这些，说的总不如亲自动手演示的效果好，从而充分发挥态势语的暗示作用。

💡 同步训练

根据以下情境，回答问题。

小亮在游戏活动中尿了裤子，李老师帮助他脱换裤子时轻声说："没关系的，老师帮你换。你以后有大小便的时候要告诉老师，好不好？"王老师则大声说："真臭，其他小朋友不要走近他。"

你认为这两位教师的口语，谁的更适宜，为什么？

三、幼儿生活活动各环节教师用语的要求

（一）入园

1. 幼儿常规要求
（1）喜欢来幼儿园，无分离焦虑现象。
（2）能主动向老师、同伴，打招呼、问好。
（3）能配合保健医生完成晨检。
（4）能将自己的衣帽、晨检牌等物品放到指定位置。

2. 教师用语要求
（1）安抚幼儿情绪。面对不同对象，安抚的语言各不相同。
针对分离焦虑的幼儿，教师可以抱一抱，亲一亲："宝贝，又看见你了，真好！"

针对自理能力还比较差的幼儿:"没关系,老师会帮你的!"

针对发脾气、哭闹的幼儿:"早上好!今天是不是有什么不开心的事情啊?老师很愿意听你说并帮助你解决,你愿意和老师说一说吗?"

(2)营造快乐氛围。针对情绪稳定的幼儿,鼓励他们与教师及同伴热情互动,营造快乐融洽的氛围。如,"××,你今天真精神!""你一笑就露出大白牙了,早上刷牙很认真哦!"

(3)提醒入园整理。

(4)使用礼貌用语。对幼儿进行礼貌教育不仅是交往的需要,也是幼儿人格发展的需要。幼儿入园时,教师主动使用礼貌用语,可以激发幼儿主动和人打招呼的愿望。如,"红红真棒,她主动和老师、小朋友打招呼呢,很有礼貌。你也来试一试吧!"

 知识拓展

表8-1 幼儿园一日生活作息时间表

活动时间	活动内容
7:50—8:15	入园、晨检
8:15—8:55	户外游戏活动、早操
8:55—9:05	如厕、餐前准备
9:05—9:35	早餐
9:35—10:10	集体教学活动、喝水、如厕
10:10—10:55	区域游戏、户外活动
10:55—11:15	餐前准备、分享交流
11:15—11:45	午餐
11:45—12:05	漱口、餐后散步、睡前分享
12:05—14:20	午睡、起床自理
14:20—14:50	午点
15:00—15:45	区域游戏、户外活动
16:00	离园

注:此表作为参考,现实中根据园所、地域、年龄会有不同调整。

(二)进餐

1. 幼儿常规要求

(1)能够安静进餐,吃饭时不说话。

(2)做到不撒饭、不挑食。

(3)如果没有吃饱知道及时向老师提出加餐请求。

2. 教师用语要求

(1)进餐前营造温馨氛围,比如让幼儿有序做好餐前如厕、洗手的活动,指导幼儿摆放餐具,为愉快进餐做好心理准备。饭菜来后,用形象有趣的语言向幼儿介绍饭菜,比如报菜名;或者对幼儿说:"小手洗干净了,开饭喽!""今天的饭菜真香,有山的味道,有海的味道呢。"

(2)进餐中帮助取饭,提醒幼儿端平、慢走、轻拿轻放;鼓励不挑食、不剩饭,安静吃饭,引导垃圾入盘,不乱扔。教师语言要尽量简洁,"食不言,寝不语"。进餐中重在培养幼儿的进餐

习惯，练习进餐技能，克服进餐问题。遇到不好好吃饭或者挑食的幼儿，教师要多用一些激励的语言，如"你要好好吃饭才能健康成长哦""多吃水果身体棒""我们在幼儿园里自己吃饭真香"这类话语，引导幼儿养成良好的行为习惯，避免出现"大灰狼一口吃掉你"等不良用语，导致幼儿情感上受到伤害，阻碍幼儿建立健全的人格。

（3）进餐后引导幼儿掌握饭后擦嘴、漱口的方法；组织其他幼儿等待动作慢的幼儿；组织餐后散步、户外观察、自由活动等比较安静的活动。

（三）盥洗

盥洗包括洗手、洗脸、漱口、梳头四个环节。这里重点说说洗手和漱口。

1. 幼儿常规要求

（1）知道盥洗要排队。
（2）洗手前能将自己的袖子卷起来。
（3）洗手后能够准确找到自己的小毛巾。
（4）饭后要用水漱口。

2. 教师用语要求

（1）洗手。讲解洗手的步骤和注意事项；及时提醒幼儿，养成勤洗手的习惯；督促不认真的幼儿，按照正确方法做；表扬做得好的幼儿，让幼儿建立自信。推荐用语如下："两个好朋友，手碰手，你背背我，我背背你，来了一只小螃蟹，小螃蟹，举起两只大钳子，大钳子，我跟螃蟹点点头，点点头，螃蟹跟我握握手，握握手"（《七步洗手歌》）；排队洗手不拥挤，挽起袖子不湿衣，小小肥皂手中拿，指尖指缝都要洗，洗完关闭水龙头，小手擦干要牢记；洗完手不要把水甩在别人身上和地上。

（2）漱口。教幼儿把水含在嘴里，鼓起腮帮子咕噜咕噜，然后把水吐出来，并重复几次手拿漱口杯，含口清清水，抬起头，闭上嘴，咕噜咕噜吐出水。

（四）如厕

如厕是幼儿适应园内生活的难题之一。教师应准确把握如厕教育的适宜性，使用恰当的引导语，引导幼儿建立良好的如厕常规。

1. 幼儿常规要求

（1）知道要及时如厕。
（2）知道如厕步骤，自己会脱裤子、提裤子。
（3）知道如厕要排队，不能嬉笑打闹。
（4）对于中班及以上的幼儿，教师要逐步帮助其养成如厕后将自己的小背心、秋衣等整理好的习惯。
（5）对于中班及以上的幼儿，逐步锻炼其自己擦屁股的能力。

2. 教师用语要求

可以带领幼儿实地参观如厕的地方，边参观边指导，注意如厕安全；通过故事引导幼儿有便意了要说出来；给幼儿讲解憋尿的害处；要及时多次提醒幼儿如厕，组织好如厕秩序；告诉幼儿男孩、女孩分开如厕，强调性别；如果幼儿尿了裤子，不要过于声张，要温和安抚，帮助幼儿及时处理。

（五）饮水

1. 幼儿常规要求

（1）能够在教师规定的时间内完成饮水。

（2）做到不洒水、不说话。

（3）能够感知水的温度，水过热或过凉时能够及时向老师反馈。

2. 教师用语要求

告诉幼儿喝水的重要性，注意饮水的温度要适宜；对于小班幼儿，要组织他们轮流喝水，指导他们用杯子喝水，喝完水要将杯子放到固定位置；观察幼儿的饮水量，督促幼儿每日喝足量的水；关注幼儿是否关紧水龙头，节约用水。

【示例】

平时到了喝水时间，教师便做出很渴的样子说："呀！今天玩得真高兴，我都出汗了，觉得很渴，你们谁还觉得渴了告诉我，咱们一起去喝水。"幼儿似乎也感到渴了，不约而同地说："我也渴了。""我也想喝水。"……

（六）午休

1. 幼儿常规要求

（1）正确的睡眠姿势（不蒙头、不趴睡等）。

（2）能够安静入睡，不说话、不吵闹。

2. 教师用语要求

（1）整体语调要轻柔，尽量减少语言的使用。

（2）上床前组织幼儿如厕，排除生理需求对午睡的干扰。

（3）指导脱外衣，整理衣服，钻被窝。可以教念儿歌来让幼儿学习整理衣服和钻被窝："放平衣服对整齐，先将'两袖'向前抱，再把'腰儿'弯一弯，看看是否叠好了。""先开一扇门，躺下把脚伸，小门关关紧，闭上小眼睛。"

（4）营造良好的午睡环境，播放或吟唱摇篮曲。

（5）视情况与幼儿进行个别交流，建立良好的师生情感。可用手势代替语言，拍拍背，摸摸头，使幼儿自然地安静下来。

（6）午睡后适时唤醒幼儿，指导穿衣顺序，区分左右脚穿鞋。同样可以教念儿歌来让幼儿学习穿衣："一件衣服四个洞，宝宝钻进大洞洞，脑袋钻出中洞洞，小手伸出小洞洞。"

注意：在条件允许的前提下，可允许个别幼儿在不影响他人睡眠的前提下在活动室安静地游戏或阅读。教师不应把幼儿是否午睡和是不是好孩子联系起来。

 知识拓展

幼儿教师常用的小口令

1.《坐坐好》

一二拍拍手，三四点点头，五六伸伸手，七八不讲话，九十快坐好。

2.《走路》

小兔小兔轻轻跳。小狗小狗慢慢跑。小朋友们轻轻走，小草向你问声好！

3.《排队歌》

小朋友，快快来，我们大家把队排。队伍一条线，立正挺胸向前看，对准伙伴后脑勺，不乱歪头不走动。

4.《吃饭》

左手扶碗，右手拿勺，两腿并好，身体前靠，一口饭一口菜，宝宝吃得真正好。

5.《进餐》

不吃鱼，不吃虾，不吃青菜不吃瓜，天天吃饭吃不下，哎呀呀，长成一根小豆芽。

又吃鱼，又吃虾，又吃青菜又吃瓜，样样东西吃得香，哇哈哈，长成一个棒娃娃！

6.《洗脸》

小毛巾，手中拿，擦好嘴巴翻一面，然后再来擦擦脸，用过毛巾叠整齐，良好习惯人人爱。

7.《如厕安全》

小朋友，要知道，及时如厕很重要，进出厕所守规则，看清标记不滑倒，安全卫生记心里，争做文明好宝宝。

8.《午睡》

小手拍拍放枕边，身体转向右侧卧，风不吹，树不摇，幼儿园里静悄悄，我是一个乖宝宝，规规矩矩睡午觉。

9. 模仿

师：请你像我这样做。

幼：我就像你那样做。

10. 集中注意力

师：小眼睛亮晶晶，一闪一闪像星星。

幼：我的眼睛晶晶亮，目不转睛看老师。

（七）离园

1. 幼儿常规要求

（1）知道不和陌生人走。

（2）离园时能和老师、同伴说再见。

（3）不在幼儿园逗留太久，能在老师规定的时间前离园。

2. 教师用语要求

（1）提前做好离园准备，可以分享故事，分享甜蜜时刻，或者整理个人物品、书包等。

（2）在这个环节尽量不要责骂、呵斥幼儿，以免幼儿把不良情绪带到家中。

（3）确保离园的安全，不把幼儿交到陌生人手里。

（4）离园时也是老师和家长沟通的最佳时间，老师要实事求是，真诚沟通。

思考与练习

1. 幼儿生活活动中教师口语的特点是什么？请简要说明。
2. 在幼儿入园环节，教师应关注哪几个方面的问题？请举例说明针对不同状态的幼儿，教师如何进行口语表达？
3. 在幼儿如厕环节，有哪些用语要求？
4. 如何处理幼儿午睡时入睡困难的情况？请举例说明。
5. 早晨迪迪（小班幼儿）来幼儿园，跟妈妈再见后，你看出她想哭了，请设计一段话安慰迪迪，转移她的注意力。
6. 午餐时间到了，大家都在安静地进食，依依扒拉着碗里的饭，不想吃。老师看见了，走过去说："依依，赶快吃饭饭哟，饭饭吃了才会长肉肉"。进餐快结束的时候，为了赶紧收拾餐具，老师又大声地提醒幼儿："快点吃，比赛看谁吃得快。吃慢了的不要妈妈来接他"。请评价教师的语言是否适宜，为什么？
7. 分组模拟组织幼儿开展餐前洗手活动。
8. 分组模拟如何引导秩序感比较差的幼儿。

第二节　幼儿教师交际口语训练

💡 学习导入

马上就要放学了，老师让小朋友们把自己的书包整理好。可可不但没有按照老师的要求去做，还把其他幼儿的书藏了起来。老师发现后严厉地批评了可可。让人意想不到的是，可可见到妈妈后抱着妈妈就是一顿大哭。妈妈并没有询问老师可可哭泣的原因，而是觉得可可在幼儿园受委屈了，二话没说，来到园长办公室要投诉可可的老师。

假如你是可可的老师，你将如何处理？

一、幼儿教师交际口语的内涵

幼儿教师交际口语，是教师职业口语的重要组成部分，是幼儿教师在明确自己角色和身份的前提下，为完成教书育人这一特定交际目的，与和幼儿有关的不同地位、不同职业、不同性格的人进行交流沟通时所使用的口头语言。

《幼儿园教师专业标准（试行）》中指出，幼儿教师必须具备较强的沟通与合作能力，除了要与幼儿进行有效沟通外，还要能指导和协助保育员做好班级常规保育和卫生工作；与同事合作交流，分享经验和资源，共同发展；与家长进行有效沟通合作，共同促进幼儿发展；协助幼儿园与社区建立合作互助的良好关系。

二、幼儿教师交际口语的要求

（一）转换交际角色，平等待人

幼儿教师在工作中，交际对象主要是幼儿，教师处于教育者、主导的位置，故容易养成"发号施令"的习惯，或带有儿童语言色彩，儿童气息较浓。而在教育教学以外的交际场合中，教师应针对不同交际对象、交际目的，做好"角色转换"，在不同的环境里担任不同的角色，既要在口语交际中体现自己的学识修养，又不给他人留下好为人师的印象。

真诚平等是交际语言的第一要求，平等地对待家长，坦率地与人交流。说话态度谦和，面带微笑，语气诚恳，坦诚大方；既不高高在上、傲视一切，又不猥琐卑下、唯唯诺诺；克服职业习惯中的"语言定式"，学会换位思考，才能赢得对方的尊重，取得预期的沟通效果。

（二）维护教师形象，规范用语

幼儿教师在非教学活动中，虽然交流的对象不是受教育者，但依然要树立"职业身份意识"，体现教师的职业素养，维护教师的形象。教师的交际口语应使用规范标准的普通话，语言表达要严谨，语速适中、语言流畅、用词准确，不使用污言秽语，无明显的小动作和口头禅，体现为人师表的风范。注意礼貌称谓（如"×××爸爸""×园长""×主任""×老师""您"等），做到"请"字开头、"谢"字结尾，对老人讲话要恭敬尊重，对家长说话要通俗平易，对性格急躁的人讲话要简洁明确，以提高交际实效。

（三）营造和谐气氛，正面表达

幼儿教师口语交际的对象多而复杂，这就要求幼儿教师在与交际对象交流时，做到"心理相容"，通过自身说话的艺术，先"通情"后"达理"，选择对方易于接受、乐于接受的谈话方式和沟通技巧，说正向引导词汇，而不说负面语言。比如跟家长说幼儿的表现时，先说优点，再说不足，家长更容易接受。"明天不能再迟到了"和"明天可以早点到幼儿园吗"，"不能带玩具和零食"和"幼儿园每天都供应新鲜水果，您可以放心"这两组语言，每组前者刻板生硬，让人抗拒；后者温暖柔和，更容易让人接受。

三、幼儿教师交际口语分类训练

（一）与家长的沟通

在幼儿园的实际工作中，家长工作是很重要的工作内容。因为幼儿年龄小，生活自理能力、表达能力都有限，教师必须积极与家长沟通，取得家长的理解、信任与支持，才能更好地开展教育教学工作。家园联系有很多种方式，幼儿教师与家长沟通也有多种情境，面对不同情境、不同方式、不同对象，都要运用不同的沟通方法。

1. **幼儿教师与家长沟通的情境**

（1）接送幼儿。家长每天都会定时接送幼儿，这正是教师和家长沟通的良好时机，但这样的时间一般不长。为了收到好的效果，教师应注意以下几点。

①态度热情：每天重复的工作需要幼儿教师投入极大的热情，笑脸相迎，主动跟每位幼儿、家长打招呼，展示自己的亲和力。

②认真倾听：有时家长有什么事来交流，教师是无准备的，必须认真倾听，迅速搞明白家长的意图，做出恰当的回应，如果不能当面解决，也可以告诉家长事后电话或再约时间。

③言简意赅：接送幼儿时，情境会比较嘈杂，有时会有好几位家长想要跟教师沟通，教师的语言就要言简意赅，突出重点，提供明确信息，使家长心里清楚，以便更好地配合工作。家长都希望从教师那里了解孩子在园情况，教师不能笼统地评价"挺好""不错"，而要尽量运用细节性的描述，简单说上一两件当天的事情，比如"今天吃了两碗饭""做手工的时候表现很棒，穿了很多珠子"等，家长就会感觉到教师对自己孩子的关注。

④反映及时：幼儿在园生病或突发意外，教师要主动、及时地跟家长反映。特别是发生摔伤、打架受伤等情况，要注意表达策略，多用"您""不好意思""抱歉""打扰您了""给您添麻烦了"等谦语；先说明伤势，主动道歉，勇于承担责任，然后简明扼要地表述事情经过、说明情况，并把自己的措施告知家长，最后征求家长意见，获得谅解，达成一致意见。

⑤注意表达技巧（先扬后抑）：教师要如实反映幼儿在园的情况，站在客观的立场上分析幼儿行为，对幼儿的进步感到高兴，对幼儿的缺点也要和家长一起努力帮助改正，但在说话上要注意使用一些技巧。

【示例】

浩浩的生活自理能力很差，原因是平时家长什么事都喜欢包办代替。一天家长来接孩子时，老师对家长说："浩浩平时很受宠吧，又可爱又聪明，就是生活自理能力稍差一点儿，不过，我们试着让他自己穿衣服，学得很快，蛮像样的，你们回去也让他多练习……"家长听了很高兴地接受了，回到家按照老师的要求，试着让孩子自己动手做一些力所能及的事，经过一段时间的练习，浩浩的生活自理能力得到了很大的提高。

（2）家长会。家长会也是目前广泛使用的家园交流方式之一。一般情况下以班为单位，一学期1~2次，由教师主持，向家长介绍班级概况，汇报幼儿在园情况等。教师在开家长会前，不但要做好每个幼儿的相关情况的汇总，还要预测家长可能会提出哪些问题，有一定的思想准备，以便在家长会上应付自如。

①营造轻松愉快的氛围，正面反馈。教师要目视家长，最好脱稿；讲话从正面肯定入手，不要点名批评幼儿，更不要把家长会变成告状会，创造和谐融洽的谈话氛围。可以先从不同角度表扬每一个幼儿的优点，让每位家长都光彩，再把班上存在的问题不点名地归纳一下，提出今后的要求，这样既能维护家长的自尊心，又能让家长体会到教师的用心，争取到家长的配合。

②兼顾所有参会对象。家长会是面向全体家长的，教师需给每位家长提供交流的机会，可以设计有关话题，让家长之间展开讨论，可以借机宣传幼儿园的一些改革措施、正在开展的一些活动，以获得家长的支持和理解。反馈情况时最好每位幼儿的情况都要反馈到，让家长觉得来参加家长会是有收获、有意义的，而不是来听教师表扬或批评某些幼儿的。

③对家长坦诚，但也要讲究方法。

【示例】

比较下面这两位教师的讲话，哪一位教师更能赢得家长的信任呢？

一名新教师说："我刚从学校毕业不久，对教育孩子没有经验，希望家长能多帮我。"

另一名新教师说："我今年刚毕业，经验不多，但我很喜欢孩子，喜欢给他们讲故事，带他们唱歌、做游戏，也经过了几年学校严谨的教育，学会了很多方法，相信孩子在我们班三位老师的共同努力下会更加健康、快乐地成长！"

（3）家访。家访是教师为了特定目的，到幼儿家中，与家长就幼儿教育进行单独交谈的一种家园联系方式。家访时，教师与家长可以互通情况，深入交流幼儿的生活问题、沟通教育观念共商教育策略，形成教育合力。家访可以定期或不定期进行。

家访之前，教师要做好充分的准备。应对幼儿父母的职业、家庭情况有一定的了解；要明确家访的目的，清楚要解决什么问题；要做好预约工作，不能突然袭击，也要避开吃饭和休息的时间，拒绝家长的赠与。家访时，态度要谦和，实事求是，优缺点兼顾，反映情况也要有换位思考的意识，不要在家长面前议论其他幼儿或家长的是非，并把握时间，不要停留过久，必要时做好记录，为今后的教育教学工作提供参考。

（4）家长误解。在幼儿园，由于种种原因，有时会让家长产生误解，这时教师要给出合理的解释，以消除家长的误解。解释时要注意以下两点。

①保持冷静：误解产生后，如果教师与家长争辩，只会产生矛盾甚至冲突，对工作造成不良影响。教师务必要保持冷静，控制好自己的情绪，不要急于辩解，先让家长充分表达，教师耐心地倾听，然后再一一向家长解释。

②换位思考：教师要站在家长的角度思考问题，理解家长，这样家长才更容易接受。例如，教师可以说："您说得很有道理，只不过……""您的心情我能理解，您看这样如何"等，先表示认可再提出建议，然后进一步交流。

2. 幼儿教师与家长沟通的方式

（1）当面沟通。这是最主要的沟通方式，接送时间段、家长会、家访、家长来访都是当面沟通，沟通时除了注意不同情境下的口语要领外，还要注意交际的对象。

对年长的家长，重点讲述幼儿在园的生活情况，如吃饭、喝水等；对年轻的家长，如爸爸妈妈，可讲述幼儿的学习及人际交往等情况；沟通时不要忽略其他家长的感受，不要一直面对一位家长而忽略了其他家长。与家长沟通时还要注意班级中其他幼儿的安全，组织好其他幼儿的秩序，以免发生安全事故。

（2）电话沟通。对于工作繁忙、无法接送幼儿的家长，教师可以采取电话沟通的方式。但要注意打电话的时间和对象，避免在午休时间或晚上九点后打电话；电话接通后应先礼貌地询问家长是否方便，不方便的话可以约好再次通电话的时间；电话要打给对幼儿成长起关键作用、方便沟通的人物，老人容易记不住，造成无效沟通。

另外，打电话时双方看不到对方的表情，所有的感觉都来自声音，所以要想好说话提纲以后再打电话，先自我介绍，迅速切入正题。说话语气要温和，语速不要快，以免对方听不清楚，通话时间也不宜长，围绕主题展开。结束后要明确地道别，等待两三秒后挂断电话。

【示例】

一次未成功的电话家访

教师（拨通电话）：××经理吗？我是××老师。有件事跟您说一下，×××在幼儿园……

家长：（打断教师的话）××老师，这事很急吗？

教师：（犹豫地）……唔，不能说很急，但是……

家长：（再次打断教师的话）不急的话，就以后再说吧！我现在正忙着呢。对不起了！（匆匆挂断电话。"家访"失败）

一次成功的电话家访

教师（拨通电话）：您好！您是×××的爸爸吗？我是您儿子的幼儿园老师×××。请问您现在有时间吗？我能不能请教您几个问题？

家长：×老师，甭客气，您说吧！

教师：（简明扼要地说明预先想好的内容）……

家长：（如果没空）哎呀！×老师，真对不起，我正在开会。

教师：没关系，那我们再约个时间，您来定。

家长：那就今晚8点吧。

教师：好！晚上再给您打电话。再见！（晚上电话家访成功）

评析：第一则电话家访中，教师没有利用好教师、家长、孩子三者的关系，错误地使用了职场上的称呼。另外，教师事先没有做好充分的准备，含糊其词，对家长的态度也估计不足，导致交流失败。第二则电话家访的教师则处理得非常恰当，达到预期的目的。

（3）微信和QQ沟通。微信和QQ是现代人沟通常用的工具。现在每个班级都会建立班级群，教师可在班级群中发布信息、上传照片等，这给教师工作带来了很多便捷。但也要注意以下方面：①做好班级群的管理，及时制止负能量的传播；②信息发布要注意语言规范、准确，易于家长理解；③将幼儿的活动、点滴进步拍成图片、视频向家长展示时，要注意背景等细节；④及时回复家长的消息，对于出现个别问题的幼儿，应与家长单独沟通。

💡 同步训练

根据以下情境，设计一段给家长解释的用语。

洋洋是个性格比较活泼的孩子，尽管教师已经强调过很多次不允许幼儿在教室里面奔跑，但是洋洋还是因为在教室里跑动摔倒而将嘴唇磕破了。

假如你是这个班的主班老师，你会怎样向家长解释？

（二）与同事的相处

教师与同事相处要互助合作、友好宽容，正确对待竞争，不能揽功诿过。

（1）密切配合，平等协商。为了完成对幼儿的教育目标，需要教师之间密切配合，平等协商，互相尊重。教师不能以自我为中心，遇事要多商讨，对保育员也是如此，理解、支持保育员的工作，如"这个问题我还没想好，咱们一起研究研究？""我是这么想的，你的意见是什么呢？"，这样大家才能在轻松、愉快的气氛中完成各项工作。若对方提出一些要求，能满足就正面应允，不能满足就婉言拒绝，求得谅解。

（2）就事论事，心胸坦荡。谈工作时，不要把生活上的负面情绪带到工作中，要就事论事，不可翻旧账，即便开玩笑也不能搞人身攻击，不可取笑他人，在背后说他人的坏话，评论他人的隐私；更不可说闲言碎语，挑拨同事之间的关系，伤害彼此之间的感情。

（3）多传递正能量。幼儿园教师的工作比较烦琐，也很辛苦，教师难免会有些不满和抱怨。同事之间交流时不可过于消极，不可贬低自己的工作或打击彼此工作的积极性和热情，而应该互相加油打气，争取把工作做好。

（三）与领导的相处

教师与领导的谈话，无论是主动交谈还是被动交谈，都应该保持谦虚、谨慎的态度，不卑不亢，讲究文明礼仪。

（1）准备充分，表达流畅。不管是汇报还是请示，都要考虑清楚，甚至写好书面材料，重点突出，条理清晰，语言简洁流畅。

（2）服从管理，善用技巧。被动交谈要认真倾听，不要表现出不耐烦、不高兴的态度，面对批评要冷静自省：批评得对，要敢于承认自己的疏漏，及时提出补救办法；批评有误，也要先承认他对的部分，之后委婉表明自己的态度。

（3）态度谦和，避免奉承。大方自信，克服胆小、拘谨、盲从的心理状态，并适当地表明自己的观点，不能一味附和。

（四）与社会相关部门的沟通

教师因工作需要，会与社会部门进行洽谈、协商，如教育行政部门、社区、其他幼儿园、机构等，交流时应注意：为人师表，态度温和，谦恭有礼，用语礼貌，保持微笑。交流前先主动介绍自己，明确说明来意，清晰表述内容，以提高沟通效率。

【示例】

教师对社区工作人员说："你好，我是××幼儿园的×老师。我代表幼儿园来跟您联系合作事宜。我们老师和小朋友准备了一些节目，想为社区人员表演，以便丰富社区活动；咱们社区的老人剪纸技巧很好，能否让幼儿园的小朋友欣赏一下他们的剪纸作品，并让他们教给孩子们一些简单的剪纸方法呢？"

思考与练习

1. 简述幼儿教师交际口语的要求。
2. 判断下列教师的交际口语是否得当？如果不得当，请改正。

   （1）"我不喜欢张老师刚才讲的课，她没有充分研读《幼儿园教育指导纲要（试行）》以及《3~6岁儿童学习与发展指南》，对幼儿的身心发展状况不了解。"

   （2）"小明妈妈，您能不能讲普通话，我不喜欢与说方言的人沟通。"

   （3）"谢谢李园长对我们提出的建议，我们会整合班级管理的思路，多倾听家长们的意见。"

   （4）"感谢您对我们幼儿园工作的大力支持，我们感激涕零。"

   （5）"瑞瑞爷爷，您先领孩子回家去吧，我要跟孩子的监护人进行沟通。"

3. 设计一段到幼儿园工作时的自我介绍。
4. 根据以下情境，完成任务。

   情境1：一天，你班的小朋友丽丽病了，你把丽丽送进了医院。但是丽丽的妈妈还不知道，你安顿好丽丽住院以后，才想起要向幼儿园的园长说明情况和请假，还要把此事告诉丽丽的妈妈。请分别打电话给丽丽的妈妈和园长，要求语意连贯，表达得体。

   情境2：中班的君君吃饭磨蹭，东张西望，有时还跑来跑去，甚至还要教师喂饭，但他思维敏捷，想象力非常丰富，常常大胆发言。请就幼儿的特点，设计与家长谈话的内容。

   情境3：青梅和你是幼儿园同事，并且关系一直不错。一天，青梅找到你，希望你能帮她们班的小朋友编一个舞蹈，参加幼儿园元旦文艺演出。而你实在没有空，也担心万一编得不好，反而帮倒忙。请问，你该如何委婉拒绝青梅？

   情境4：一天，园长检查幼儿园清洁情况，看到小二班门前的走廊上，扔着一个牛奶罐和一些纸屑，而李老师正好走到那里。园长叫李老师赶紧清扫这些垃圾。李老师一听，赶紧说："园长，这可不是我们班的清洁区，这些垃圾也不是我扔的！"请谈谈你对此事的看法。

   情境5：丰收的季节来到了，幼儿园想组织幼儿参观郊区的果园。如果你是负责这次活动的教师，你打算如何与果园负责人联系，以便成功地完成这次活动？

第九章 幼儿园教师资格考试面试环节口语训练

学习目标

1. 了解幼儿园教师资格考试面试的相关政策。
2. 明确幼儿园教师资格考试面试的内容、形式、流程和各环节备考技巧。
3. 掌握结构化面试的常见题型和解题思路,进行模拟演练。
4. 理解展示和答辩的语言要求,为未来参加幼儿园教师资格考试面试做准备。
5. 进一步明确幼儿教师职业认知,牢记教师职业行为准则,热爱幼儿教师职业。

第一节　幼儿园教师资格考试面试概说

学习导入

小丽和她的舍友分属学前教育和小学教育两个专业。她们都通过了教师资格考试笔试，接下来要准备面试了。小丽的舍友分别报了语文和英语学科，小丽却不用选。因为幼儿园教师资格考试不分科，但试讲内容有具体的分类，包括五大领域、六大技能，五大领域指健康教育、语言教育、社会教育、科学教育、艺术教育，六大技能指故事、儿歌、游戏、绘画、手工、弹唱。

一、幼儿园教师资格考试面试的内涵

（一）面试的定义

我国从2011年开始试行国家教师资格考试，2015年起全国全面实行教师资格统一考试。考试内容包括笔试和面试两部分。笔试合格者，方可参加面试。

《中小学和幼儿园教师资格考试大纲（试行）》（面试部分）这样描述：面试是中小学和幼儿园教师资格考试的有机组成部分，属于标准参照性考试。《中小学教师资格考试暂行办法》第十四条指出：面试主要考查申请人的职业认知、心理素质、仪表仪态、言语表达、思维品质等教师基本素养和教学设计、教学实施、教学评价等教学基本技能。第十五条提到：面试采取结构化面试、情境模拟等方式，通过抽题、备课（活动设计）、回答规定问题、试讲（演示）、答辩（陈述）、评分等环节进行。

由此总结，教师资格考试面试是考官对考生的面对面的测查，是参照一定的标准，对考生的知识、能力、经验等做出全面综合评价的一种考试形式。幼儿园教师资格考试面试重点考查考生是否具有从事幼教工作的基本素养、职业发展潜质和保教实践能力，包括仪态仪表、专业理论知识、言语表达能力、人际沟通能力、组织协调能力、保教实践能力、心理素质和职业道德等。

（二）面试的特点

幼儿园教师资格考试面试与中小学教师资格考试面试相比，呈现出独特之处。

（1）教育对象特殊化：教育对象为3~6岁的幼儿，小、中、大班幼儿的年龄特征又各有不同。

（2）教育理念生活化：保教结合，不仅测查教育教学理念和技能，也测查保育理念和技能。

（3）考查内容全科化：幼儿园教师资格考试面试不分科目，五大领域都包含在内。

（4）技能技巧多样化：讲、唱、弹、画、跳、手工等都是幼儿教师必须掌握的技能。

（5）无统一指定教材：备考时没有多少参考材料，需要自己多方搜集。

二、幼儿园教师资格考试面试须知

（一）面试的内容

幼儿园教师资格考试面试的内容，根据《中小学和幼儿园教师资格考试大纲（试行）》（面试部分）中的表述，包括职业认知、心理素质、仪表仪态、交流沟通、思维品质、了解幼儿、技能技巧、评价与反思八个方面。评分标准如表9-1所示。

表9-1 幼儿园教师资格考试面试评分标准

序号	测试项目	权重	分值	评分标准
一	职业认知	10	5	爱幼儿，尊重幼儿
			5	有热情、有责任心
二	心理素质	10	5	能较好地调控情绪与情感
			5	开朗、乐观、善良
三	仪表仪态	10	6	五官端正，行为举止自然大方，有礼貌
			4	服饰得体，符合幼儿教师职业特点
四	交流沟通	15	8	有较好的言语表达能力。普通话标准，口齿清楚，表达流畅，语速适当，有感染力
			7	善于倾听、交流，有亲和力
五	思维品质	15	8	能条理清晰地分析思考问题
			7	有一定的应变能力，在活动设计与实施、环境创设上表现出一定新意
六	了解幼儿	10	5	有了解幼儿兴趣、需要、已有经验和个体差异的意识
			5	能通过观察来了解幼儿
七	技能技巧	20	10	熟悉一些幼儿喜欢的游戏和故事
			10	具有弹、唱、画、跳、讲故事、手工制作等基本技能
八	评价与反思	10	5	能对教育活动和教育行为进行较客观的评价
			5	能根据评价结果提出改进意见

（二）面试的形式

采取结构化面试和展示相结合的方法。通过展示、回答问题、陈述等方式进行。

（三）面试的流程

面试流程包括进场、候考、抽题、备课、结构化面试等环节，具体如下。

（1）进场与候考：考生持准考证、身份证，按时到达考点，进入候考室候考，按要求存放自己的个人物品。

（2）抽题：由考官从"面试试题库"系统中随机生成两道试题，考生任选其一，选择后系统打印试题清单给考生。

（3）备课：考生持备课纸、试题清单进入备课室，撰写活动方案，备课时间20分钟。备课时不得携带任何与考试无关的资料进入考场。

备课这里写的活动方案，和笔试的详案有很大区别，面试写的是简案。一般前5分钟做活动准备，比如准备手工材料，在钢琴上找找手感等；中间花10分钟写简案，包括活动名称、活动目标、活动准备、活动过程、活动延伸等，思考如何实现活动目标；最后5分钟做细节补充，粗读一遍活动方案。

（4）结构化面试：考生进入面试室，考官从题库中随机抽取两个规定问题，考生当场作答，时间不超过5分钟。

（5）展示：考生面向考官，按照备好的活动方案进行试讲，时间不超过10分钟。

（6）答辩：考官围绕考生试讲的内容和测试项目进行提问，考生答辩，时间不超过5分钟。

（7）离场：面试结束后离开考场。离开前将准考证、身份证之外的，包括试题纸、准备纸、试讲展示中用到的工具等，都交给考官，不得带离考场。

（四）面试的注意事项

参加幼儿园教师资格考试面试的考生应注意以下方面。

（1）带好身份证和准考证，按规定时间去指定考点报到，一定要核对考点名称，不要迟到。

（2）穿着要大方得体，符合教师的气质，不穿奇装异服，不能浓妆艳抹。

（3）有礼貌。进考场时，若门是关着的，应先敲门再询问："考官，我可以进来了吗？"进入时，面带微笑，精神饱满，声音洪亮，主动向考官问好。考试过程中，语言流畅、层次清晰、语速适中，目光与考官时有交流，答题结束要示意考官："考生回答完毕。"考完后，要表示对考官的尊敬和感谢："谢谢考官！"离开前记得将自己在黑板上留下的痕迹擦掉。

思考与练习

1. 幼儿园教师资格考试面试的特点是什么？
2. 幼儿园教师资格考试面试采用什么形式？具体流程是什么？
3. 通过网络和图书资料，进一步了解幼儿园教师资格考试面试的相关内容和流程。
4. 分组模拟面试流程：3名学生扮演考官，其余学生扮演考生，模拟面试流程。

第二节 结构化面试训练

一、结构化面试的定义

结构化面试，是指面试的内容、形式、程序、评分标准及结果的合成与分析等构成要素，按统一制定的标准和要求进行的面试，也称标准化面试。它从形式到内容，都突出了标准化和结构化的特点。

幼儿园教师资格考试的结构化面试，结合幼儿园教育工作的需要，考核申请人的职业认知、心理素质、仪表仪态、交流沟通、思维品质等教师的基本素养和解决教育活动中出现的相关问题的能力。

面试题从题库中随机抽取两道题作答，每道题目都覆盖了多个测评要素。考官根据考生表现出的各种能力水平综合打分，最后把所有的测评要素的得分相加得出考生的面试分数。

二、结构化面试常见题型解析

（一）教育政策类

教育政策类题目主要考核国家的相关政策法规和教育政策理论。

这一类型的问题自2018年5月开始增加，包括党的政治理论、我国国情、习近平新时代中国特色社会主义思想等，需要考生对时事政治有一定的了解。

例如，"新时代幼儿园教师职业行为十项准则是什么，请说出三至四条。"这道题考查是否了解新时代对教师提出的全面要求，并正确认识其内涵，体现了教师职业的核心素养和时代特征。再如，"习近平总书记去北京八一小学看望师生，提出了做四个引路人，是哪四个？"这道题首先要将知识点有条理地答出来，同时结合自身谈认识。面对这类题，考前准备就需要熟记相关教育政策理论，并作出评价。

【示例】

教育家精神是什么，你如何理解？

参考答案：教育家精神是一种深刻而多维度的品质集合。习近平总书记从理想信念、道德情操、育人智慧、躬耕态度、仁爱之心、弘道追求六个方面深刻阐述了中国特有的教育家精神。即"心有大我、至诚报国的理想信念，言为士则、行为世范的道德情操，启智润心、因材施教的育人智慧，勤学笃行、求是创新的躬耕态度，乐教爱生、甘于奉献的仁爱之心，胸怀天下、以文化人的弘道追求"。它不仅是教育家个人的精神财富，更是推动教育事业不断向前发展的重要动力。教育家精神不仅是教育家和优秀教师典型的事迹，更是每一位教师的行为准则和奋斗方向，不仅仅存在于高大上、轰轰烈烈的事迹中，也体现在持之以恒对学生的关爱上。教育家精神应该真切地展现在教师的日常教育教学和管理实践之中，精神力量才能成为一种现实的力量。

知识拓展

国家政策法规的高频知识点包括："五位一体"总体布局、"四个全面"战略布局、国家治理体系和治理能力现代化、新发展理念、"五大思维"能力、四个自信、两个"必须认识到"、建设中国特色社会主义新长征之路、中国特色社会主义主题。

教育政策理论类的高频知识点：教师的重要性、教师职业的特点、幼儿教师的特殊性、《幼儿园教育指导纲要（试行）》解读、《幼儿园工作规程》解读、《3～6岁儿童学习与发展指南》解读、《幼儿园教师专业标准（试行）》解读、最新的幼儿园相关政策。

（资料来源：周京峰，闫静，李迎东. 幼儿园教师资格考试面试指导与演练［M］. 上海：复旦大学出版社，2019.）

（二）职业认知类

职业认知类考题是面试中最常见的题型，这类考题综合考量考生对于幼儿园教师职业的性质、教育观、幼儿教师的基本素质、幼儿教师的专业发展等方面的认识。具体包括：对幼儿园教师这个职业重要性的认识、幼儿园教师职业的特殊性、幼儿园教师职业的要求；对幼儿教师应具有的专业知识和专业技能的了解，会结合"幼儿教师不需要学历""幼儿教师就是看孩子的"等社会上普遍存在的片面、错误的认识来进行考核，请考生说出自己的看法；幼儿教师对于个人专业发展的规划以及在不同发展阶段出现的常见问题的处理，如新教师入职阶段应如何更快地适应、工作几年后的职业倦怠现象的处理等。

例如："请你谈一谈为什么选择从事幼儿园教师这个职业。"这类题考查的是对自我的认知，通过自我认知和对教师职业的理解来思考自身条件与幼儿园教师岗位的匹配程度。"你最喜欢的一句教育名言是什么？谈谈你的理解。"这是考查个人的教育观。"有人认为，幼儿园老师并不需要什么专业的知识和技能，只要看管好孩子不发生意外就行了。你怎么看？"这是考查如何理解幼教师对幼儿发展的作用，也就是对幼儿教师重要性的认识。可以结合《幼儿园教师专业标准（试行）》、幼儿教育保教知识等来全面论证幼儿教师这个职业的专业性所在，结合幼儿教师对幼儿的重要影响来说明对幼儿教师的素质、学历要求越高，越有助于提高未来国民素质的整体水平。

【示例1】

"师者，所以传道授业解惑也。"说说你对这句话的理解。

参考答案："师者，所以传道授业解惑也"这句话是古人对教师职责的概括，阐述了教师在教育过程中的重要角色和使命。首先，"传道"是教师的首要任务，教师的责任不仅是传授知识，更重要的是引导学生树立正确的价值观、道德观和人生观；其次，"授业"是教师的基本职责，要传授给学生专业知识、技能和学问，同时引导他们独立思考、自主学习；最后，"解惑"是教师的重要角色，教师要耐心倾听学生的问题，用通俗易懂的语言和方式给予解答，鼓励学生勇于提问、敢于质疑。作为教师，我们要时刻牢记自己的使命和责任，不断提高自己的专业素养和教育教学能力，为学生的成长和发展贡献自己的力量。

【示例2】

"好的幼儿老师决定幼儿的成长。"对这句话你怎么理解？

参考答案：这句话强调了幼儿教师在幼儿成长过程中的重要性和影响力。首先，幼儿期是人生发展的关键阶段。在这个阶段，幼儿不仅学习各方面技能，还在形成对世界的基本认知和价值观，一个好的幼儿教师能够给予幼儿正确的引导和教育，对其未来的成长产生深远的影响；其次，好的幼儿教师具备专业的知识和技能，能够设计并实施适合幼儿的教学活动，提供个性化的指导和支持，促进幼儿的个性发展；最后，好的幼儿教师能够与家长建立良好的合作关系，与家长共同制订教育计划，促进幼儿的全面发展。综上所述，我们应努力提高自身的专业素养和教育能力，为幼儿的健康成长提供有力保障。

（三）保教实践类

教育和保育幼儿是幼儿教师的主要任务，因此，保教实践类题目在考试中所占比重非常大。主要考查幼儿教师在对幼儿实施保教的过程中，其教育理念、教育内容、教育方法等是否恰当，包括对幼儿园教育活动的游戏化原则的理解、幼小衔接的理解、师幼互动的理解、如何科学地评价幼儿等。这类题型涉及的面比较广，具体可分为个别教育、生活活动、集体活动、区域活动四个方面。

例如："小明特别爱举手发言，如果老师没有叫他，他会一直举着手，你怎么办？""在幼儿园里，有些孩子偏食、挑食，不吃午饭或点心。你会怎么处理？"这两个问题分别针对的是幼儿个体、群体行为，其解题思路是：先从幼儿教育理念解读行为或表现，然后全面、有条理地分析这一行为表现的原因，最后在解读分析的基础上提出解决措施。

再如："在拼雪花片的游戏中，浩浩又落在其他幼儿后边，迟迟没有完成。老师说：'浩浩，你每次都是最后一个，又拖后腿了。以后要像其他小朋友那样尽快完成。'你觉得老师这样说对吗？"这是对教师的教育行为进行评价。解答这类问题，要先表明态度，避免使用"对、错"等词语，而说"赞同"或"不赞同"，然后分析这种行为的优缺点，最后提出自己的方法。

考生答题时分析要具体全面，以《幼儿园教育指导纲要（试行）》《3～6岁儿童学习与发展指南》《幼儿园工作规程》等法规性文件为依据，结合幼儿的年龄特点、认知规律，运用教育学、心理学的知识，全方位多维度地进行分析。在此基础上所提出的解决问题的方法，也要切实可行，有现实针对性。

【示例】

你们班一个幼儿很有个性，如果自己想要的东西没有得到，就大发脾气。作为幼儿教师，你怎么办？

参考答案：首先，我会保持冷静和耐心，理解幼儿的情绪。幼儿的情绪容易波动，我不会因此生气或惩罚幼儿，而是尝试理解他的感受，用温和的语气与他沟通，帮助他认识并表达自己的情绪。其次，我会采用积极的方法来帮助幼儿管理情绪，教他一些简单的情绪调节技巧，比如深呼吸、数数等。再次，我会引导幼儿用积极的方式来表达自己的需求，比如用礼貌的语言提出请求。最后，我会与家长保持密切的沟通，了解幼儿在家的表现和家庭环境，通过家园合作，更全面地了解幼儿的性格特点，以便在幼儿园中更有针对性地引导他。总之，作为幼儿教师，我会以理解、引导和关爱为基础，帮助幼儿学会管理情绪，与他人和谐相处。同时，我会持续关注他的进步，及时给予肯定和鼓励，促进他的全面发展。

（四）交流沟通类

交流沟通类题目主要考查考生以幼儿教师身份处理与领导、同事、家长和幼儿关系的能力。其中，家园合作类最为常见，包括幼儿意外伤害的处理、家长缺乏科学的幼儿教育理念、家长对教师的不信任等。这类题型的解题思路一般是：全面了解事件发生的具体情况和细节，跟家长表明自己的态度、处理方式，然后协商后续事宜，引导家长提高认识。

例如："有家长向领导反映你的教学水平不高，要求给孩子换到其他老师的班上。你会怎么处理？""和你搭班的张老师总是对你的工作不太满意。园长让你主动和张老师沟通一下。你会和张老师如何进行沟通？"解答此类题目，一方面要求考生能正确看待和理解教师与领导、同事、家长和幼儿的关系，要认识到与领导、同事和家长的良好沟通都是为了促进幼儿的健康发展。教师要尊重并服从领导的安排，与同事建立既平等又竞争的关系，理解家长在教育观念上的差异，努力争取家长的支持，共同做好幼儿的教育工作。另一方面，要充分运用沟通技巧开展工作，做到以理服人、以情感人。

【示例】

小明在幼儿园总是很调皮，于是小明的爸爸说："再调皮，不来接你了。"对此，你怎么看？

参考答案：这并不是一个值得推荐的方法。首先，威胁和恐吓往往不能真正改变孩子的行为，他们可能暂时因为害怕而收敛，但并不理解自己错在哪里，也无法学会如何正确地管理自己的情绪和行为；其次，这种教育方式可能对孩子的心理产生负面影响，对亲子关系造成损害，使他们觉得父母是不可靠的，从而影响到他们的安全感和信任感；最后，频繁使用威胁的方式可能使孩子变得更加叛逆，不愿意服从管教，或变得过于胆小，害怕尝试新事物。

对于小明的调皮行为，我会建议小明的爸爸采取更积极、更有建设性的方式来处理。例如，可以和小明进行沟通，了解他调皮的原因，帮助他理解并纠正自己的行为。可以设立明确的规则和奖惩制度，让孩子明白哪些行为是可以接受的，哪些行为是不可以接受的，以及相应的后果。此外，也可以通过鼓励和赞扬孩子的积极行为来培养他们的良好习惯和品质。

（五）应变机智类

应变机智类题目主要考查考生的教育机智，要求考生能凭借良好的心理素质、活跃的思维和丰富的经验，富有艺术性地解决教育教学中的突发事件。

常见的考题如："上课铃声响过，你发现突然停电，投影不能用了。你会怎么办？""老师给孩子讲'2'，说这像蛇，孩子们都说，老师讲讲蛇吧。你怎么办？"面对这类考题，考生需要展现出稳定情绪和从容应对的能力，能够在短时间内分析问题、找到原因，并制定出合适的临时性策略。首先，稳定情绪和从容应对是解决问题的前提，保持冷静才能分析问题根源，有针对性地采取措施；其次，迅速判断造成突发事件的原因，只有准确找出问题的症结所在，才能制定有效的应对策略；最后，根据实际情况采取临时性策略，包括调整教学方法、改变教学进度、进行心理疏导等。需要强调的是，采取应变的主要目的是使教育教学活动能继续顺利地开展下去。因此，在制定和实施策略时，要始终关注教育教学的目标和学生的需求，确保任何措施都服务于这一目标。

【示例】

在课堂上，你在画示范画的时候，有幼儿说你画得不对。此时，你会怎么办？

参考答案：我会保持冷静和开放的态度来处理这一情况。首先，我会倾听幼儿的观点，问他们为什么觉得这样画不对，是哪些地方出现了错误或者不符合他们的认知。其次，我会检查自己的示范画，看看是否确实存在错误，如果确实错了，我会承认错误并向幼儿道歉，同时及时纠正错误，让他们看到正确的示范，还可以教会幼儿勇于承认错误并改正的态度；如果没有错误，而是幼儿的理解有误，我会耐心解释，用更加通俗易懂的语言和例子来说明为什么这样画是正确的。最后，我会将这次经历作为一个教育机会，鼓励幼儿在课堂上积极参与，勇于发表自己的观点和意见。我会告诉他们，在绘画和学习过程中，每个人都有可能犯错误，重要的是我们能够勇于面对错误、改正错误，并从中学习和成长。

三、结构化面试的技巧

结构化面试是对考生的思维能力、心理素质、表达能力和教育教学知识和技能的全面考查。同时，结构化面试、试讲展示、答辩陈述都要求考生用普通话进行表达，要求语言规范，口齿清楚，语速适中，用词准确、简洁、流畅，语言具有感染力。应试应做好以下几点。

（一）充分准备不紧张

考前多模拟，熟悉流程，熟悉相关政策、理念。

（二）仪态端庄自然

仪态是考生给考官的第一印象，也是面试中的无声语言。结构化面试处在考试的开头阶段，考生首先要运用态势语，包括服饰、表情、肢体等呈现自信、积极的精神风貌，并运用适度的眼神、手势、表情和考官积极沟通，以增强表达的效果。

（三）称呼礼貌得体

称呼礼貌得体，是考生在面试中建立良好沟通氛围的关键技巧。考生进场要有礼貌，可鞠躬向考官问好："各位老师（考官），上（下）午好！我是××号考生。"中途如果有什么要求，同样注意礼貌："请允许我思考一下。"

（四）做好必要的记录

应试时要听清楚考官的问题，可以用笔记录关键字。这个环节容易听错题、漏题，可以请考官再读一遍题目，不要影响自己的面试状态。听题后不要马上回答，可以适当停顿一会儿以思考问题，停顿时间要恰当，1分钟左右即可。

（五）观点明确有条理

考生要旗帜鲜明地表达自己的观点态度，如先回答"是"或"否"，然后谈谈"为什么"。如对于"教师是人类灵魂的工程师，你同意这样的说法吗？"这类题目，要先肯定回答，再结合教师职业的特点和自身实践经验进行深入分析和阐述。

表述过程中不要想到哪说到哪，要心中有数，条理清楚地进行表达，可以用"首先……其次……""第一……第二……"来呈现逻辑。例如，"谈谈你心目中好老师的形象"，考生可以提炼出"爱生""博学""公正"等关键词，再具体解释。

（六）内容饱满而具象

当考生对考题的理解不够清晰或思路较为匮乏时，可以通过举例来丰富回答的内容。生动的例子能够使观点更加具象化，有助于考官更好地理解考生的意思。但要注意的是，所举例子应真实可信，且与论述的观点紧密相关。

思考与练习

1. 结构化面试的题型包括哪几类？
2. 结构化面试有哪些应试技巧？
3. 模拟结构化面试场景，回答下面的问题。

（1）"四个全面"战略布局是习近平总书记谈治国理政的重要思想。请问"四个全面"战略布局的具体含义是什么？

（2）教育是国之大计、党之大计。党的二十大报告首次将"实施科教兴国战略，强化现代化建设人才支撑"作为一个单独部分，充分体现了教育的基础性、战略性地位和作用，对此你怎么看？

（3）如何理解新时代教育要坚持"为党育人、为国育才"？

（4）作为一名幼儿教师，你认为你最大的优势与最大的不足分别是什么？

（5）触网低龄化，超半数儿童5岁左右就接触网络，对此，你怎么看？

（6）有人说幼儿园工作收入低，很辛苦，除了繁重的教学任务以外，还要顶住巨大的社会压力。请问，你如何看待？

（7）在区域活动中，有个幼儿向其他幼儿乱扔玩具，老师看到后很生气，于是让这个幼儿到角落里一个人待着。对于这种做法，你怎么看？

（8）在教数字"3"时，有幼儿大声说："3是一扇门，老师，你看我写的'3'像不像一扇门？"事实上，这个幼儿写的"3"一点儿也不像一扇门。这时你要怎么回答？

（9）慧慧的父母是盲人，其他幼儿嘲笑她的父母是瞎子。你怎么办？

（10）一些幼儿家长觉得自己的孩子已经5岁了，但认识的字很少，也不怎么会算术，便要求老师教孩子拼音和识字。作为老师，你怎么办？

（11）新学期开学，你从大班调到了小班，原来小班的老师把自制的教具拿走了，你想拿走大班的自制教具，可是大班的老师却不给。你怎么办？

（12）在水果课堂上，老师刚拿出苹果来，有个幼儿就唱起"你是我的小苹果"，其他幼儿也跟着唱起来。此时，你怎么办？

第三节　试讲展示训练

一、试讲展示的内涵

试讲展示环节，也就是情景模拟，是整个教师资格考试面试过程中用时最长、分值最高的环节，时长10分钟。中小学教师资格考试面试将情景模拟称为试讲，幼儿园教师资格考试面试将情景模拟称为展示。这跟幼儿园的教育活动内容丰富，包括教学、游戏、生活、运动等相关。

（一）展示的定义

展示是考生在有限的时间内，根据抽到的考题要求，充分展示自己的技能，包括弹、唱、画、跳、讲故事、手工制作等，辅之以口语、态势语，组织和实施教育教学活动。

（二）展示的内容

展示主要考查考生应具备的基本素养、职业发展潜质和保教实践能力，具体包括：幼儿园五大领域教育教学活动的设计与组织、游戏活动的设计与指导、区域活动的指导及环境创设等。

（三）展示的形式

展示即模拟试讲，也称"无幼儿的讲课"，一个人把整个过程用语言、动作展示出来。这个过程有别于幼儿园集体教学活动，在内容、时长、对象、目的上均有差异。在内容上，展示内容除了教学活动外，还包括游戏、生活、运动等活动，涵盖范围更广；在时长上，展示只有10分钟，少于幼儿园教学活动15~30分钟的时长；在对象上，教学活动师幼互动频繁，而展示没有幼儿，但又处处有幼儿，提问、布置任务、指导和点拨、评价和反馈这些"环节"都要在心里"装"着幼儿才能一一呈现；在目的上，教学活动重目标实现，展示旨在向考官展示自己的教学理念、素质和技能，证明自己能够胜任幼儿园的教育工作。

> **知识拓展**
>
> 幼儿园五大领域的教育活动
>
> 《3~6岁儿童学习与发展指南》明确指出，幼儿园五大领域分别包括健康、语言、社会、科学、艺术等五个教育领域，其中艺术教育活动包括了音乐教育、美术教育活动。展示部分的考题主要指向五大领域的教育活动。
>
> 1. 健康教育
>
> 健康教育的涉及内容很广，总的来说，包括身体保健和身体锻炼两方面。其中身体保健活动包括生活习惯和能力、饮食与营养、人体认识与保护、保护自身安全；身体锻炼活动主要包括身体活动的知识与技能、身体素质练习和基本体操、队列队形练习。
>
> 2. 语言教育
>
> 语言教育包括文学活动、早期阅读、讲述活动、谈话活动等。其中最常见的考试题目是故事讲述，需要考生重点掌握。
>
> 3. 社会教育
>
> 社会教育的内容分为几个互相联系的方面，即人际关系、社会环境、社会行为规范和社会文化。其中人际关系方面的教育内容主要包括交往态度、交往规则、交往意识、自我意识等；社会

行为规范包括遵守公共秩序、举止文明、诚实守信等；社会文化主要包括世界著名人文景观、民间节日、民间艺术等。

4. 科学教育

科学教育的内容主要包括自然环境与生活、自然现象探究、科学技术与生活等三方面。数学教育隶属于科学教育。

5. 艺术教育

艺术教育包括音乐活动和美术活动。其中音乐活动包括歌唱、韵律活动、打击乐器演奏活动和音乐欣赏等；美术活动包括绘画、手工和美术欣赏。艺术教育活动需要考生拥有一定的艺术才华，在面试中考生要向考官重点展示自己的艺术技能。

（资料来源：吴雪青. 幼儿教师口语［M］. 2版. 上海：华东师范大学出版社，2018.）

二、试讲展示的技巧

考生按照抽签顺序进入考场，回答考官规定问题后，根据题目要求展示设计好的教育教学活动，同时注意最大限度地利用考场提供的环境材料和空间，运用多种教育教学方法，完成试讲要求。

（一）教态自信大方，自然又亲和

有别于结构化面试，试讲展示时考生心中要有幼儿，使用儿童化语言，声音应富有感染力，语速适中、有节奏，语调起伏、有变化，善用鼓励性语言。展示中要特别注意态势语的运用。一方面可以通过面部表情、手势等肢体语言来传达情感，表达对幼儿的喜爱；另一方面要运用态势语辅助有声语言，可以帮助幼儿更好地理解教师的意图，实现对课堂的调控。

（二）注意时间分配，突出重难点

展示部分的考题一般要求完成两项任务：一是展示幼儿教师必备的各项技能技巧，这需要在考前进行充分的准备，扎实练习各项技能；二是在展示中自然回答问题，渗透科学、先进的教育教学理念。准备时一定要先认真审阅题目，再根据幼儿年龄阶段确定活动目标，保证设计思路逻辑清晰，重难点突出，不能"眉毛胡子一把抓"。展示时长最好控制在8分钟以内。

（1）导入开始。为了激发幼儿的活动兴趣、集中幼儿的注意力，要安排简单、切题且新颖的导入，以快速调动幼儿多种感官参与到活动中来。导入时间不宜长，要适应不同年龄段幼儿的特点，根据不同教学内容选用适宜的导入方式，如游戏、谈话、谜语、提问、情景、教具导入等。

（2）主体渐进。这部分是展示的重点，用时最多，也是解决重难点、实现活动目标的有力保障。首先，活动安排要按照循序渐进的原则进行，由易到难、由浅入深，各环节环环相扣、层层递进，过渡自然；其次，活动内容讲解要详细清晰，充分展示自己在相关方面的技能和特长；最后，突出重点，解决难点，可抓住提问的契机，设计难度适宜的问题，启发幼儿想象和思考，有效推动活动进程，实现活动目标。

（3）总结结束。好的结束会让幼儿对活动意犹未尽，又能让幼儿对后续活动有所期待，持续保持学习的兴趣。最常用的结束是对幼儿活动的表现进行总结，提出进一步学习探究的要求和建议，也可根据需要，选用讲评、游戏、预告后续活动、表演等方式结束活动。

"开始、主体、结束"这三部分共同构成了一个完整的教学活动，但实际展示时，要根据每一个考题的具体要求灵活处理。比如语言领域，这类考题几乎占到一半，涵盖看图讲述、文学作品学习、语言游戏等类型，还要针对某一年龄段幼儿开展，这就需要考生熟知每个年龄段幼儿在语言方面的认知特点和能力水平，才能在试讲展示中准确提炼活动目标，确定重点、难点。而看图讲述和故事学习的要求也不同，看图讲述是幼儿观察图画，用自己的语言讲述；故事学习是幼儿听老师讲述以学习表达和理解。展示时前者重点考查如何引导幼儿说，后者重点考查老师讲故事。又如音乐类考题，一方面考查考生的音乐技能和素养，另一方面考查考生对音乐活动的设计和组织，抽题后同样要先分析素材适合的年龄段，展示过程中强调动作表演、游戏化教学。又如游戏活动类考题，则要把握教师指导的程度，讲清游戏规则，注重评价。再如体育活动类考题，开始部分要先做热身运动，活动结束要做好放松运动。

【示例1】

1. 题目：体育游戏"旋转游戏"
2. 内容
（1）为发展幼儿旋转平衡能力设计3个游戏。
（2）模拟向幼儿示范讲解游戏玩法。
3. 基本要求
（1）为锻炼幼儿旋转平衡能力设计并介绍3个游戏。
①设计的游戏能促进幼儿旋转平衡能力的发展。
②3个游戏玩法不同，介绍与展示玩法相结合。
（2）以其中1个游戏为例，模拟向幼儿示范讲解所设计的游戏玩法。（结合动作示范讲解游戏玩法，动作演示到位，便于幼儿模仿）
（3）请在10分钟内完成上述任务。

展示点拨：

1. 游戏：小陀螺过桥
（1）所有幼儿分成两组进行游戏。
（2）幼儿自行尝试在套圈里旋转三圈，然后走过平衡木。
（3）幼儿分享经验，教师总结。
师：在转完三圈后要快速冷静下来，找准平衡木的位置，这样才能快速通过。
2. 游戏：蒙面陀螺侠
（1）所有幼儿分成两组，站成两列纵队。
（2）听到教师的口令后，第一名幼儿戴好眼罩从出发线内出发，双手伸平旋转着走向终点，到达终点后，第二名幼儿戴好眼罩开始出发，以此类推。
注：①每组幼儿必须在起跑线内站好，当听到老师口令之后，才可进行游戏，不准抢跑。
　　②若比赛过程中眼罩掉下，需要在原地将眼罩戴好继续前行。
（3）最先完全到达终点的幼儿组为胜利者。
3. 游戏：陀螺朋友
（1）所有幼儿自由结伴，两两一组。
（2）讲解游戏玩法：一名幼儿在套圈内旋转并数圈，另一名幼儿根据每次数的圈数在平衡木上前进，直至成功解救在圈内的朋友。
注：①每次旋转的圈数不超过3圈。
　　②两名幼儿轮番进行动作。
（3）进行游戏。
4. 放松结束
教师组织幼儿进行放松活动，小伙伴们坐在地上互相捶捶腿、揉揉腿进行放松。
师：小朋友们表现得真不错，能够互相合作，为自己鼓鼓掌。小朋友们也都累了，小脚丫需要休息一下。

【示例2】

1. 题目：儿歌《小猪胖嘟嘟》
2. 内容

（1）理解儿歌的内容。

（2）组织角色游戏。

小猪胖嘟嘟

小猪小猪胖嘟嘟，睡懒觉呼噜噜，
吃东西咕噜噜噜，走起路来扭屁股。

3. 基本要求

（1）朗读儿歌。普通话标准，语气、语调、动作、表情符合儿歌内容，有感染力。

（2）组织角色游戏。

（3）请为4～5岁的幼儿设计活动，以上活动在10分钟内完成。

展示点拨：

1. 朗读指导

整首儿歌的基调较为欢快，所以在朗读的时候表情丰富，富有感情，语速可稍微放快，体现儿歌的欢快。同时儿歌由于篇幅短小，结构整齐、押韵，读起来朗朗上口，教师读的时候注意突出重音，做到抑扬顿挫。

小猪/小猪/胖嘟嘟，睡懒觉/呼噜噜，吃东西/咕噜噜噜，走起路来/扭屁股。

2. 创编指导

由于幼儿处于中班，幼儿已经能够进行初步的仿编，所以教师在带领幼儿仿编的时候注意提出启发性的问题引导幼儿进行仿编，训练幼儿的创造性思维。

3. 活动设计

中班儿歌活动：小猪胖嘟嘟

（1）活动目标：

①情感目标：喜欢听儿歌，体会儿歌的韵律美。

②技能目标：能够准确读出韵母"u"并有感情地朗读儿歌，尝试仿编儿歌。

③认知目标：理解儿歌内容，知道小猪的基本形态特征和生活习性。

（2）活动重难点：

①活动重点：有表情地朗读儿歌，尝试仿编儿歌。

②活动难点：喜欢听儿歌，欣赏儿歌的韵律美和节奏美。

（3）活动准备：

①物质准备：《三只小猪》歌曲、图片、小猪的头饰。

②经验准备：幼儿会唱《三只小猪》的歌曲。

（4）活动过程：

①活动导入：歌曲导入——教师播放《三只小猪》歌曲，幼儿边唱边跳。

②活动展开：

A. 教师完整朗读儿歌，幼儿初步感知和理解儿歌内容。

师："小朋友们，你们听到了什么？它在干什么呢？"（教师根据幼儿回答出示图片）

B. 教师结合图片朗读儿歌，带领幼儿进行学习。

a. 教师朗读儿歌并为儿歌配动作，带领幼儿再次理解和巩固儿歌。

b. 儿歌接龙游戏：老师念前一句，幼儿念后一句，朗读儿歌时可以加上动作。

C. 幼儿尝试对儿歌进行续编和仿编。

a. 教师提出问题引导幼儿进行续编。

师："我们可不可以把小猪换成其他小动物，来试试吧。"

b. 尝试对儿歌进行仿编。

小猫/小猫/喵喵喵，爱吃鱼来/爱睡觉。看护粮食/好帮手，看见/老鼠/准吃掉！

③活动结束：角色扮演，引导幼儿再次感知小猪的基本形态特征和生活习性。

A. 教师分发小猪的头饰，幼儿自主选择并佩戴。

B. 教师播放《小猪胖嘟嘟》音频，引导幼儿进行角色扮演活动。

（5）活动延伸：

将活动延伸到家庭，请幼儿回家之后表演给爸爸妈妈看，巩固今天所学，促进亲子间的感情交流，实现家庭教育合力的最大化。

（三）语言简单明确，科学又艺术

幼儿教师语言应富有启发性和艺术性，多一点激情洋溢、少一点平铺直叙，多一点简洁明了、少一点啰唆烦琐，多一点娓娓道来、少一点机械干巴。应尽量使用简单句式，避免过于复杂的句子结构，多使用短句和陈述句，注重句子之间的衔接和过渡，使语言流畅自然、一气呵成。幼儿教师讲授时，要充分利用各环节教学用语来呈现教学的过程，使试讲展示层次清晰，每一环节的目标具体明确。相关技巧细节详见本书第七章。

思考与练习

根据以下题目二选一，进行试讲展示。

题目一：夏天池塘真热闹

1. 题目：儿歌配画《夏天池塘真热闹》
2. 内容

夏天池塘真热闹

南风吹，树儿摇，夏天池塘真热闹。
青蛙呱呱敲小鼓，鸭子嘎嘎吹大号；
白鹅伸直长脖子，哦哦哦哦唱小调；
鱼儿乐得摇尾巴，咕嘟咕嘟吐泡泡。

3. 要求

（1）讲授故事，语言生动有趣。

（2）普通话标准，口齿清晰，语速适中，有感染力。

（3）根据故事内容，为故事配画。

题目二：找扣子

1. 题目：故事《找扣子》
2. 内容

小熊和大袋鼠是好朋友，它们住在一起。

有一天，小熊对大袋鼠说："我丢了一个扣子。你看，这是我的红夹克，这儿没有扣子了。"

大袋鼠说："别着急，我给你缝上一个。这儿有一根针，还有一根线，可是，我们在哪儿能找到一颗扣子呢？"

小熊说："我知道！我可以从我的蓝衣上扯下来一个扣子。"说着，它就从那件大衣上扯下来

了一颗扣子 。

大袋鼠拿起针和线，把这颗蓝扣子缝在了红夹克上。

小熊说："噢，天哪！现在我的蓝大衣上又需要一个扣子了。"

大袋鼠说："别着急，我给你缝上一个。可是，我们到哪儿找到一颗扣子呢？"

小熊说："我知道！可以从我的棕色毛衣上取下一个。"说着，它就从棕色毛衣上扯下来一颗扣子。

大袋鼠拿起针和线，把这个棕色扣子缝在了蓝大衣上。

大袋鼠刚缝好，小熊又叫了起来："哎呀，天哪！现在，我的棕色毛衣上又需要一个扣子了。"

大袋鼠说："别着急，我给你缝上一个。这儿有一根针，还有一根线，可是，我们在哪儿能找到一颗扣子呢？"

小熊垂头丧气地说："我不知道！"

大袋鼠说："我知道！我把这颗扣子给你缝上，这是我刚刚找到的。"

小熊感激地说："谢谢你！"

大袋鼠拿起针和线，把红扣子缝在了棕色的毛衣上。

小熊对大袋鼠说："你真是一个好朋友！"

3. 要求

（1）模拟对幼儿讲故事。

①有幼儿意识，表现出正在对幼儿讲故事。

②普通话标准，口齿清楚，语速适宜，有感染力。

（2）在讲故事过程中，模拟向4~5岁幼儿提出两个问题，提出的问题有助于幼儿理解故事或吸引幼儿的注意。

（3）请在10分钟内完成上述任务。

第四节　答辩训练

一、答辩的内涵

1. 答辩的定义

答辩环节在展示环节之后，是面试的最后一个环节。它重点考查考生对幼儿园教育教学理论的理解和对教育环节设计的整体把握，教育目标和重点难点的突破解决等。

答辩环节是考生提升面试成绩最后的机会，考官考查的是考生的思辨能力和发展潜力。但由于考官是根据考生的展示情况即兴提问，这些问题没有既定的模式、框架，也没有标准答案，同时，考官的提问会受其主观因素的影响，容易造成提问难易把握不当、情感态度失当或表达不够准确等问题，所以，面试评分答辩所占比重并不大。

2. 答辩的形式

考官根据考生的试讲情况提出1~2个问题，考生思考后口头作答，时长5分钟。

二、答辩常见问题分类

（一）教学理念类题目

教学理念是设计和组织幼儿园教育教学活动的内核，在好的教学理念指导下才能设计出优质的教育教学活动，才能高质量地组织教育教学活动。常见的问题如："幼儿园的五大领域分别是什么？今天展示的是哪个领域的活动？""活动中如果有幼儿说：'老师，我不会编。'你会怎么做？""如何看待兴趣对幼儿体育活动的作用？""如何在活动中培养幼儿的规则意识？""幼儿在建构游戏中会遇到什么困难？如何指导？"

（二）教学设计类题目

教学设计类题目涵盖面很广，主要涉及活动设计和考生在教育活动中的表现。考生需要运用相关教育教学理论，结合试讲内容作答。常见的问题如："本次活动的目标是什么？依据是什么？""活动的重、难点是什么？怎样完成？""活动中运用了哪些教学方法？""活动中你如何引导幼儿体会诗歌的意境美？""根据刚刚美术活动孩子们画完的这幅画，设计两个延伸活动。"

【示例】

"中班儿歌活动：小猪胖嘟嘟"的答辩（活动设计见前文"试讲展示的技巧"）：
1. 请你表演一个手指谣。（略）
2. 说一说这节活动的目标？

参考答案：考官您好，我将本节活动目标划分为以下三个：首先，在知识方面让幼儿理解儿歌内容，了解小猪的基本形态和生活习性；其次，在技能方面主要是让幼儿准确地读出韵母"u"，能够有感情地朗读儿歌，并在理解儿歌内容的基础上尝试仿编儿歌；最后，在情感方面是激发幼儿喜欢听儿歌的兴趣，并且能够体会到儿歌的韵律美。谢谢考官！

评析：答辩阶段提出活动目标的问题，应该不仅是设定内容的问题，还要回顾前面展示部分，看看自己是否实现了活动目标，如何实现的，有没有偏差。

（三）评价反思类题目

《幼儿园教育指导纲要（试行）》指出，评价是幼儿园教育工作的重要组成部分。在展示过程中，往往会有一些失误、纰漏，考官往往会根据考生的这些失误进行追问。有时考官会直接提问，有时会通过让考生反思评价的方式给予机会来弥补。常见的问题如："刚才的活动你是采用什么方式导入的？选择这种方式的原因是什么？是否有更好的导入方式？""你感觉本次活动目标完成得如何？""请对刚才的游戏活动进行反思。""你觉得刚才展示过程中留给孩子们手工折纸的时间合适吗？对中班的孩子来讲，完成这个手工作品，大概需要几分钟？"

三、答辩的技巧

（一）认真倾听，迅速判明意图

在考官提问时，考生保持稳定情绪并认真倾听尤为重要，避免因为紧张或焦虑而影响理解和回答。注意抓住问题的核心要点，不要急于打断或提前预设答案，而是确保自己准确理解了问题的内容和意图：是要求解释活动重难点设定的依据，还是对活动效果提出质疑，或者是其他方面的询问。只有弄清考官的提问意图，才能应用针对性的答题策略。

（二）实事求是，灵活解答问题

展示的过程中多多少少会产生一些失误，考官一般也不会直接表达态度，而是把补充、修正试讲中失误的机会留给考生。比如问："你给大班绘画活动'我要做小学生'设定的目标完成得如何？"考生必须瞬间回顾刚才的活动情况，联系大班幼儿的认知发展特点和已有知识准备做出反应。应反思目标设定是否科学合理，活动设计是否围绕目标来实施，是否符合幼儿的经验准备，如有不足，该怎么改进。一般都是完成度不高考官才会这样问，考生要以实事求是的态度坦然面对，并灵活解决问题，才能给考官留下思维敏捷、心理素质优良的印象，给面试加分。

（三）态度诚恳，虚心接受批评

回答问题时要把握语言的分寸，既不能过于自谦，也不能过于自负。在措辞上，避免使用过于绝对的词汇，如"绝对肯定"，也要避免连续使用"可能""大概"等模糊的表达。对于考官提出的任何意见和建议，考生都应该以开放和虚心的态度去接受，即使考生认为自己的观点或表达没有问题，也要反思自己的表现，尝试从考官的角度去理解问题，保持平和、礼貌的语气，这样才能真正展现出自己的专业素养和人格魅力，赢得考官的认可。

思考与练习

和同学进行展示训练，并请同学提问，进行答辩模拟训练。

1. 题目：我想当司机
2. 内容

（1）利用考场中的材料制作角色游戏道具。

（2）回答问题。

游戏情境：一个幼儿对老师说："我想当司机，我要方向盘、安全带。老师你能帮我做吗？"

3. 基本要求

（1）利用考场中的材料制作角色游戏道具。

①利用考场中的材料制作方向盘、安全带。

②制作过程简单，便于及时满足幼儿游戏情节的需要。

（2）回答问题。

①假想一下，幼儿还可能说要什么，说说你还能运用场中材料简单制作哪些道具来支持幼儿的游戏呢？

②生活中还能利用哪些自然物（或废旧材料）来支持幼儿的游戏？请举一例。材料应具有安全性、常见易取、成本低廉等特征，并说明具体的用法。

（3）请在10分钟内完成上述任务。

参考文献

[1] 国家语委普通话与文字应用培训测试中心. 普通话水平测试实施纲要（2021年版）[M]. 北京：语文出版社，2022.

[2] 王筱欢. 教师口语训练教程[M]. 北京：中国传媒大学出版社，2018.

[3] 王素珍. 幼儿教师口语训练教程[M]. 3版. 上海：复旦大学出版社，2020.

[4] 卓萍，程娟. 普通话与幼儿教师口语[M]. 2版. 北京：高等教育出版社，2019.

[5] 李莉. 幼儿教师口语训练[M]. 上海：华东师范大学出版社，2014.

[6] 吴雪青. 幼儿教师口语[M]. 2版. 上海：华东师范大学出版社，2018.

[7] 赵晨霞，熊学敏，苏俭. 幼儿教师口语[M]. 长沙：湖南师范大学出版社，2019.

[8] 张海清，王雪环. 幼儿教师口语训练教程[M]. 长沙：湖南师范大学出版社，2018.

[9] 易琳. 幼儿教师语言技能[M]. 北京：高等教育出版社，2017.

[10] 钱维亚. 幼儿教师口语[M]. 北京：高等教育出版社，2008.

[11] 曾晓洁，吴姿，熊学敏，等. 小学教师口语[M]. 长沙：湖南师范大学出版社，2020.

[12] 国家教育委员会师范教育司. 教师口语（试用本）[M]. 北京：北京师范大学出版社，1996.

[13] 中国社会科学院语言研究所词典编辑室. 现代汉语词典[M]. 7版. 北京：商务印书馆，2016.

[14] 周京峰，闫静，李迎东. 幼儿园教师资格考试面试指导与演练[M]. 上海：复旦大学出版社，2019.

[15] 中华人民共和国教育部. 3~6岁儿童学习与发展指南[M]. 北京：首都师范大学出版社，2014.

[16] 中华人民共和国教育部基础教育司.《幼儿园教育指导纲要（试行）》解读[M]. 南京：江苏凤凰教育出版社，2017.

[17] 唐海燕，林高明. 幼儿园片段教学精彩实录（大班）[M]. 福州：福建教育出版社，2016.

[18] 杨爱绿. 教育随笔[M]. 杭州：浙江工商大学出版社，2008.

[19] 毛士桢. 新编普通话教程[M]. 上海：华东师范大学出版社，2008.

[20] 邓天杰. 普通话口语教程[M]. 2版. 北京：清华大学出版社，2011.

[21] 马芝兰，段曹林，江尚权. 新编教师口语[M]. 北京：中国传媒大学出版社，2012.

[22] 刘伯奎. 教师口语训练教程[M]. 3版. 北京：中国人民大学出版社，2017.

[23] 人民教育出版社中学语文室. 中等师范学校语文教科书（试用本）：现代汉语知识（第一册）[M]. 北京：人民教育出版社，1999.

[24] 张颂. 朗读学[M]. 4版. 北京：中国传媒大学出版社，2022.

[25] 朱月明. 语气在朗读中的运用[J]. 语文建设，2011（3）：72-74.

[26] 李元授，邹昆山，徐永年. 演讲训练[M]. 武汉：武汉大学出版社，2003.

[27] 李次授. 演讲艺术品评[M]. 武汉：华中理工大学出版社，1997.

[28] 林素韵，胡敏. 朗诵·主持·演讲[M]. 长沙：湖南师范大学出版社，2002.

[29] 唐树芝. 口才与演讲[M]. 北京：高等教育出版社，2004.

[30] 王沪宁，俞吾金. 狮城舌战：首届国际大专辩论会纪实与评析[M]. 上海：复旦大学出版社，1994.

[31] 苏霍姆林斯基. 给教师的建议[M]. 长沙：湖南人民出版社，2021.

[32] 人民教育出版社中学语文室. 幼儿文学[M]. 北京：人民教育出版社，2005.

[33] 人民文学出版社编辑部. 中国现当代儿童诗选[M]. 北京：人民文学出版社，2018.

［34］张晓焱. 儿童文学［M］. 镇江：江苏大学出版社，2014.

［35］瞿亚红. 幼儿文学［M］. 北京：北京大学出版社，2013.

［36］祝士媛. 幼儿文学经典作品赏析［M］. 北京：高等教育出版社，2012.

［37］买艳霞. 幼儿教师故事讲述训练［M］. 上海：华东师范大学出版社，2016.

［38］岳霞，冯玉华，吴阳. 学前儿童故事表演教程［M］. 长沙：湖南师范大学出版社，2019.

［39］王丽娜. 幼儿教师讲故事技巧［M］. 2版. 上海：复旦大学出版社，2023.

［40］袁爱玲，何秀英. 幼儿园教育活动指导策略［M］. 北京：北京师范大学出版社，2007.

［41］徐慧，吴艳丽. 幼儿园教师用语常识与规范［M］. 北京：北京师范大学出版社，2019.